反グローバリズム旋風で世界はこうなる

植草一秀

TRI REPORT CY2017

日経平均2万3000円、NYダウ2万ドル時代へ！

ビジネス社

はじめに

米国大統領選で共和党のドナルド・トランプ氏が当選した。クリントン勝利間違いなしとしたメディア情報がまたしても否定された。6月23日の英国民投票で英国民がEU離脱の意思を表示したときも、メディアはEU残留確実としたが現実がこれを否定した。そしてヒステリックなトランプ攻撃とEU離脱攻撃も共通している。

筆者は各種情勢から英国民のEU離脱判断もトランプ氏勝利もその可能性が十分にあることを表明し続けた。メディアは情報を操作し、着地を誘導しようとしたが失敗した。これらの背後に「反グローバリズム」の大きなうねりがある。新たな旋風と言ってもいいかもしれない。メディアのヒステリックな反応は、「反グローバリズム旋風」に対する強欲巨大資本＝ハゲタカ勢力の極度のあせりと狼狽を示している。

トランプが勝利すれば株価は暴落、ドルも暴落と言われた。日本時間の11月9日にトランプ当選確実の情報が流れると日経平均株価は1000円下落、ドル円も101円まで円高＝ドル安に向かった。ところが、その夜のニューヨーク市場では株価が上昇、ドルも急反発を演じた。トランプ勝利で株安、ドル安というのは、トランプ当選を阻止するためのデマゴギーだった疑いが濃厚である。現実にはトランプ当選とともにニューヨークダウが史上最高値を更新。ドル円も一気に110円台にまで上伸している。日経平均株価は11月10日に前日の下落をすべて帳消しにして、11月18日には一時的に1万8000円台を回復した。

筆者はTRIレポート『金利・為替・株価特報』2012年10月29日号に「日本円の下落が引き起こす大きな変化」と題して、政治の変化、日銀の変化を背景に円安・株高トレンド出現の可能性を記述した。その直後に野田政権による衆院解散決定があり、円安・株高を基軸とするいわゆる「アベノミクス」大相場が示現した。

『金利・為替・株価特報』2012年12月25日号には、「日経平均株価は1万8000円を目指す流れに転じた」と明記して、円安・株高の大相場を明確に予測した。本シリーズ第1作『金利・為替・株価大躍動』は、この見通しを記述したものである。

株式市場では4、5年に一度のペースで大相場が示現することが多いが、2016年11月8日の米大統領選を契機に、新たな躍動期に移行する可能性が浮上している。2016年の経済予測では、圧倒的多数が「中国メルトダウン」を唱えた。中国経済が崩壊し、世界経済金融市場は新たな危機を迎えるとの金融危機再来説が圧倒的な多数派見解だった。

そのなかで、筆者は中国経済底入れ、世界経済底入れの圧倒的少数意見を提示した。経済、金融の世界も政治と同様に「一瞬先は闇」の側面を強く持つ。したがって、いつ情勢が急変するのかはわからない。トランプ勝利後の楽観ムードが急変することへの備えを怠るわけにはいかない。常に謙虚に、冷静に、現実変化を凝視しなければならないことを銘記する必要はある。

しかし、これまでのところは、中国経済、新興国経済、世界経済が、緩やかな底入れ基調を形成してきた。この流れが破壊されぬなら、2017年に向けて世界経済離陸の明るい展望が開ける可能性も生まれ始めている。本書オビに「株価再躍動」と記したのはこのためである。

最大の警戒要因はトランプ政権とイエレンFRBとの関係だ。イエレンFRB議長は巧みな政策運営能力を発揮してきた。トランプ新大統領がイエレンFRB議長の能力を活かし切れるかどうかが最重要の焦点になる。

激動する世界の政治経済金融情勢を読み解く、ひとつの頼りになる羅針盤として本書を活用賜ることができれば、筆者としてこれに勝る喜びはない。

2016年11月

植草一秀

目次

第5章　中国・新興国・資源国の回復

第6章　トランプvsイエレン

第9章 TPP対反グローバリズム

第10章　政府の失敗と最強・常勝投資の極意

第1章

回復する世界経済

敗北した金融危機再来説

2016年が終わり、2017年を迎えようとしている。光陰矢の如しの言葉を改めて実感する。重要な変化が目まぐるしく起きては過ぎ去り、たちまち風化してしまう。第2次安倍内閣が発足したのは2012年12月。あれから4年の月日があっという間に過ぎてしまった。

11月8日に投票日を迎えた米国大統領選では、トランプが次期大統領に選出された。選挙戦終盤のメディアによるトランプ叩きは凄まじかった。この逆風をはねのけてトランプ氏が勝利を手にすることは至難の業とされたが、政治の世界は一瞬先が闇だ。トランプが見事に勝利した。筆者はトランプ勝利の可能性を指摘した数少ないメンバーの一人になった。

2016年は1月4日に通常国会が召集された。通常国会の会期は150日。6月1日に会期末がセッティングされた。この日から40日目が7月10日で、7月10日の衆参ダブル選の可能性がささやかれた。衆議院の総選挙は解散から40日以内に実施されることが憲法によって定められている。5月26、27日には伊勢志摩サミットが開催された。サミットで来日した米国のオバマ大統領は被爆地広島を訪問した。

6月1日の衆院解散は見送られたが、この日、安倍首相は2017年4月に予定されていた消費税率の10％引上げを2年半先送りすることを表明した。２０１４年11月の先送り表明に次ぐ、二度目の増税先送り表明だった。いずれも、筆者の提言を受けての先送り決断である。

６月23日には英国でＥＵ離脱の是非をめぐる国民投票が実施され、英国民によってＥＵ離脱の意思が示された。メディアは「この世の終わり」であるかのようなヒステリックな反応を示した。その理由は、この意思表示が反グローバリズムという新しい潮流を生み出す端緒になる可能性を秘めていたからである。

７月10日の参院選で、安倍政権は改憲勢力が参院3分の2を占有する状況をつくり出した。いよいよ憲法改定論議が本格化する条件が整えられてしまった。東京都では舛添要一都知事の政治資金不正使用問題が拡大して舛添氏が知事辞任に追い込まれた。猪瀬直樹氏に続き、２代連続で政治資金問題により知事が辞職するという異例の事態が表面化した。新しい知事を選ぶ選挙は７月31日に実施され、小池百合子氏が選出された。

選挙が終わると安倍首相は内閣改造を実施、さらに総額28兆円の経済対策を決定した。８月にはブラジル・リオでオリンピック、パラリンピックが開催され、人々の意識に断絶が生じたかのようである。秋の臨時国会ではＴＰＰ批准案が強行採決されるなど、安倍政治の暴走が続く。

２０１６年12月にはロシアのプーチン大統領が来日する。日ロ平和条約締結に向けて具体的進展が見られるのかどうかが注目されている。日ロ交渉の進展によっては、早期の衆院解散、総選挙が実施される可能性もある。そのさなか、米国では11月8日に大統領選が実施され、新しい大統領が選出された。

目まぐるしく変動する世界の政治経済金融情勢であるが、これらのすべてを洞察し、世界経済と金融市場の変動を的確に予測する。その上で、効果的な投資戦略を構築することが本書の目的である。世界の政治経済金融変動を読み解き、有効な投資成果を上げるべく、読者と共に知的探求の旅に出かけることとしたい。

1年前の9月19日、いわゆる戦争法制とも言われる安保法制が国会で強行制定された。直前の昨年8月30日には国会議事堂を10万人を超す市民が包囲し、戦争法制定阻止に向けて抗議行動が広がった。あれから1年。２０１６年9月19日に、あの熱気を覚えている国民がどれほどいただろうか。

人々の想いの風化は早い。想いを残さず、次から次へと忘却の彼方に流されていく国民が多いほど、安倍首相のやりたい放題は容易になり、暴走は加速する。いかなる不当行為も、時間の経過さえ待つことができればそのまままかり通ってしまう。残念ながらこれが日本の現状だ。

7月10日の参議院選挙も、現在の安倍自公体制を弱体化させるまでには至らなかった。日本政治停滞の主因は民進党にある。民進党は、一刻も早く解党したほうがいい。隠れ与党派と真の革新勢力が同居しているために、民進党の軸足が定まらない。これが野党共闘を妨害する最大の原因になっている。

この政治状況が2017年にかけて変化する可能性があるのか。政治の変化は政策の変化に直結する。その政策の変化が、経済変動と金融変動を引き起こす最重要の原因になる。金融市場変動を洞察する際に、政治分析を欠くことはできない。

本書は金融変動を読み抜き、有効な投資戦略を構築するための分析を主目的とするから、政治分析における「べき論」、希望的観測は排除しなければならない。望ましくはない現実であっても、それが現実である限り、その現実を踏まえた分析でなければ投資分析書としての役割を果たさないからだ。

経済金融変動を観察する際、「構造」と「循環」の2つを踏まえることが必要だ。小春日和とは、秋も深まったころ、春のように温かい日が訪れることを言う。他方、深刻な冷夏の年でも猛暑日はある。これらの局面で、温かい日を夏への変化ととらえる、冷夏の猛暑日を酷暑の夏の現象ととらえてしまうと大きな間違いになる。

どのような季節が到来しているのかを把握し、その季節のなかで今日の天候がどのように位置づけられるのかを正確に判断することが大事なのだ。温かな日であっても寒い冬が訪れるのなら防寒着を片付けるわけにはいかない。猛暑日でも冷夏そのものが変わらぬなら、作物への影響を考えなければならない。

１９５４年9月に日本を襲った洞爺丸台風。青函連絡船洞爺丸の船長は判断を誤った。一時的に弱まった風雨を台風の目の通過と判断して洞爺丸を出航させたが、その後に暴風と猛烈な波浪に見舞われ、座礁、転覆した。死者、行方不明１１５５名を記録する海難事故になった。ある瞬間の状況を「構造」と「循環」のなかに正確に位置づけることが肝要だ。

世界経済は低成長時代に突入している。経済活動の構造変化が低成長をもたらしている可能性が指摘されている。２０１３年11月に米国の経済学者ローレンス・サマーズがＩＭＦの会合において長期停滞論を提示して、この議論が広がった。実際に世界経済は今、成長の停滞という状況に直面している。現れている現象は、低成長、低金利、低インフレである。この構造が何に起因しているのか、そして今後も永続するのか。その見極めが重要になる。

他方、低成長経済であっても循環変動は生じる。その循環変動において、２０１５年から２０１６年にかけて、世界経済の下方屈折、経済危機到来が叫ばれた。２０１５年6月から中国株価が急落した。このなかで２０１５年12月、米国ＦＲＢが金利引き上げに着手した。新興国を代表する中国の経済が悪化。株価が暴落するなかで、米国が利上げを断行し、国際的なマネーフローがドル回帰を強める。中国金融市場の混乱は拡大し、中国経済が崩壊する。いわゆる「中国メルトダウンシナリオ」が一世を風靡した。

筆者は、この多数説に異を唱えた。これまでのところ、多数説に対峙した筆者の見通しどおりに現実は動いている。中国経済は崩壊せず、中国株価は少なくとも2016年10月段階で年初来の底入れ推移を維持している。原油価格は2014年に100ドルの高水準にあったが、2014年後半以降急落し、2016年2月には1バレル＝26ドル水準にまで急落した。この原油価格についても、さらなる暴落説が唱えられた。

しかし、原油価格も1バレル＝26ドルで底入れし、1バレル＝50ドルを突破する水準にまで反発している。循環的な変動としては、世界経済全体が2016年2月に大底を記録した可能性が高まりつつある。

本書の目的は2017年の日本経済、世界経済、そして内外金融市場の変動を洞察することである。その洞察とは、経済が置かれている構造を理解し、そしてその構造の中での循環局面の位置を読み抜くことである。ただし、経済は変動する。生き物と言ってもよい。あらかじめ変動が確定しているわけではなく、新たに生じる様々な事象によって、その変動は変化する。

したがって必ずこのように変動するということが決まっているわけではない。

経済変動は人間行動が引き起こす面が強い。経済変動には、経済の自律的・内生的変動によってもたらされる側面と、経済に外部から人為的な操作が加えられて発生する外部的・外生的変動の両面がある。

内生的な変動、つまり経済の自律的変動は主として人間行動によって引き起こされる。人々が所与の環境下でどのような法則性を持って行動するか、いわば人間行動のメカニズムを探求することによって経済変動の推移をある程度予測できる。正確な経済予測を実現するには人間行動に対する正確な理解が必要になる。

他方、経済の外生的な変動、すなわち、経済の外部から何らかの力、あるいは変化が加えられて発生する変化については、外部環境の変化に応じて人々がどのように行動するのかを知ることが重要であると同時に、いつ、どのように、その外部環境の変化が生じるのかを予測することが重要になる。

当該国の政府や中央銀行がいかなる政策を打ち出すか、また、他国の政府や中央銀行がいかなる政策を打ち出すのか。これらを読み抜くことなくして現実の経済を正確に予測することはできない。さらに、原油その他の資源価格の変動、世界の地政学リスクなどを含めた外部環境の分析と予測も必要になる。

メルトダウンしなかった中国

現在の大きな構造が低成長、低インフレ、低金利にあると述べた。経済の供給力がフルに生かされる際に実現する成長率を潜在成長率、あるいは自然成長率と呼ぶが、現実の経済成長率が、この自然成長率、潜在成長率を下回る水準で推移していると指摘されている。この場合、経済の供給力が十分に生かされていない、つまり、供給能力の過剰が生じているということになる。

供給力の過剰は人と機械設備の両面からとらえることができる。人の面では労働力がフル稼働していない状況、機械設備の面では生産設備の一部が遊休化している状況だ。これが供給過剰状態であり、これを需要の側から見ると、経済全体の需要が不足している状態ということになる。

中国経済の構造転換の必要性が叫ばれているが、具体的には投資比率の過剰が問題とされている。中国では設備投資・公共投資の急激な拡大が続いてきた。GDPの需要別構成では総資本形成が5割を超える水準にまで上昇した。総資本形成は供給能力を維持する、あるいは増大させるために実施される行動だが、設備投資によって生み出される生産設備は、最終的には国内の家計や政府、そして海外の需要を満たすためのものである。

旺盛な設備投資によって巨大な生産能力が生み出されても、最終的な需要である国内の消費や政府支出、あるいは輸出が、これに見合って拡大していなければ、需要に対して供給力が過剰になる。中国では消費に対する投資の比率が高過ぎ、設備過剰が深刻な問題になっている。中国政府もこの点を明確に認識しており、このインバランスを時間をかけて調整する意思が明示されている。

中国経済の特徴は、生産面において、第2次産業のウェイトが極めて高いこと、需要項目別のGDP構成比において企業設備投資の比率が高いこと、さらに、対外バランスにおいて経常収支の黒字が巨大であること、さらに分配面において、労働所得への分配が依然として低い点にある。

2013年時点のデータになるが、中国の第2次産業、第3次産業のGDP構成比は、それぞれ43・9%、46・1%だった。米国の20・1%、78・6%、日本の26・4%、72・4%と比較して第2次産業のウェイトの大きさが際立っている。

また、2015年の中国の経常収支黒字は2932億ドルだった。2015年の中国の名目GDPは10兆9828億ドルであり、経常収支黒字のGDP比は2・7%である。因みに日本の2015年の名目GDPは4兆1233億ドルで中国経済規模の37・5%に留まっている。

中国のGDP規模が日本を上回ったのは2009年で、わずか6年で日本は中国経済の4割にも満たない規模にまで差を開けられてしまった。

中国の経済活動規模が急拡大した。世界の工場として繊維産業などの軽工業はもとより、鉄鋼、素材などの重工業も急激な発展を遂げた。しかしながら、その供給能力に見合う個人消費、海外需要などの最終需要が十分に拡大しなければ、その供給力は過剰ということになってしまう。世界市場に向けて中国は生産能力の急激な拡大を実現してきたわけだが、その供給力を受けとめる最終需要が見当たらなくなってしまっている。

中国の楼継偉《ろうけいい》財務相（当時）は、2015年9月にトルコのアンカラで開かれたG20財務相・中央銀行総裁会議で「中国経済の情況は想定内にある。中国の経済はすでに新常態（ニューノーマル）に入り、成長率は7％ぐらいを維持する見通しである。この状態は4、5年ぐらい続くだろう。中国は以前、経済刺激政策により9％から10％ぐらいの成長率を遂げたが、これは持続可能ではないし、中国経済の潜在的成長率をも超えている。これによって、生産能力の過剰と在庫の大量増加をもたらした」と指摘した。

その上で、「今後5年間は中国経済の構造調整の陣痛期である。構造改革などを含む主要な任務は2020年までに完成しなければならない。この間、中国経済の主な牽引力は投資と輸出から消費に転換していく。これは難しい調整過程だ」と述べた。中国政府は中国経済の構造上の不安定性、インバランスを的確に把握しているのである。

経済活動は生産、分配、支出の3つの側面からとらえることができる。生産の結果、得られた果実は、労働者の賃金所得と資本の提供者への資本所得として分配される。その分配された所得が各経済主体の支出活動の原資になる。そして、その支出が財やサービスの購入に充てられる。この生産・所得・支出が経済活動の3つの側面ということになる。

しかしながら、このときに、たとえば個人消費などの最終需要が十分に拡大しなければ、巨大な生産物が支出活動によって完全に吸収されないことになる。供給過剰＝需要不足は「売れ残り」のかたちで発生して、これが企業の「不良在庫」になる。

「不良在庫」の大量積み上がりは企業の操業を引き下げる原因になる。生産設備は遊休化し、労働者は仕事を失う。企業収益も悪化する。生産能力を高め過ぎてしまった中国は需要不足に直面し、過剰な供給能力の解消を図るとともに、個人消費などの最終需要を拡大するための方策を講じなければならなくなっている。中国経済は、この構造調整期に移行している。

しかし、この現象は中国だけに発生している問題ではない。日本においても、まったく同じ問題が深刻化している。日本でも家計消費の低迷が持続しており、そのために経済活動が停滞している。家計の消費需要が低迷を続けていることが、日本経済の停滞長期化の重要な理由に

安倍政権下の経済成長率は民主党政権下の半分以下

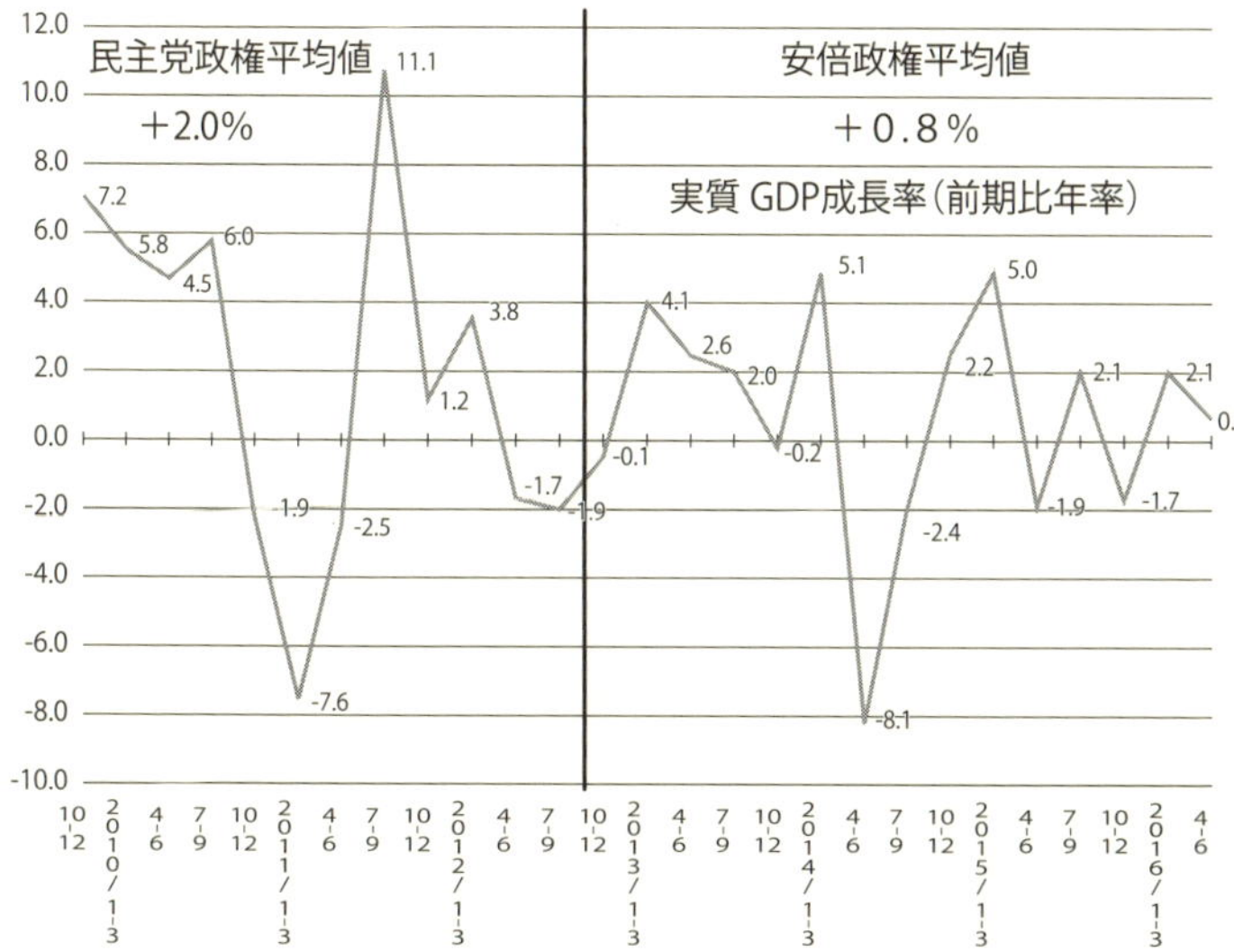

なっている。

消費の停滞がもたらされている最大の理由は、家計の所得が伸び悩んでいることにある。２０１２年11月以降の円安・株高をメディアは「アベノミクスの成功」ともてはやしたが、経済成長率は高まらず、日本経済は低迷を続けている。

４半期ごとに発表される実質ＧＤＰ成長率（年率換算値）の平均値は、２００９年10～12月期から２０１２年７～９月期の民主党政権時代が２・０％であったのに対し、２０１３年１～３月期から２０１６年４～６月期までの第２次安倍政権発足後には０・８％に低下している。アベノミクスで日本経済が良くなったという現実は存在しない（図表Ｐ25）。

家計消費が低迷している最大の理由は所得

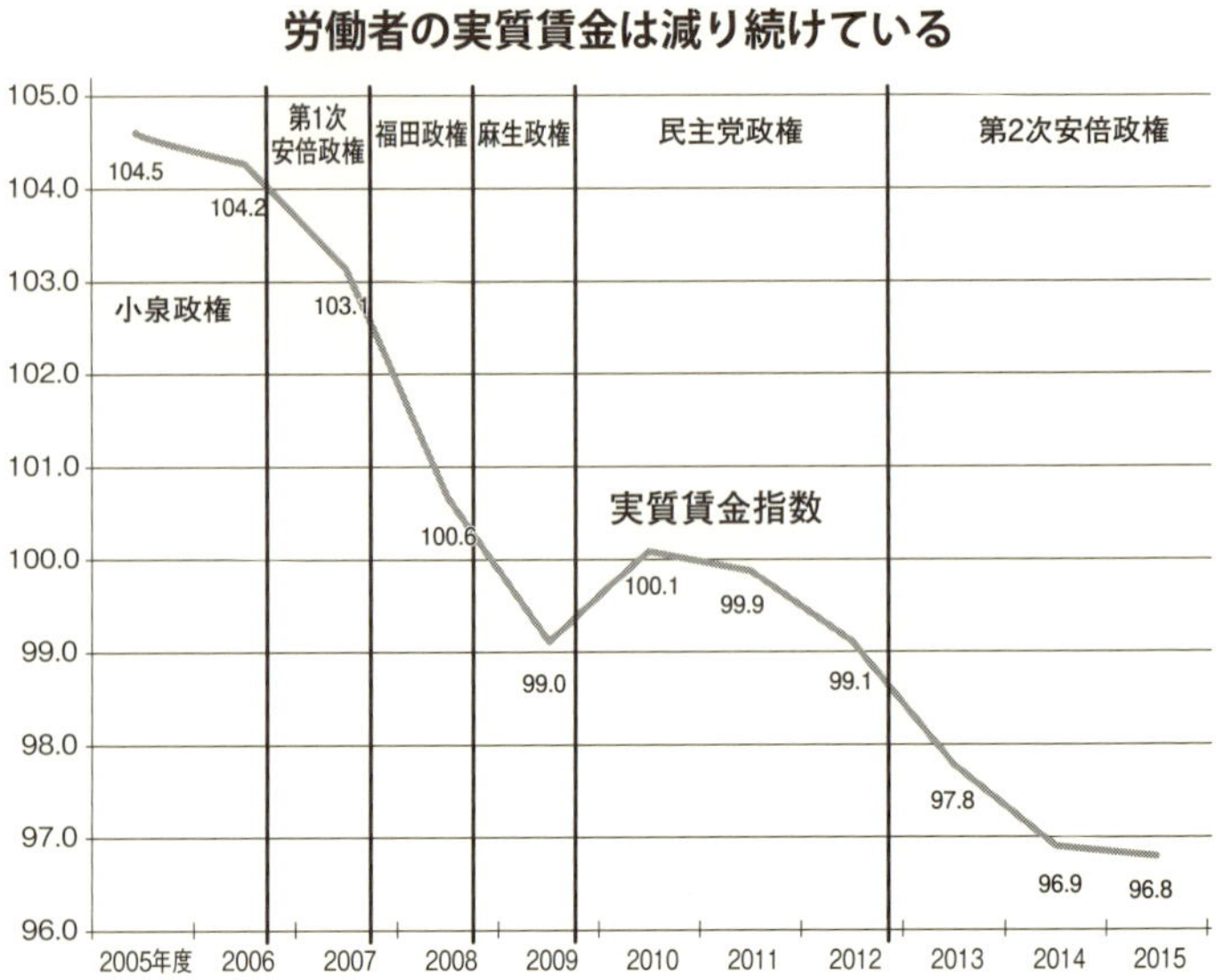

（注）2014年度の消費税増税の影響を除去した表示。消費税増税の影響を加えると実質賃金は2014年度以降、さらに約2ポイント低下する。

の低迷である。図表（P26）に示される通り、労働者の実質賃金は減少し続けている。企業収益が拡大し、株価は上昇しても、労働者の賃金はまったく増えていない。いわゆる「トリクルダウン仮説」は単なる空想だった。

分配所得が最終需要、すなわち家計消費に結びつかない、もう1つの重要な要因が格差の拡大である。生産の結果得られた果実の分配において、大多数の一般労働者への分配が減少し、ごく少数の富裕層への分配の比率が拡大している。この格差拡大が個人消費の構造的な停滞をもたらしている。

企業は生産活動を活発化させ、企業収益を拡大させるが、生産の果実である所得の分配において、一般労働者への分配を抑制している。裏を返せば、出資者への分配所得、富裕層への分配所得が増加しているのである。高額所得者の消費行動は所得の増減から影響を受けにくいため、高額所得者の所得増大は消費金額の増加につながりにくい。また、企業から流出しない内部留保が急膨張しており、この資金が支出行動に結びつかない。

格差拡大が経済成長低迷持続の背景になり、世界経済長期停滞論の1つの重要な論拠になっている。昨年の本シリーズ著作『日本経済復活の条件』が取り上げた重要テーマがこの問題だ。低成長、低インフレ、低金利をもたらしている大きな背景に「分配格差拡大」という問題がある。

この低成長経済を打破するには分配政策の根本的転換が必要だ。新自由主義経済政策を是正し、中間所得者層を再構築すること、すべての国民に保障する最低保障ラインの大幅な切り上げが求められる。日本国憲法第25条は「全て国民は健康的で文化的な最低限度の生活を営む権利を有する」と定めている。「生存権」を基本的人権として保障している。

世界第3位の経済規模を誇る日本だが、日本におけるすべての国民に保障する最低ラインはあまりにも低い。深刻な貧困が放置されている。2009年のユニセフ・イノチェンティ研究所発表では、日本の子どもの貧困率は14・9％で調査した31カ国中の第10位であり、1人あたりのGDPが高い先進20カ国では、日本は、アメリカ、スペイン、イタリアに次いで第4位である。

また、ひとり親世帯の相対的貧困率は54・6％で、ＯＥＣＤ加盟33カ国のうち、アメリカ、スペイン、イタリアをおさえ、堂々の第1位に位置している。

生活保護の受給を申請しても、役所の小役人は憲法の規定を尊重するのではなく、上から目線で市民に救貧活動を行っているかのような振る舞いで対応し、市民としての正当な権利が侵害されている。人間として生存しうる最低限度の生活水準さえ確保できずに餓死に追い込まれる者が後を絶たない。

すべての国民に対する最低保障ラインを引き上げるとともに、過度の分配の格差を是正する。一握りの富裕層へ過度に傾斜した分配の構造にメスを入れることにより、中間所得者層を再生することが求められる。

春の来ない冬はない

現在の世界経済では新自由主義の経済政策が猛威を奮い格差拡大が深刻なかたちで進行し、このことも1つの背景として低経済成長が長期間持続するという長期停滞が広がっている。この「構造」が存在することを念頭に置く必要がある。

しかしながら、このような経済停滞の構造が存在しながらも、経済の循環変動が消滅したわけではない点に注意が必要だ。経済循環局面の捕捉では、多数のエコノミストが昨年から本年にかけて判断を誤った。

中国経済はＢＲＩＣｓに代表される新興国の中核国であり、この新興国経済に根本的な混乱が生じることが懸念された。中国バブル崩壊が喧伝され、中国経済崩壊＝メルトダウンの論理が一世を風靡した。昨年出版された２０１６年の経済展望書の多くが、新たな金融危機を予測するものであった。

筆者は、この多数派説に対し、むしろ状況を冷静綿密に分析するならば、メルトダウンではなく、緩やかな底入れに移行する可能性が高いとの見解を示した。現実に上海総合指数は、２０１６年1月の２６３８ポイントを底に反転し、３０００ポイントを回復する状況に移行している。26ドルまで下落した原油価格は、２０１６年6月には50ドルを突破するところにまで短期2倍上昇を演じた。全体として中国を中心とする新興国経済は、本年1月から2月を転換点に、緩やかな底入れを形成しつつあるというのが現在の局面である。

第3章で論じるように、こうした変化が観察されるなかで、世界金融市場の変動を主導する基軸ファクターが転換した。昨年半ばから本年2月までは、中国が変動の基軸だった。中国株価急落、中国経済崩壊の懸念が、世界の金融市場変動の中心的振動源になった。

ところが、本年2月以降の世界金融市場変動においては、再び米国の金融政策がもっとも中心的な振動源に復帰した。ＦＲＢは昨年12月に第1回目の利上げに着手したが、２０１６年5月以降、利上げ第2弾実施観測が浮上し、この米国金融政策をめぐる思惑が世界金融市場の変動を引き起こす基軸としての地位を回復した。この点は第3章で詳しく述べる。

２０１７年の世界経済、金融市場変動を洞察するためには、世界経済が置かれている全体の構造を理解すると同時に、その構造の中での循環局面がどのような変化を示すのかを洞察することが重要である。

これまでのところ、新興国経済の循環において、２０１６年1月から2月にかけて大底を通過し、緩やかな回復局面に移行し始めているというのが現時点での基本判断である。この循環変動が今後も順調に維持されるのか。その循環変動を変えてしまう新たな要因が浮上するのかどうか。鍵を握る最重要ファクターは米国金融政策だが、日本の金融市場変動を洞察するには、当然のことではあるが、日本の経済政策運営を読み解かねばならない。

そして、その経済政策運営と不可分の関係にあるのが政治情勢で、安倍政治の今後の帰趨、ならびにこの政局に重大な変化が発生する可能性があるのかどうかを、慎重に見極めなければならない。

また、本シリーズ前作に記述したように、1987年に顕在化したような、原油価格の反転上昇に伴うインフレ懸念の拡大と金利上昇圧力がとりわけ株式市場に深刻な影響を与える可能性についても考察することが必要だ。1987年秋には「ブラック・マンデー」と呼ばれる世界規模の金融市場激震が観察されたのであり、類似した状況発生の可能性について検討が必要になる。この点は第5章で触れる。

10年の大局から俯瞰する

この10年の世界金融市場変動を振り返る。最大の特徴は2007～2009年にかけて、サブプライム金融危機が世界市場を襲ったことだ。グリーンスパンFRB元議長は、「100年に一度の金融津波」と表現した。歴史的な激震が発生したのである。

米国第4位の投資銀行リーマン・ブラザーズが破綻したのは2008年9月15日。「リーマン・ショック」と呼ばれることになった。このリーマン・ショックの前後、日経平均株価は1万8000円水準から7000円割れ水準にまで暴落した（図表P32）。

主要国の株価は2009年3月9日から10日に最安値を記録した。ここを起点に2015年夏まで6年間の株価上昇が観察された。ただし、日本の場合には、2010～12年の3年間、

日経平均株価（直近10年）

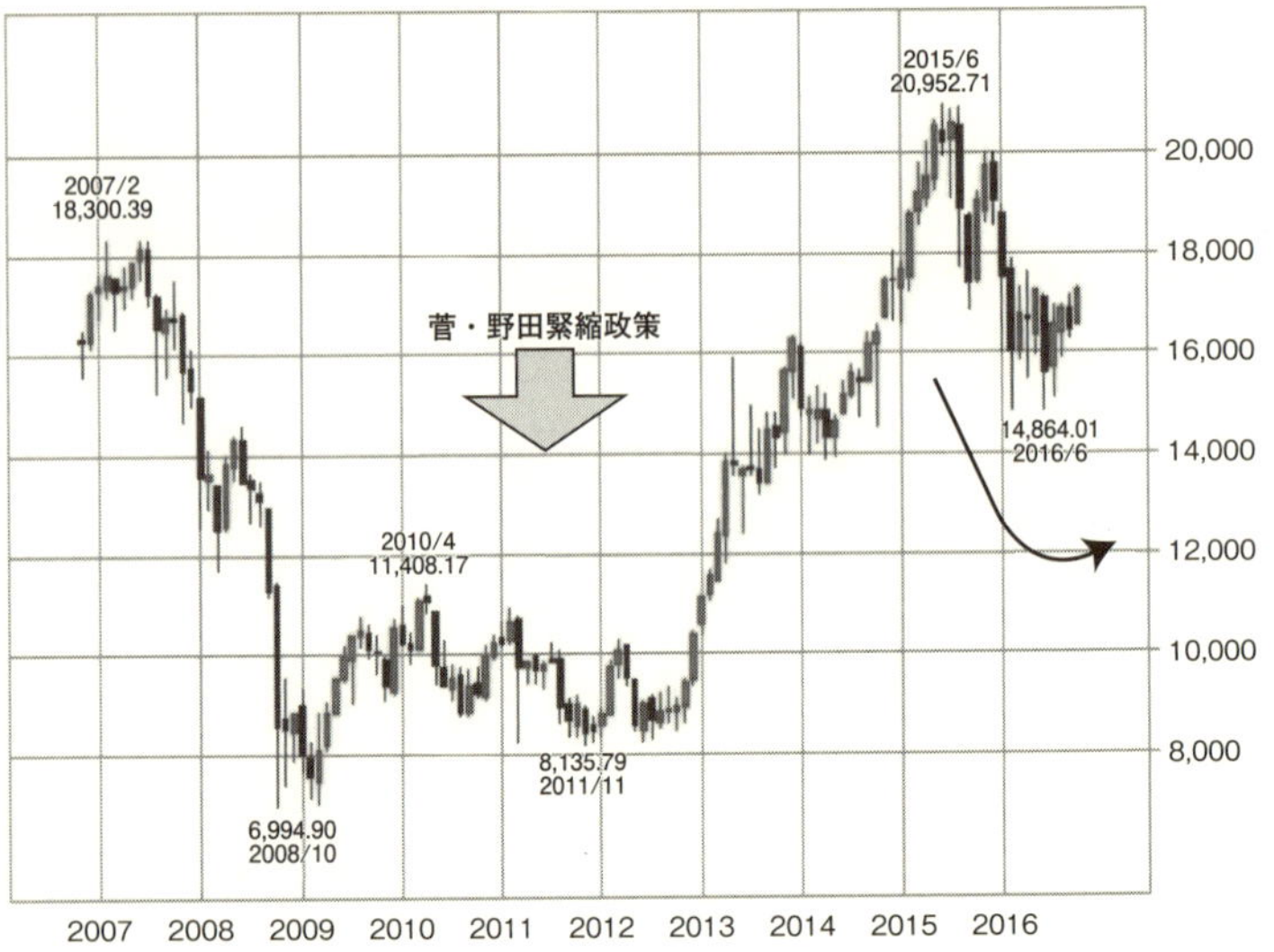

株価は底に張りついた。その主因は菅直人政権と野田佳彦政権の超緊縮財政政策運営にあった。

鳩山由紀夫政権から権力を強奪するかたちで政権を樹立した菅直人氏と野田佳彦氏は、共通して、完全な財務省路線の財政政策運営を実行した。この間に２０１１年3月11日の、あの東日本大震災、東京電力福島原子力発電所爆発事故が発生した。震災復興、日本経済再建が最優先の政策課題に位置づけられる局面だったが、菅直人政権と野田佳彦政権は巨大増税路線を突き進んだ。そのために、民主党は主権者の支持をほぼ全面的に失った。

日本経済がこの低迷から抜け出す契機になったのが２０１２年12月の総選挙だった。自民党の安倍晋三代表は経済政策の転換を訴えて衆院選に勝利し、第2次安倍政権を樹立した。

そして、金融緩和政策強化と財政政策出動を同時実行した。日本株価は菅・野田超緊縮経済政策で下方に「負のバブル」を形成していたために、経済政策の基本路線転換で株価が大規模な水準修正を演じた。

「はじめに」にも記述したように、筆者が執筆しているTRIレポート=『金利・為替・株価特報』では、野田佳彦氏が国会の党首討論で衆院解散を宣言する直前に発行した2012年10月29日号に、「【概観】日本円の下落が引き起こす大きな変化」のタイトルの下、政治情勢の変化、日銀総裁交代の可能性を踏まえ、為替市場の基調が円高から円安に転換し、連動して日本株価が反転上昇する見通しを記述した。

その後、11月14日の党首討論で12月の総選挙実施が確定、野田政権が終焉し、第2次安倍晋三政権が発足した。『金利・為替・株価特報』では、この変化が始動すると直ちに、2012年12月25日号に、「株式市場にはエネルギーが蓄積されており、日経平均株価は1万8000円を目指す流れに転じたと考えられる」と記述した。

本シリーズ第1作であるTRIレポートCY2013『金利・為替・株価大躍動』は、この見通しを単行本として取り纏めたものである。

日経平均株価は2015年6月24日に終値で2万868円をつけた。これが高値となり、そ

ＮＹダウ（直近10年）

の後反転下落した。２０１６年２月12日と６月24日に１万４９５２円の安値を記録し、その後はやや持ち直す推移を示している。因みに『金利・為替・株価特報』では、２０１６年７月11日号に、「日経平均は１万４９５２円でダブルボトムを形成しており、相場が反転上昇する可能性が示唆されている」と記述し、日本株価の下落に歯止めがかかったとの見通しを提示した。

これに対し、ニューヨークダウは、２００７年10月９日に高値を記録したのち、２００９年３月９日にサブプライム金融危機の安値を記録した。この米国が「１００年に一度の金融津波」に対処するために徹底的な金融緩和政策を実行。さらに、大規模な財政出動も実施した。その結果として、ニューヨ

NYダウ（直近40年）

ークダウは6年間の大暴騰を演じて、2・8倍の水準にまで達した（図表P34）。

このアメリカ株価にも2015年の半ばから2016年1月にかけて調整が入った。その背景は中国株価急落である。チャイナショックを背景に株価調整が生じて、2016年1月から2月にかけて底値を形成。その後は急速に値を戻して、遂に2016年8月に史上最高値を更新した。ニューヨーク株価調整は2015年夏から2016年夏の1年間で完了した状況を示している。さらに11月8日の大統領選後、最高値を再度更新した。

ニューヨークダウが6年間で2・8倍の水準に大暴騰したから、大暴落するのは必至だとする主張が広がった。不況にあえぐ出版業界がセンセーショナルなタイトルを強く求めるという事情も影響しているのだろうが、ニューヨーク株価大暴落、金融危機の再来、などの見通しが書店を席捲していたのはつい最近のことであるし、いまもこの種の書籍が山積みになっている。危機が語られれば読まねばならぬという気持ちになるが、金融安定化と言われれば読む必要がないと感じてしまう人が多いのかもしれない。

ニューヨークダウの直近40年間の推移を見ると、ニューヨークダウが1万ドルの大台を超えたのは1999年3月である（図表P35）。17年も前のことなのだ。これを起点に計算すると、ニューヨークダウの上昇率は年3・8％である。この期間のアメリカの名目GDP成長率は年3・8％であり、株価は名目GDPと同等にしか上昇していない。

また、現在のニューヨークダウのPER（株価収益率）は16、17倍水準であるが、長期金利の水準を踏まえれば割高感はない。6年間の暴騰は、直前のサブプライム金融危機暴落の反動の側面が強く、中国株価同様、「木を見て森を見ず」にならぬよう、中長期の視点、多面的な視点からの考察が重要である。

ヨーロッパ株価の指標としてドイツのDAX30という指標を見てみよう。DAX30の推移はチャートに示されているようにニューヨークダウと非常に似ている（図表P37）。ニューヨークダウ同様に、サブプライム金融危機で急落した後、6年間上昇して史上最高値を記録した。その高値から、2015年の半ば以降、調整に転じて2016年2月に調整後安値を記録した。

DAX30（直近10年）

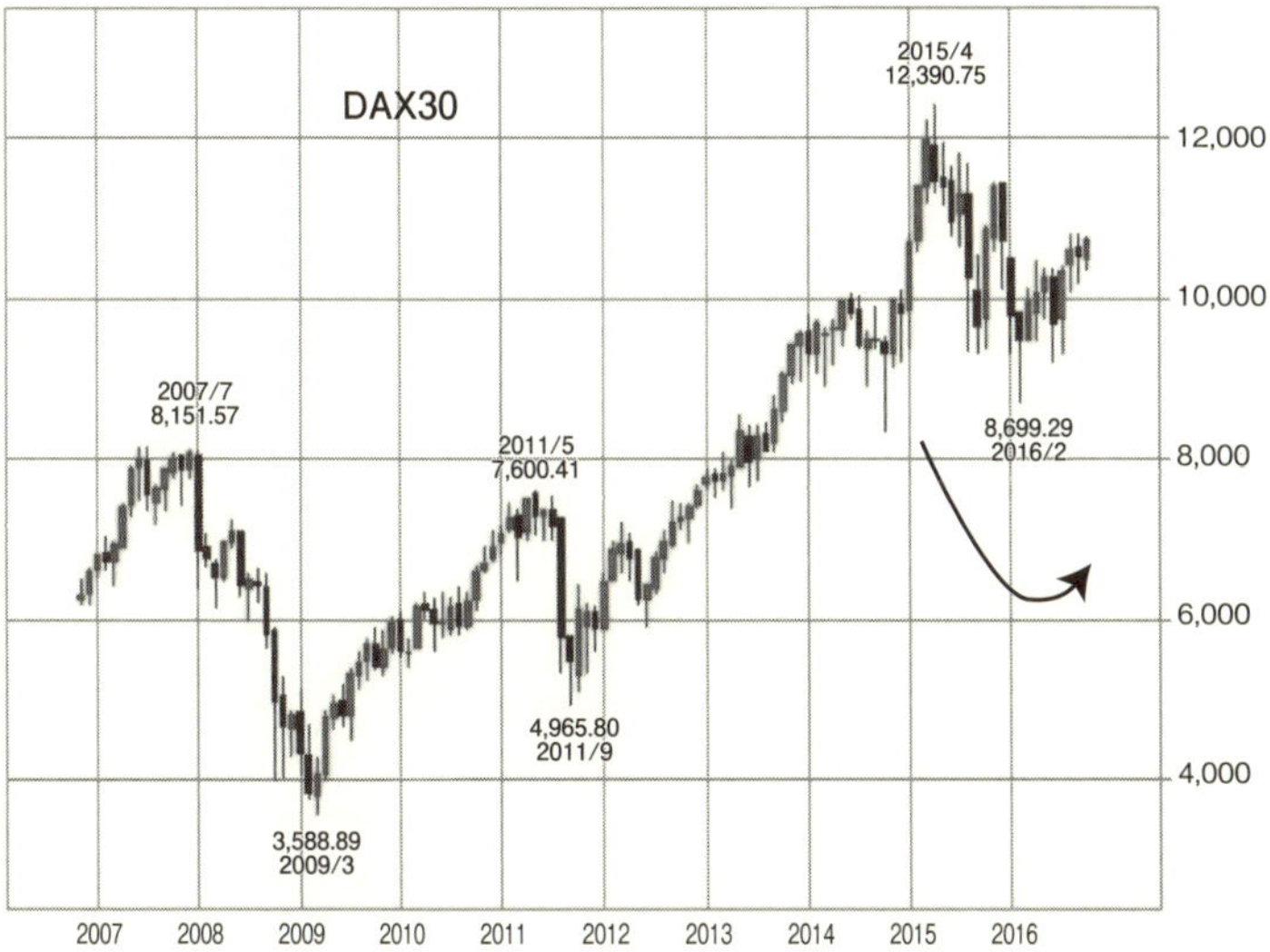

調整の背景は中国、チャイナである。

このドイツの株価も1、2月が転換点であるが、2月以降に株価が反転上昇した契機になったのが2月上海G20である。2月上海G20会合の意味は特段に大きいものだった。『金利・為替・株価特報』2016年3月14日号に次のように記述した。

特筆されるべきことはG20の声明において「世界経済の下方リスクと脆弱性が高まっている。世界経済の見通しが更に下方修正されるリスクへの懸念が増大している」ことが明記され、「世界経済の成長という共通の目的を実現するため、更なる行動が必要であることに合意する」と記述されたことだ。

この認識の上に、「成長、投資及び金融安定の強化の目標を達成するため、すべての政策手段―金融、財政及び構造政策―を個別にまた総合的に用いる」と明記された。具体策が明記されなかったとの論評があるが、総論として明確な政策路線が示されたことの意味が大きいと判断できる。

金融市場はこのG20声明を重く受け止めているように見える。たしかに、具体策が出てくるまでは信用し切れないとの懸念は残るが、こうした政策転換の決定が、後から振り返ると重要な市場変動転換点を形成することも多い。

TRIレポートはG20直後から、この会合が金融市場変動の重要な転換点を形成する可能性を強く示唆したが、その後の現実は、この洞察が的確であったことを鮮明に物語っている。

世界経済運営のカギを握るイエレンFRB議長

2007～2009年にかけてサブプライム金融危機という大規模調整が発生し、その反動もあって2015年半ばまで、世界の株式市場は6年間の急騰局面を経過したが、その上昇波動に水を差したのが2015年半ばから2016年初にかけての中国株価調整＝チャイナシ

上海総合指数（直近10年）

ョックであった。金融市場は何らかの要因による小休止、調整を求めていたとも言える。相場にはリズムがある。市場変動には常に一定の調整＝小休止が必要であり、程よい調整が、チャイナショックの名目で実現したのが2015～2016年であったと見ることができる。

2015年から2016年にかけて世界金融市場変動の主役を演じた上海総合指数であるが、この上海総合指数もサブプライム危機前後に激しい変動を示していた（図表P39）。米独上海総合指数の高値は2007年10月。米独の高値形成時期と同一である。しかし、サブプライム金融危機に伴う安値は2008年10月に記録している。米欧日よりも半年先行している。

その中国株価はサブプライム危機後の反動高を演じたのち、2009年8月から2014年7月までの5年間、下落し続けた。株価下落の基本背景は中国人民銀行による金融引き締め強化である。中国のインフレ率が高まり、人民銀行は段階的に金融引き締めを強化した。中国経済は絶好調の推移を示したが、人民銀行はインフレの未然防止を重要視して金融引き締め政策を強化した。これを背景に中国株価が長期低迷した。

2016年6月以降に中国株価が1年間の急騰後の下落に転じ、8月の人民元切り下げ措置実施後に世界市場に波及した際、麻生太郎財務相が中国バブルについて、「何年も前から言われており、ついに来たかという感じで、みんな驚くことはなかったと思う」と述べたと報じられた。本当に驚かねばならぬことは、麻生太郎氏が中国金融市場について、まったく正確な知識と情報を持ち合わせていないことが発覚したことだった。

中国株価はチャートが示しているように、2009年8月から2014年7月までの5年間にわたり下落し続けた。その株価が2014年7月から2015年6月の1年間に2・6倍の水準に大暴騰したのである。「バブル崩壊」は、たった1年間急騰した株価の一部が破裂したもので、麻生氏が述べたように、「何年も前から言われて」いたことではまったくない。相場用語では「行って来い」と表現される。日本の経済政策司令塔にいる重要閣僚が、基本的な知識と情報を持たずに政策運営を行っていることは恐ろしい。

中国政策当局はインフレの未然防止を目的に金融引き締めを行った。その影響もあり、また、既述したような中国経済の構造上の問題もあり、2014年ころから経済が急速に減速し始めた。これを背景に、金融政策が引き締めから緩和に転換した。中国株式市場がこれに反応した。

金融緩和による株価上昇は、サブプライム危機後の世界金融市場で共通して観測された事象である。先行したのが米国だ。バーナンキFRB議長が量的金融緩和を無制限、無尽蔵に実行した結果、ニューヨーク株価が暴騰した。第2ランナーは日本だった。2012年12月総選挙を契機に安倍首相が量的金融緩和拡大を推進した。その結果として日本株価が急騰した。そして、第3ランナーとしてヨーロッパのECB（欧州中央銀行）も量的金融緩和政策拡大に踏み切り、欧州株価も上昇した。この流れの延長線上で、中国が金融緩和政策を強化して、2014年7月以降、中国株価が急騰に転じたのである。

その中国の政策ミスは、株価急騰を抑制しなかったことだ。「市場への介入」について自由主義国から批判を受けることを警戒した中国政策当局の強い意識が逆にあだになった。2015年6月にかけて上海総合指数が大暴騰する局面で、株価上昇の行き過ぎにブレーキをかける政策対応が示されなかった。

遅ればせながら中国当局が2015年6月に信用取引規制を打ち出すと、株価は急落に転じた。ところが、株価急落が加速するなかで、今度は効果的な株価急落抑止策を示すことができなかった。このために、証券当局トップである肖鋼・証券監督管理委員会主席は2016年2月に更迭された。

2015年6月に中国株価が下落に転じた当初は、関心が集まらなかった。株価は急落したものの、いったんは落ち着きを取り戻し始めていた。事態を急変させたのが2015年8月の人民元切り下げ措置実施だった。中国当局が人民元の切り下げ方針を示したことで、巨大な資金を中国市場に流入させていた巨大資本が一斉に資本を引き揚げるとの警戒感が広がったのである。

その延長上で中国メルトダウン論が流布された。しかし、筆者は中国株価が株価暴騰の出発点である2014年7月の2000ポイントを大きく下回って下落しないなら、中国経済の崩落は起きないと判断した。暴騰した株価が反動で急落するという範囲内での調整に留まる可能性が高いと判断したのである。

代表的な資源価格であるWTI原油価格は、基本的に世界の経済活動の影響を受けるが、とりわけ強い影響を与えたのが中国経済動向だった。中国経済の急減速を背景に2014年央から原油価格の急落が始動した（図表P43）。この動きと逆行するかのような変化を示したのが中国株価だった。原油価格が下落するなかで中国株価が上昇した。

原油価格下落は中国経済減速の影響を受けたリアルな需給変化の結果である一方、中国株価

WTI（直近10年）

上昇は金融政策当局による金融緩和策強化を背景とする期待先行の株価上昇、いわばバーチャルな現象だった。株価上昇の類型では金融相場と呼ばれるものだった。

ＷＴＩはリーマン・ショックの直前である２００８年７月に１バレル＝１４７ドルの高値を記録した。これがサブプライム金融危機に連動して暴落。２００９年１月に１バレル＝33ドルに下落した。その後、急速に値を戻して２０１１年５月には１バレル＝１１４ドルを回復した。

その後、２０１４年半ばまで１００ドルの高値水準を維持し続けた。その最大の背景が中国経済の拡大だった。中国の実質ＧＤＰ成長率は２００７年に14・２％の高水準を記録したが２００８年には９・６％に急減速。そ

中国実質GDP成長率チャート

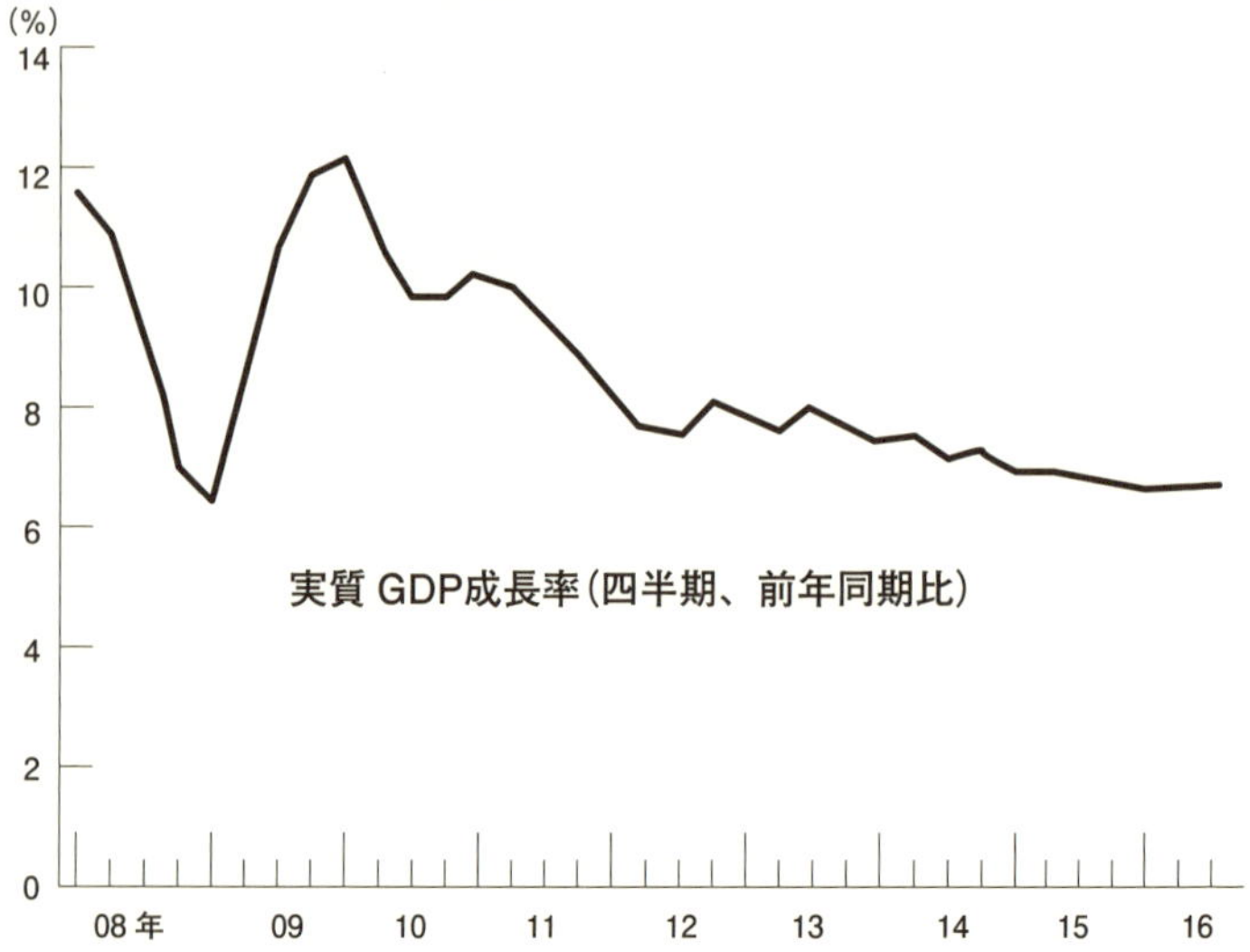

の後、２０１０年に二桁成長を回復したが、これをピークに緩やかに減速。２０１４年以降は経済減速が鮮明になった（図表Ｐ44）。これに連動して２０１４年央以降、原油価格が急落した。米国でのシェールオイル生産の急増も影響した。

　他方、中国株価は２０１４年７月以降、金融緩和による「期待先行」の株価上昇を加速していった。この株価上昇局面で早めに政策当局が警戒シグナルを発していれば、その後の混乱を回避できたかもしれない。しかし、「市場への介入」を慎重に避けた当局の行動が、結果的に「バブル」を生み出す原因になった。

　２０１５年後半になって世界同時株安が観測され、原油価格下落と相まって経済の沈下

銅価格（直近10年）

イメージが鮮明に浮上した。その「陰の極」が示現したのが２０１６年初頭である。米国が利上げに着手。世界のマネーが米ドル回帰を強めて新興国経済が崩落、メルトダウンしてしまうとの警戒感が強まった。この負のスパイラルを断ち切ったのが２０１６年２月末の上海G20会合だった。

他方、銅価格の推移を見ると、２００６年から２００７年までの推移はＷＴＩと類似している。ただし、２０１１年の価格の戻り＝上昇はＷＴＩよりも大きかった。そして、２０１１年以降は緩やかな低下が持続し、２０１６年初までその低下傾向が続いた（図表Ｐ45）。

銅と原油の価格変化の相違は、「投機性」の強弱に依っていると思われる。ＷＴＩ市場に流入する資金量が大きい。より強い「投機性」が観察されるのがWTI市場である。これに対して、銅価格変動は、よりリアルな経済の変化、実需を映す傾向が強いと思われる。

銅価格は、2011年以降、緩やかな下落傾向を維持したが、中国の実質GDP成長率推移とほぼパラレルな推移を示したと言ってよいだろう。原油価格は2016年2月以降の明確な反発を示したが、銅価格はまだ上昇していない。下げ止まっただけである。「期待」先行でWTI価格は大幅上昇したが、まだリアルな経済、実際の経済活動は本格浮上していないのだ。経済の減速にようやく歯止めがかかりつつある。これが現在の状況である。

病気の治療において、もっとも気をつけなければならない大切な時期に差しかかっている。病気の悪化に歯止めがかかった。回復の兆しが見える。しかし、この段階で無理をすれば、すぐに病状が再悪化してしまう。日本政府は1990年から2004年にかけて、何度も生まれた病状回復の好機に、判で押したように無理を強行して病気を再発させた。病み上がりの校庭ランニング100周、病み上がりの寒中水泳の強行などでせっかくの病状回復が水泡に帰した。そして、再発のたびに病状は深刻化し、日本経済は危うく死にかけた。

世界経済は2016年から2017年にかけて、この非常に重要な局面を迎えている。これまでのところ、幸いなことに、回復初期の荒療治が慎重に回避されて、病状の緩やかな改善が続いている。そのかじ取りを委ねられているのが米国FRBのイエレン議長である。

米大統領選＆安倍政治と反グローバリズム禁複写

金利・為替・株価特報（2016年11月14日号）２６４

スリーネーションズリサーチ
代　表
植草一秀

<目次>

今後の発行予定日は１１月２８日、１２月１２日、１２月２６日、1月１６日、1月３０日、2月１３日、2月２７日、3月１３日、3月２７日、4月１０日、4月２４日、5月１５日、5月２９日、6月１２日、6月２６日になります。

発行予定日はレポートお届け最速日の目安で、運送会社の状況等により配送が１～５日遅れる場合がありますのであらかじめご了承ください。

２０１７年度ＴＲＩ政経塾の参加を募集しております。A日程、B日程とも定員２１名です。A日程が6月１２日(月)、9月１１日(月)、１２月１１日(月)、3月１２日（月）、B日程が6月１３日(火)、9月１２日(火)、１２月１２日(火)、3月１３日（火）になります。開催時間は午後６時～午後９時、会場は「野村コンファレンスプラザ新宿」ボードルーム（新宿野村ビル４８階）です。

参加費は4回参加、食事・資料代、消費税込みで１０万円になります。
参加ご希望の方は、メール：info@uekusa-tri.co.jp　またはＦＡＸ：０２０－４６２３－８８９７までお申し込み下さい。先着順にて受付いたします。
併せてＴＲＩ政経塾資料および講義録音データ送付による「在宅受講コース」を募集いたします。受講費は年間５万円になります。受講ご希望の方はメール

第2章

政治の地殻変動

世界政治の三大ミステリー

2016年の世界政治に3つのミステリーが観察された。

第1は、アメリカ大統領選における異常ともいえるトランプ叩きの風潮。

第2は、英国EU離脱国民投票におけるメディアのヒステリックな対応。

第3は、日本の説明のつけられないTPP前のめりの政治スタンス。

この三者に共通していることは、マスメディアがこの異様性の中心に位置していることだ。

2016年アメリカ大統領選は史上最悪の選挙とも言われた。民主、共和両党の指名候補となったヒラリー・クリントン元国務長官とドナルド・トランプ氏に対するネガティブな評価が強かったためである。


しかしながら、11月8日の投票日が近づくに連れて、主要マスメディアの報道はトランプ叩き一色に染まった。大統領選の勝敗を決する最重要の舞台となる3度のテレビ討論でも、討論を仕切るメディアのアンカーが、明確なクリントン寄りのスタンスを示した。ここでも、メディアの対応はヒステリックであった。

2016年6月23日に英国はEU離脱の是非を問う国民投票を実施した。事前の各種調査で賛否は拮抗しており、EU離脱判断が示される可能性は十分にあった。筆者もEU離脱の決断が示される可能性が高いと判断していた。

結果はEU離脱の意思表示だった。この国民投票結果に対して、主要メディアは、世紀の誤判断と断じる報道で染め抜いた。日本のメディアも、欧米主要メディアの論調に追従して、英国民の判断を全面糾弾する解説を全面展開した。英国民の意思表示は驚くにあたらない。驚くべきは、メディアのヒステリックな反応だった。

そして、日本では、あの安倍政権が世界の先頭を切るべく、TPP拙速批准に突き進んだ。「あの」と表現したのは、2012年12月の総選挙で、安倍自民党が「ウソつかない！　TPP断固反対！　ブレない！　日本を耕す‼　自民党」と大書きしたポスターを貼り巡らせて総選挙を戦った事実が存在するからだ。

しかも、交渉結果として得られた最終合意内容は、日本の国益を完全に売り渡すものであった。日本にとってプラスになるとされた唯一の事項と言ってもよいであろう自動車関税率の引き下げについて、TPP合意文書は、米国が、乗用車では14年間、税率の高いトラックについては29年間、関税率をまったく引き下げないでよいことを盛り込んだ。

他方、日本の豚肉輸入では、キロ当たり482円の関税がTPP発効と同時にキロ当たり125円に引き下げられ、牛肉では、現在38・5％の税率がTPP発効と同時に27・5％に引き下げられ、16年目からは9%に引き下げることになった。日本が得るものはなく、日本が失うものは限りなく大きいというのがTPP最終合意文書の現実である。

このTPPは、米国で承認の見通しが立っていない。大統領選に勝利したトランプ氏は「有権者との契約」のなかで大統領就任初日にTPP離脱を宣言すると明記した。

そのTPPを、安倍政権が拙速批准しようとしていることは、今世紀最大のミステリーといっても過言ではない。

3つの特異な現象は何を意味しているのだろうか。それは、一言でいえば、グローバリズムに対する、世界の各地から示され始めた狼煙《のろし》、反抗＝レジスタンスのうねりに対する、巨大資本勢力、いわゆる1%勢力の動揺、あせりの裏返しである。

米国でトランプが叩かれたのは、トランプが巨大資本の支配下の候補者ではないからである。クリントンは巨大資本の支配下の候補者だったが、トランプの選挙資金は巨大資本が拠出するものではなかった。米国の大統領は民主、共和両党の指名候補から選出されるが、これまでの選挙では巨大資本の支配下にない人物が指名候補になることはなかった。

米国の選挙制度では、民主、共和両党の指名候補にならなければ、大統領に就任することが極めて難しい。米国の制度は、誰でもが大統領になれると謳いながらも、実態としては、ごく限られたカテゴリーに属する人物しか大統領の正式候補になることができない。表向きの「建前」と実態である「現実」との間に大きなかい離がある。これがアメリカの二面性である。自由と、誰もがトップに躍り出ることができるというアメリカンドリームを保証しているのは建前の世界であって、アメリカの現実とは違う。

グローバリズムとは、巨大資本が巨大資本の利益を極大化することを目的として、全世界に巨大資本の利益極大化に好都合な制度、システム、規制を植え付ける運動のことだ。市場原理の重視、規制の撤廃、小さな政府、そして民営化を基軸とする経済政策運営を、国境を越えて実現する。これがアメリカの経済政策戦略であるが、このアメリカの基本戦略を裏側からコントロールしているのが1%の巨大資本である。この1%の巨大資本が上記の経済運営システムを世界全体に植え付けるための運動がグローバリズムである。

1980年代以降、自由主義を前面に掲げる経済政策が支配権を握った。レーガン・サッチャー・中曽根の米英日首脳が推し進めた経済政策がその端緒であった。このグローバリズムは、当然の結果として所得格差の拡大、富の格差の拡大をもたらしてきた。1%の支配者と99%の被支配者への分化が過去30年間に急加速した。

グローバリズムの必然的な帰結が格差拡大であり、この格差拡大に対する批判が、とりわけ2008年のリーマン・ショックを契機に世界規模で噴出し始めている。英国のEU離脱国民投票結果は反グローバリズムという反抗＝レジスタンスの端緒である。アメリカ大統領選におけるサンダースとトランプの台頭もまた、反グローバリズム感情の発露と言える。

グローバリズムを推進する巨大資本＝1％勢力にとって、TPPは巨大な果実である。この果実を入手する目前になって、果実を獲得し損なうリスクが急速に高まり始めた。巨大資本のお膝元のアメリカにおいてさえ、反グローバリズムのうねりがにわかに高まっているからだ。

この窮地を打開するために、1％勢力は安倍首相に対して、日本のTPP早期拙速批准の強行を命令したのだと推察される。それが、安倍政権の異様とも言えるTPP推進行動の裏にある事情なのだ。

日本では、2001年の小泉政権が「改革」という名を冠して新自由主義を全面的に推進する政治運営を強行したが、その系譜を全面的に引き継いでいるのが2012年に樹立された第2次安倍政権である。

しかしながら、世界の各地で、同時発生的にグローバリズムに対する疑念、見直し、反攻の気運が広がり始めている。2015年に話題になったフランスの経済学者トマ・ピケティへの注目もこの変化を反映するものだった。

2016年の世界政治3つのミステリーは、グローバリズムへの反攻拡大を背景に観察されている現象である。英国民のEU離脱判断を暴力的に否定しようとする姿勢、巨大資本の支配下にない大統領候補の当選を阻止するための、メディア総動員による猛攻撃、そして、TPP

でもっとも深刻な影響を受ける日本の首相である安倍晋三氏がTPP拙速批准を命じられ、日本のメディアがTPP批判を一切放棄するという特異な情勢は、反グローバリズム気運の急拡大に対する巨大資本の側の尋常ならざる過剰反応抜きに説明することはできない。

メディア総攻撃を跳ねのけたドナルド・トランプ

2016年11月8日に米国大統領選が投票日を迎えた。結果はドナルド・トランプの勝利となった。トランプ氏はメディアの総力を結集しての総攻撃を見事に跳ねのけた。

日本では2009年に小沢一郎氏と鳩山由紀夫氏が主導して政権交代を実現。日本政治の全面的な刷新に動き始めた。既得権勢力は総力を結集して政権交代阻止に向けて行動したが、政権交代を求める主権者の意思を抑止し切れなかった。政権交代が実現されてしまい、2010年夏の参院選で衆参ねじれまで解消されてしまえば、既得権勢力による日本支配の構造は消滅してしまいかねなかった。

既得権勢力は、まさに「目的のためには手段を問わない」不正な手法を全面展開して、鳩山由紀夫政権を破壊し、既得権勢力傀儡《かいらい》の菅直人政権、野田佳彦政権を樹立して、2012年発足の安倍晋三政権への橋渡しをさせた。

2016年のアメリカで観察された現象も、支配者による、目的のためには手段を問わない行動であった。とりわけ、国民の投票行動に最大の影響を与える3度のテレビ討論の時期に合わせて、トランプ氏を攻撃するための各種情報が一斉に流布された。この情報工作に全面的な協力姿勢を示したのが、米国のほぼすべての主要メディアであった。

選挙戦終盤にクリントン女史の健康不安がクローズアップされ、両者の支持率が拮抗したが、このタイミングでトランプに対する大規模なネガティブ・キャンペーンが展開されて、クリントン氏優位の状況が創作された。

その後、投票日1週間前になり、クリントン氏が私的メールを用いて国家機密情報を取り扱っていた問題について、FBIがいったんは終結宣言を出した捜査活動を再開すると宣言し、クリントン優位の情勢が急変した。しかし、FBIは投票日2日前に訴追の可能性なしとの結論を提示した。

過去の大統領選でメディアがこれほど鮮明に、一方の候補者を支援した例はない。米国の民主、共和二大政党制の下で、各メディアはいずれかの政党に近い存在ではあり続けた。リベラル色の強い民主党に対して、共和党は伝統的に自助、自立を重視する「小さな政府」指向が強かった。この相違を軸にして各メディアが、いずれかの候補者に対する支持を表明することが多かった。

ところが、今回の大統領選においては、ほとんどすべてのメディアがクリントン支持を打ち出した。トランプ支持は例外的にしか存在しない。本来、共和党系のメディアまでがクリントン支持を鮮明に示した。

メディアはトランプ氏の各種言動を取り上げて批判を展開してきたが、トランプ氏が攻撃されてきた真の背景は別のところにある。たしかに、人種差別的な発言は多く、アフリカ系国民の多くがクリントン支持に回った。イスラム系国民に対する対応も差別と偏見に満ち溢れたものであったことは間違いない。

さらに、選挙戦終盤になって流布された情報は、過去のわいせつ発言、女性蔑視発言だった。これらの情報流布により、とりわけ女性票のクリントン候補への誘導が意図的に実行された疑いが濃い。

この状況下でトランプ氏が勝利を収めた事実は、米国民のメディアリテラシーの高さを示すものだ。メディアリテラシーとは、メディアが流す情報の本当とウソを見分ける能力のことだ。

トランプ氏がメディア総攻撃を受けた最大の理由は、トランプ候補が米国を支配する巨大資本に支配されていないことに起因すると考えられる。既述したように、民主党と共和党を基軸とする米国の二大政党体制は、実態としては、米国を支配する巨大資本が永続して米国政治を支配し続けるための、いわば「安全装置」のようなものだ。

ギアが共和党に入ろうとも、民主党に入ろうとも、巨大資本による米国支配は崩れない。政治体制を自由に選べる表向きの説明とは裏腹に、米国民は民主党政権を選ぼうとも、共和党政権を選ぼうとも、巨大資本が支配する米国政治という大枠から逃れることはできない。巨大資本が支配を永続させるための「狡猾な」仕組みが確立されているのである。

ところが、2016年大統領選挙においては、この基本構図が崩壊した。民主党でクリントン氏と指名を争ったのはバーニー・サンダース候補である。このサンダース氏もまた、米国を支配する巨大資本のコントロール下にはない人物である。

一方、共和党では、第41代大統領のジョージ・H・W・ブッシュの息子である第43代大統領のジョージ・W・ブッシュの弟の、元フロリダ州知事のジェブ・ブッシュ氏や同じフロリダ州上院議員のマルコ・ルビオ氏、さらに、ティーパーティーグループ（茶会派）に支持されるテキサス州上院議員のテッド・クルーズ氏などが大統領指名レースに参戦した。

激戦と言われた共和党指名候補選を勝ち抜いてドナルド・トランプ氏が共和党の指名候補に選出された。しかし、11月8日の大統領選本選に向けて、多数の共和党重鎮がトランプ氏不支持を表明した。選挙戦終盤に流布された女性スキャンダル報道が直接の原因とされるが、共和党幹部がトランプ氏を支持しなかった本当の理由は別のところにある。

トランプ候補の最大の特徴は、選挙資金の大半を自己資金から捻出している点にある。つまりトランプ候補は、米国を支配する巨大資本の支配下に組み込まれていない候補なのだ。トランプ氏のＴＰＰ反対の明確さがこのことの証左である。ＴＰＰは米国支配者である巨大資本が仕組んだ世界市場制圧、日本収奪の最終兵器とも言える条約である。巨大資本にとって現下の最重要懸案である。そのＴＰＰに対して絶対反対のスタンスを貫いているのがトランプ氏だった。

大統領選最終局面での情勢急変

クリントン氏はウォール・ストリートに代表される米国の巨大資本、国際金融資本の支配下にある人物である。現大統領であるバラク・オバマ氏はアフリカ系米国人初の大統領として脚光を浴びた。２００９年1月20日に行われたオバマ大統領の就任式には１００万人の米国民が参集したと報じられている。Change! Yes We can! は２００９年を代表する言葉になったが、米国政治は変わらなかった。

それは、オバマ大統領もまた、米国を支配する巨大資本に支配される大統領であったからだ。米国政治社会の実相を明らかにしている堤未果氏による『政府はもう嘘をつけない』（角川新書）のカバーには、「お金の流れで世界を見抜け！」の見出しが躍る。オバマ大統領は大統領に当選したときには、政治献金問題に手をつけると言っていたが、大統領に就任するとうやむやにしてしまった。

2008年の大統領選でオバマ氏が大企業やウォール・ストリートから集めた7億5000万ドル（約750億円）という史上最高額の政治献金は、2期目の選挙では10億ドル（約1000億円）に跳ね上がった。そして、2期目の選挙における大口スポンサーは全米貿易協議会（NFTC）であった。

全米貿易協議会のメンバーには、シェブロン、GE、ボーイング、シティグループ、VISA、オラクル、タイムワーナー、マイクロソフト、IBM、モンサント、ファイザー、ジョンソン・アンド・ジョンソン、インテル、ウォルマート、GAP、UPS、ゼロックスなどの、いわゆる多国籍企業が名を連ね、さらに「著作権」や「知的財産権」を取り扱う「全米映画協会」、「全米音楽出版協会」、「米国出版社協会」、「全米商工会議所」、「全米肉生産者・牛肉協会」などのロビー団体が名を連ねていることを堤氏は示す。

TPPはまさにこの「全米貿易協議会」のためのものである。私はTPPを「ハゲタカのハゲタカによるハゲタカのための条約」と表現しているが、堤氏の著書カバーにも「ハゲタカたちよ、覚悟せよ」と刻印されている。

この点はクリントン氏と完全に重なる。クリントン氏は米国を支配する巨大資本、ハゲタカの命を受けた候補者だった。これに対して、トランプ氏は米国大統領選の系譜を覆す異色の候補だったのだ。米国を支配する者にとっては、指名候補にしてはならぬものが指名候補になってしまった。それが、トランプ氏に対する執拗かつ陰湿な総攻撃の背景だった。

日本で誕生してはならぬ鳩山政権が誕生し、米官業が一体となる総攻撃がメディア総動員で実行されて、鳩山政権が8カ月で破壊された。小沢氏と鳩山氏が主導した日本政治刷新に向けての「光」を、私は「プラハの春」ならぬ「小鳩の春」と表現したが、既得権者の反応は鮮烈かつヒステリックなものだった。極めて類似した状況がトランプ攻撃でも観察された。

米国を支配する巨大資本は、いかなる手法を用いてでもトランプ氏の当選を阻止するとの確固たる意志の下でマスメディアを総動員してトランプ攻撃を展開し続けた。この攻撃をかわしてトランプ氏が大統領に選出されたことを踏まえると、トランプ氏が今後もハゲタカの意向に従わない場合には、トランプ氏が大統領狙撃事件の被害者になる運命を背負うことになる可能性がある。

選挙戦の最終局面でReal Clear Politicsサイトが示した支持率はトランプ43・6%、クリントン46・8%でメディアはクリントン勝利は確実と伝えた。しかし結果はトランプ勝利だった（図表P62、63）。

米国大統領選は州ごとに勝敗を競い、勝者が当該州の選挙人全員を獲得する（一部例外州を

アメリカ大統領選支持率（2016年11月8日）

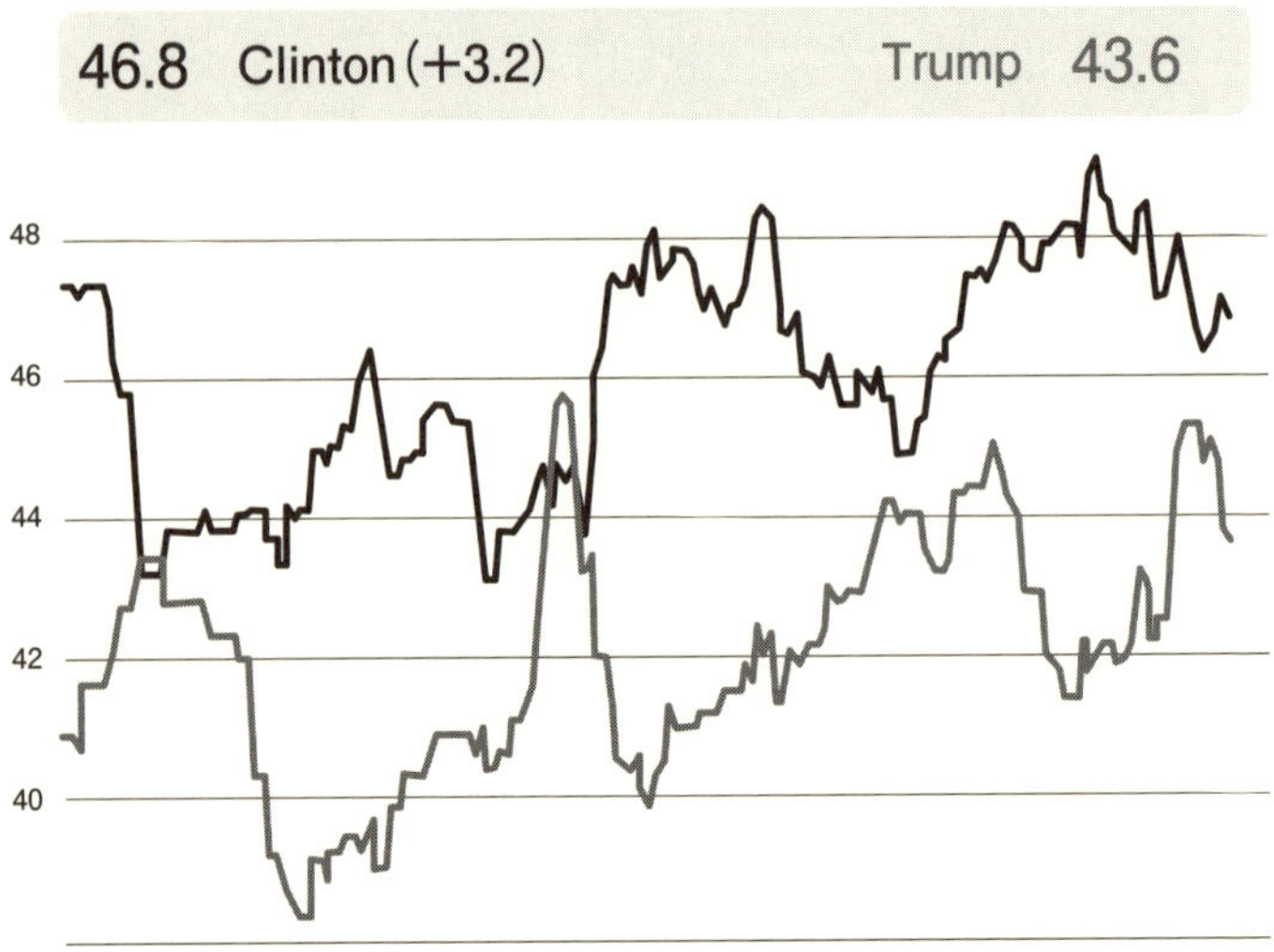

除く）。この選挙人獲得数はトランプ３０６対クリントン２３２で大差がついた（一部推計を含む）。しかし得票率はトランプ47・5％に対してクリントン47・7％でクリントン氏が上回った。トランプ氏が勝敗に影響する重要州で効率よく勝ったということだ。

選挙戦終盤にクリントン氏の極めて重大な２つの問題が表面化した。私的メール使用問題と健康問題である。国家機密が含まれる情報の伝達に私用メールを用いたことが発覚し、ＦＢＩの捜査対象とされたことだ。大統領選投票日直前に『ヒラリーを逮捕、投獄せよ』（光文社）を緊急出版した副島隆彦氏は、メール問題の核心は、私用メール使用という形式にあるのではなく、流出したメール内容が持つ重大事実にある点を強調した。

アメリカ大統領選の選挙結果

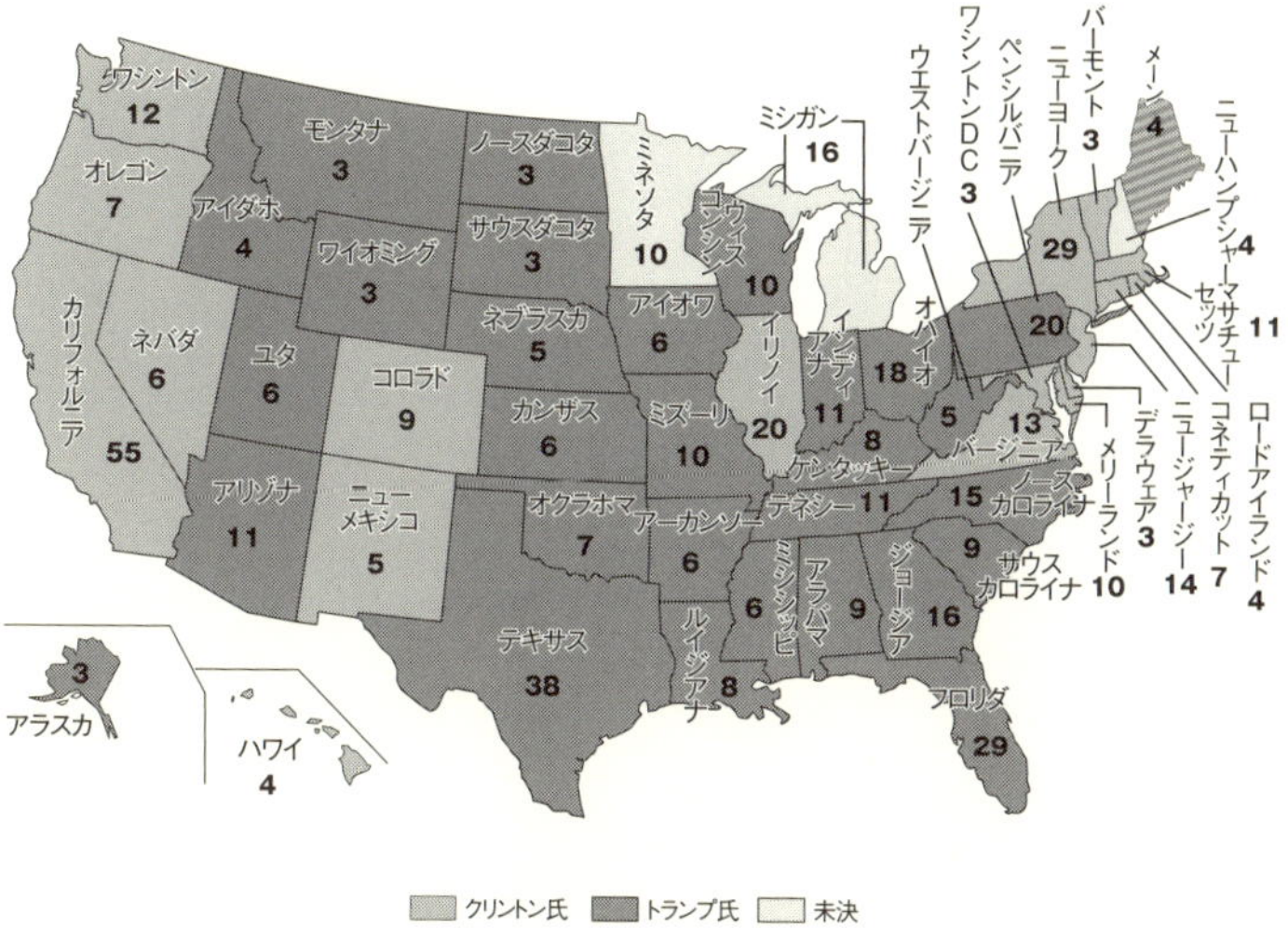

副島氏は、イスラム国＝ISISを一体誰が生み、育てたのかという重大問題に関する重要事実がメールから判明している点を強調する。ISISは米国、イスラエル、サウジアラビアが密接に関与する、政治的な産物である疑いが強い。トランプ氏はこのことを明言したが、メディアは十分な客観報道をしなかった。

他方、クリントン候補は2016年9月11日の9・11犠牲者追悼式典を途中退席した。ツイッターには、追悼式典を途中退席し、クリントン氏が選挙運動用の黒いバンに乗る様子を撮影した動画映像が投稿された。さらに、クリントン女史の言動に異変があることも、動画映像を含めて広く伝えられた。これらの言動に関して、クリントン氏がパーキンソン病に罹患しているのではないかという疑念がささやかれたのである。トランプ氏勝利でこれらは過去の問題になったが、新たに浮上するのはトランプ新大統領が強欲巨大資本、いわゆるハゲタカ勢力と距離を保ち続けることができるのかという問題だ。

巨大資本と結託する安倍政治

一方、日本では、2009年8月30日の衆院総選挙で樹立された鳩山政権、いわゆる「小鳩の春」が既得権勢力の総攻撃によって破壊され、既得権勢力の傀儡政権である菅直人政権、野田佳彦政権を経て、2012年12月に第2次安倍晋三政権に大政が奉還された。

「大政奉還」とは2012年12月16日の総選挙で安倍晋三氏が率いる自民党が大勝したことを指すが、民主党野田佳彦代表による自爆解散の結果である。野田佳彦氏は2009年8月30日の総選挙に際し、「シロアリ退治なき消費税増税」を断固阻止することを明言していた。シロアリとは、利権に群がる官僚を指す言葉だ。官僚の天下り利権を根絶せずに、消費税を上げることは許されない。このことを最も強く主張していたのが野田佳彦氏であった。

その野田佳彦氏が2011年に民主党代表、そして内閣総理大臣の地位を得た。野田氏が民主党政権下でポストを獲得した背景に、財務省との取引があったと推察される。「シロアリ退治なき消費税増税阻止」の公約を捨て、「シロアリ退治なき消費税増税」に突き進むのであれば、財務省が野田佳彦氏を支援する。この取引があったと見られる。

２０１１年8月末の民主党代表選で、野田氏が新代表に選出される裏工作を担ったのが財務省であると見られる。この野田氏が首相に就任し、「シロアリ退治なき消費税増税」を強行決定した。これが、民主党に対する主権者の支持が完全崩壊した主因である。

２０１2年夏の臨時国会において野田佳彦氏は、自民党、公明党と結託し、衆院の解散総選挙を約束して消費税増税法案を強行制定した。

その合意に基き、２０１４年12月に総選挙が実施されたのだが、民主党が主権者国民から糾弾されることが明白な中での自爆解散であった。自ら進んで安倍晋三自民党に政権を献上する選挙であったと言える。

この選挙によって第2次安倍政権が誕生し、その後丸4年の時間が経過しようとしている。この間、安倍政権は暴走を重ねてきた。ＴＰＰ交渉への参加、特定秘密保護法の強行制定、集団的自衛権行使容認の憲法解釈変更。そして、これに基づく戦争法制と呼ばれる安保法制の強行制定。さらにＮＨＫや日銀人事の私物化など、権力の濫用と言わざるを得ない行動を積み重ねてきた。この政権が完全暴走政権に転じる基盤を提供したのが２０１３年7月の参院選だった。

政権与党が衆議院で多数議席を確保しても、参議院で過半数議席を確保していなければ、政権の基盤は強固でない。参議院で内閣総理大臣を初めとする閣僚に対する問責決議が可決されてしまうからだ。総理大臣や閣僚に対する問責決議が可決されると野党は審議に応じなくなり、国会審議はマヒ状態に陥る。2006年以降2012年まで7年連続で政権交代が生じた最大の理由が「衆参ねじれ」だった。

衆議院と参議院における過半数勢力のずれを「ねじれ」と表現する。この「ねじれ」が政治決定の滞りをもたらすこと問題視されてきたが、大きな効用があったことを見落とすべきでない。

「ねじれ」の存在が権力の暴走を防いできた側面がある。参議院の存在意義が問われるが、衆参ねじれ状況の下でこそ、参議院はいかんなく存在意義を大いに発揮してきたのだ。

2012年12月に発足した第2次安倍政権は、経済政策の基本路線を転換した。野田政権の超緊縮財政政策路線を、一時的にではあるが積極路線に転換した。さらに米国金利上昇を背景とするドル高が加速したことが影響し、第2次安倍政権発足直後の半年間に、急激な円安の進行と、これに連動する株価急騰が発生した。この局面で安倍政権が提示した経済政策を、安倍政権自身がアベノミクスと命名した。マスメディアはアベノミクスによる経済改善、アベノミクスによる円安株高進行を絶賛し、この流れの中で2013年7月の参議院選挙が実施された。

その結果、安倍政権与党は参議院でも過半数議席を確保した。これを契機にして安倍政権の本格的な暴走が始動した。

2014年11月には、予定されていた2015年10月からの消費税率10％への引き上げを18カ月延期する政策方針を発表し、総選挙に突き進んだ。増税延期は経済政策失敗の証左であったが、メディアは安倍政権の政策を絶賛し、安倍政権与党は2014年12月の総選挙においても多数議席を獲得し、第3次安倍政権を発足させた。

さらに2016年7月10日、第2次安倍政権発足時の選挙から数えて3度目となる国政選挙が実施された。安倍政権は憲法改定の方針を掲げるなか2014年12月総選挙で、与党による衆院3分の2議席を維持した。参議院でも改憲勢力が3分の2議席を占有すれば、憲法改定発議が可能になる。これが焦点になった。そして、この選挙で安倍政権与党を軸とする改憲勢力が参院の3分の2議席を確保してしまった。

日本政治に重要な政策課題が山積している。この重要問題に対し、主権者である国民が判断を示す必要がある。原発再稼働、集団的自衛権行使、TPP参加、沖縄辺野古米軍基地建設、そして消費税増税・新自由主義経済政策の是非を主権者が判断しなければならない。

図表（P68）は2014年12月総選挙の政党別獲得議席数及び得票率を示している。最右欄の数値は絶対得票率と呼ばれるもので、全有権者に占める得票の比率である。数値は比例代表

安倍政権与党が衆議院圧倒的多数を占有した構造

	改選前	今回	占有率	選挙区	比例	比例得票数	絶対各票数
与党計	326	325	68.4	231	94	46.8	24.7
自民	295	290	61.1	222	68	33.1	17.4
公明	31	35	7.4	9	26	13.7	7.2
野党計	153	150	31.6	64	86	53.2	28.0
民主	62	73	15.4	38	35	18.3	9.6
維新	42	41	8.6	11	30	15.7	8.3
共産	8	21	4.4	1	20	11.4	6.0
次世代	19	2	0.4	2	0	2.7	1.4
生活	5	2	0.4	2	0	2.7	1.4
社民	2	2	0.4	1	1	2.5	1.3
無所属	15	9	1.9	9	0	-	-
合計	479	475	100.0	295	180	100.0	52.7

選挙のもの。自民・公明の得票が全有権者の24・7％であったのに対して、自公以外の政党の合計が28・0％であった。つまり、自公に投票した主権者よりも、自公ではない政党に投票した主権者が多かった。この反自公勢力が1つにまとまれば、選挙結果は変わる。そのための選挙戦術が求められることを明示した。

これに対して、2016年7月参院選の結果は大きく異なる。次の図表（P69）をご覧いただきたい。与党系政党全体の得票率が32・8％だったのに対し、野党系政党の得票率が19・9％だった。得票率でも与党系が勝利した。得票率は3対2である。両者の相違は、2016年参院選で日本維新の得票が「与党系」として計算されていることにより生じ

2016/7参議院通常選挙結果

	非改選	今回	新勢力	選挙区	比例	比例得票率	絶対得票率
与党計	87	77	164	47	30	59.9	32.8
自民	66	56	122	37	19	35.9	19.6
公明	11	14	25	7	7	13.5	7.4
日維新	5	7	12	3	4	9.2	5.0
こころ	3	0	3	0	0	1.3	0.7
無所属	2	0	2	0	0	-	-
野党計	34	44	78	26	18	36.4	19.9
民進	18	32	50	21	11	21.0	11.5
共産	8	6	14	1	5	10.7	5.9
社民	1	1	2	0	1	2.7	1.5
生活	1	2	3	1	1	1.9	1.0
無所属	6	3	9	3	0	-	-
合計	121	121	242	73	48	100.0	54.7

ている。

ここに、2008年以来の「第三極」創設の狙いがある。反自公票の受け皿として「第三極」を人為的に創出し、この「第三極」を最終的に与党陣営の補完勢力にすることが計画されてきた。2016年の都知事選以降に取り沙汰されている小池百合子新東京都知事による新党創設の動きも、結局は「日本維新」との合流による、与党系勢力の拡大を目的としたものであると推察される。

2014年12月総選挙では、反自公の野党として維新が8・3%の得票率を得た。この維新が分裂して一部が民進党に、一部が日本維新になった。この日本維新が2016年7月参院選で5・0%の絶対得票率を確保し、与党サイドの数字としてカウントされている。

往復で得票率差が10％変動して、33％対20％になった。

既得権勢力の側は、人為的な第三極創設を紆余曲折を経ながらも推進し、与党系政党の得票率かさ上げに成功している。この状況が放置されれば、日本政治の基本構造が固定化されてしまうことになる。

安倍政治の暴走を止めるには、反安倍陣営の議席を増大させることが必要である。そのためには、衆議院総選挙の小選挙区で、反安倍陣営が候補者を一本化し、安倍政治を許さないと考える主権者が、その統一候補を全面的に支援する必要がある。同時に、「第三極」が「隠れ与党勢力」であることを認識して、この勢力に一票を振り向けないことが必要になる。

選挙結果を大きく左右するのは、衆議院の小選挙区、参議院の1人区である。2014年総選挙における主権者の投票行動が維持され、反安倍政権陣営が候補者一本化に成功すれば、選挙結果は激変する。しかし、2016年参院選のように、与党補完勢力の第三極が一定の票を得てしまうと、政治情勢を転換することが極めて難しくなる。

2016年参院選においては、与党系政党が絶対得票率33％を確保して、改憲勢力が3分の2議席を占有してしまったが、32ある1人区では、反自公陣営が11勝を収めた。2人区以上の選挙区を含めて反安倍政権陣営が勝利した道県は、北海道、秋田を除く東北、新潟、長野、山梨、三重、大分、沖縄である。

都道府県数と獲得議席数は少ないが、この地域の面積は日本全土の45%にあたる。他方、安倍政権与党陣営が勝利した府県の面積は46%、獲得議席数が同数だった都府県が9%だった。面積では、安倍政権勢力と反安倍政権勢力が完全に互角の戦いを演じた。

反安倍政権陣営が勝利した地域が、北海道から東北、甲信越に偏っている点も特徴である。江戸から明治への移行に際しての戊辰戦争で、官軍に最後まで抵抗したのが奥羽越列藩同盟だった。明治維新は欧州の巨大資本と通じた長州を軸とする討幕勢力が、クーデターによって日本の実権を簒奪したものである。

坂本龍馬が拠点とした長崎で日本簒奪の司令塔になったトマス・グラバーは、ロスチャイルド系商社であるジャーディン・マセソン商会の日本代理店支配人だった。欧州巨大資本は、討幕側と幕府側の双方に兵器を売却し、日本での内戦を誘導した。そして、最後は討幕派を勝利させて日本を収奪したのである。

その系譜がいまなお脈々と引き継がれている。戊辰戦争で幕軍の中心になって欧州・長州連合に立ち向かったのが奥羽越列藩同盟の東北と越後である。欧米巨大資本と長州による日本収奪の構図が明治以降も残存し続けていると言える。

早期解散総選挙の可能性

世界政治におけるグローバリズム対反グローバリズムの戦いが広がり始めている。これまで実権を確保してきたのはグローバリズム推進の勢力であり、現時点では圧倒的な優位が維持されている。しかし、日本でも２００９年から２０１０年にかけて「小鳩の春」という日本政治抜本刷新の胎動が響いた。

英国の主権者はＥＵ離脱の英断を下し、米国の主権者はグローバリズム推進のヒラリー・クリントンを排除した。日本でも、反既得権勢力、反安倍政権勢力への投票を一本化することができれば、政治状況の劇的変化が生じ得る。

次の衆院選は２０１８年12月までに実施される。自民党総裁の任期は、これまでの2期6年上限が、３期9年上限に変更される見通しだ。安倍首相は２０１８年9月の自民党総裁任期満了後、３期目の総裁就任を狙っていると思われるが、そのためには、次に行われる衆院総選挙に勝利することが必要である。

当然のことながら、安倍首相は最も有利なタイミングでの総選挙実施を目指すだろう。そのタイミングはいつか。

２０１７年夏に東京都議選がある。連立政権与党の公明党は、支持母体である創価学会が東京都の認可宗教法人であるため、都議選に全力を注ぐ。このため、都議選に近接した衆院総選挙に強く反対する。また、２０１６年5月20日に、衆院選の「1票の格差」是正と議員定数10減のための改正公職選挙法などが成立したことを受け、小選挙区の区割りが変更される。

しかし、小選挙区の区割り変更には時間がかかり、衆院選で改正法が適用されるのは２０１７年夏以降となる。さらに、区割り確定後の周知期間、自民党内の候補者調整などにも相当な時間がかかるとみられ、２０１７年夏から２０１８年春までは、事実上、解散総選挙が実施できなくなるとの見方も強い。衆院任期は２０１８年12月に満了するため、２０１８年選挙を選択する場合は、いわゆる「追い込まれ解散」になる。

これを回避する場合、２０１６年末から２０１７年3月頃までの衆院選実施が有力となる。２０１６年10月以降、自民党サイドから解散を煽る発言が相次いだが、その後は、逆に解散風を抑える発言が目立つ。しかしながら、上記の事情を踏まえるなら、２０１７年3月までに衆院総選挙が行われる可能性は高いと思われる。

２０１６年9月26日に召集された臨時国会は11月30日を会期末としている。安倍政権は臨時国会の最重要議案をＴＰＰ批准案とした。

山本有二農水相の失言、暴言が繰り返されて衆院通過は11月10日になったが、参院では会期内の可決も視野に入ってきた。

米国ではTPP離脱を明言するトランプ氏が大統領選に勝利したが、安倍政権は臨時国会でのTPP批准を強行すると見られる。この場合、その信を問うとの大義名分で衆院解散、総選挙に打って出る可能性もある。

この場合は投票日が12月18日か12月25日に設定されるだろう。低投票率が安倍政権に有利であるため、投票日は真冬か真夏に設定されることが多い。

12月15日には、ロシアのプーチン大統領と安倍晋三首相による日ロ首脳会談が安倍首相の地元である山口で実施されることが内定している。会場は長門湯本温泉の大谷山荘別邸音信《おとずれ》が有力視されている。この温泉旅館の社長は山口県観光連盟社長で安倍首相と親しいとされる。会談は翌16日に東京でも実施される見込みだ。この日ロ首脳会談で、日ロ平和条約締結への道筋が示されれば、これを総選挙に向けて強くアピールすることが予想される。日ロの平和条約締結は2島返還と引き換えに日本が巨大な経済協力をするというもので、日本の過去の主張を基準にすれば日本の全面譲歩に過ぎないが、安倍首相は成果をアピールし、御用メディアが大々的に絶賛するとのシナリオが用意されていると推察される。

歴史の真実に照らせば日ロ平和条約締結は不可能でない。日本はサンフランシスコ講和条約で、国後、択捉を放棄している。歯舞、色丹の2島の領有のみを主張し、１９５６年の日ソ共同宣言で合意した際、歯舞、色丹の2島引き渡しによる平和条約締結寸前まで話は進んだ。ところが、これにクレームをつけたのが米国だった。いわゆる「ダレスの恫喝」と呼ばれているが、2島返還で日ソが平和条約を締結するなら、沖縄を永遠に返さないと通告してきたとされる。ダレスとは当時の米国務長官、外務大臣である。

平和条約締結を不可能にするために、爾来、「4島は日本固有の領土」の主張が示されるようになった。その結果、日ロの平和条約締結が実現しないまま現在に至っている。ところが、孫崎享氏などの著作などを通じて、近年になって戦後史の正体が一般に明らかにされるようになった。これらの経緯を踏まえれば、2島返還を軸にした日ロ平和条約締結の可能性が十分に浮上し得る。安倍首相でなくとも誰でもできることだが、安倍首相はこの果実をもぎ獲ろうとしている。

ロシア経済は原油価格下落が響いて極めて深刻である。ロシアの側にも日本との交渉をまとめる動機がある。ただし、米国でトランプ大統領が誕生し、ロシアと米国の関係改善が進む可能性が高い。このことはロシアの余裕を拡大させる要因であり、ロシアの要求が拡大する可能性がある。

年内の総選挙が選択されない場合には、2016年初に通常国会を召集し、財政出動を軸にした2016年度第3次補正予算を冒頭で成立させたうえで衆院解散に踏み切ることも考えられる。この場合、投票日は2月19日とされるだろう。

安倍首相は例年1月に実施している自民党党大会を3月にずらした。2月までの総選挙実施を念頭に入れた行動である可能性が高い。いったん吹き荒れた解散風が、急速に打ち消されているのは、野党陣営の選挙態勢整備が進むことを警戒してのものであると思われる。2016年12月18日ないし25日の総選挙、または、2017年2月19日総選挙の可能性に要注意である。

安倍首相は米大統領選最終局面の9月19日に、訪問中のニューヨークでクリントン候補と会談した。クリントン当選を前提にしたクリントン支持を明示する行動だった。ところが大統領選でトランプ氏が勝利。慌てた安倍首相は急遽、11月17日にニューヨークのトランプタワー詣でを挙行した。会談では、1月の大統領就任前に再度訪米して、ワシントン郊外のバーニングツリー・カントリークラブでゴルフをプレーする予定まで話し合われたという。これも選挙でのアピールに使われるのかもしれない。

次の衆院総選挙では、安倍政権与党勢力に対峙する勢力が結集して候補者を一本化することが必要である。2016年10月16日に実施された新潟県知事選では、共産、自由、社民の3党が推薦する反原発候補が自公候補に6万票以上の大差をつけて圧勝した。

野党第一党の民進党は、原発推進の電力総連が力を持つ連合の地方組織である「連合新潟」が、原発推進と見られる森民夫前長岡市長を支持したため、民進党の衆院選候補予定者だった米山隆一候補を推薦しなかった。米山氏は民進党を離党して無所属で出馬。野党3党と主権者の支持によって当選を果たした。

筆者は2015年6月に「オールジャパン平和と共生」という名称の主権者運動を立ち上げた。「オールジャパン平和と共生」は、政策を基軸に、党派を超えて、主権者が主導して候補者を一本化し、安倍政治を打倒するための市民運動である。

今回の新潟知事選では、元生活の党の森ゆう子現参院議員が軸になり、米山隆一氏の当選を実現させた。森ゆう子議員は「オール新潟平和と共生」の名を掲げて知事選に挑み、見事に当選を実現させたのである。

原発、憲法＝戦争法制、TPP、基地、格差の問題について、基本公約を明確に掲げ、この基本公約の下に主権者が結集して候補者一本化を実現する。この運動が広がれば、選挙結果は一変する。政権交代は十分実現し得る。この目標を実現するには、直ちに、政策を基軸にした主権者主導の候補者一本化を実現しなければならない。時間は限られている。

分断統治の策謀

逆に、日本の既得権勢力＝現在の安倍政権与党勢力は、政権交代を阻止するために、文字通り、目的のためには手段を問わない行動を展開してくるだろう。既得権勢力は、そのために、3つの策謀を展開していると判断する。

第1は、野党第1党の民主党、現在の民進党を半与党＝「ゆ」党にすること。第2は、「庶民のための政治」を目指していると見える共産党と公明党という、2つの勢力の連帯を阻止すること。第3は、人為的に「第三極」勢力を創出して反自公投票の受け皿として機能させることである。人為的に創設される「第三極」勢力も、もちろん半与党＝「ゆ」党である。だが、第三極として創設された「日本維新」はすでに、「隠れ与党」ではなく「すっかり与党」の正体を露わにしている。

2010年に変質させられた民主党の延長線上に現在の民進党があるが、日本の既得権勢力が最重視するのは、この野党第1党が事実上の「隠れ与党」としての本質を維持することである。10月16日の新潟県知事選は「隠れ与党」としての民進党の正体をくっきりと浮かび上がらせるものだった。

第2の策謀に関しては、かつて作家の松本清張氏が動いて、創価学会と共産党の協定が締結されたことがある。しかし、十分に作動せずに試みは挫折した。両者の連帯、結束を誰が最も恐れたのかを考えることが重要だ。既得権勢力の中核に位置する米国が両者の離反を誘導したと見てよいだろう。

第3の策謀が「隠れ与党」としての「第三極」創設だ。自民党一党支配に対する国民の批判が強まるなかで、その批判票を真の改革勢力に向かわせないための策謀であり、「改革勢力」に偽装した「第三極」が人為的に創作されてきた。その先駆けが「みんなの党」である。

しかし、「みんなの党」は、政権交代を阻止するまでの効果を発揮しなかった。その改善策として創作されたのが「おおさか維新」、橋下徹新党という流れである。この系譜が手を変え品を変えて存続しており、2016年7月以降に浮上している小池新党もこの流れの延長線上に位置するものと思われる。

「彼を知り己を知れば百戦して殆うからず」と言うが、敵の戦略を見抜き、その上でこちら側の戦術を定めることが必要だ。

「水と油の混合物」である野党第1党民進党を「与党勢力」と「野党勢力」に分離すること。偽装された「改革勢力」の正体は「隠れ与党勢力」であることを明示すること。現在、離反させられている公明党支持者と共産党支持者の連帯を実現すること。

この3つを実現できれば、既得権勢力を凌駕する、本当の「革新勢力」、「改革勢力」を樹立できる。その連帯によって「オールジャパン平和と共生」候補一本化を実現すれば、政権交代を実現し、日本政治を刷新できる。

第3章

中国基軸からＦＲＢ基軸へ

2016年2月G20の重要性

本章では直近1年の金融市場動向を検証する。2015年から2016年にかけての金融変動には、2つの重要な転機が存在する。直近1年間の日経平均株価の推移を見ていただきたい(図表P86)。

2015年6月以降、上海総合指数が急落した。8月には中国人民銀行が中国人民元の切り下げ措置を発表した。これを契機に世界の金融市場が中国株価急落に反応した。日経平均株価は、2015年6月24日に2万868円の高値を記録したが、中国株価急落に連動する形で急落。2016年2月12日には1万4952円へと、約6000円の下落を演じた。

2015年6月から2016年2月までの金融市場は、グローバルに中国基軸相場の様相を示した。この中で2015年12月16日にFRBが利上げに踏み切り、世界株価下落に拍車をかけた。

2015年6月から中国の株価が下がり始めたとき、変化に気付く者は少なかった。中国ローカルの変化としか受けとめられていなかった。ところが、8月11日に中国人民銀行が人民元切り下げ措置を実施したところから、ワールドワイドの重要ニュースになった。これ以降、チヤイナリスクが全面的に取り上げられ、中国が世界金融市場の主役に躍り出た。上海総合指数は2015年6月の5178ポイントから2016年1月の2638ポイントへと暴落した。これを背景に中国経済崩壊、メルトダウン説が流布された。

その中国株価崩落に歯止めが掛けられた、重要な転換点になったのが、2016年2月に上海で開かれたG20財務相・中央銀行総裁会議だった。中国からは李克強首相が映像出演した。

「リーマン・ショック前」に似ていなかった

本シリーズの前作『日本経済復活の条件』に、中国経済についての見通しを詳しく記述した。さらに、TRIレポート＝『金利・為替・株価特報』においても、中国経済の見通しを随時記述してきた。筆者は中国経済メルトダウン説には乗らず、中国経済ソフトランディング説を予測し続けた。中国株価は急落しているが、中国株価急騰は2014年7月から2015年6月にかけての1年間に発生したもので、急騰した株価が急落しただけで経済が崩落すると予測するのは早計であることを強調してきた。

それでも、2016年初は金融市場全体に危機感が広がった。中国を筆頭格とする新興国、そして資源国の経済減速が加速。そのなかで、米国が利上げに踏み切り、国際マネーフローの米ドル回帰が警戒されたからだ。この警戒感を一気に減じたのが2016年2月26、27日に中国上海で開かれたG20財務相・中央銀行総裁会議だった。

会議声明は世界経済の下方リスクを明示し、会議参加国の政策総動員方針を打ち出した。結果的に見て、2016年2月G20会合が金融市場潮流の転換点を形成したことは明白である。当時も、そして、歴史的に事実が明らかになっても、この点を正確にレビューする専門紙はほとんどないが、金融市場分析において何よりも重要なことは、こうしたトレンド転換点を的確に把握すること、あるいは、予測することである。

2016年5月26、27日に日本で開催された伊勢志摩サミットで、日本の安倍首相は「リーマン・ショック時の状況と似ている」との見解を示したが、サミットに参加した各国首脳の同意を得ることはできなかった。安倍首相は経産省から出向している今井尚哉秘書官が用意したペーパーを使用したと見られる。ペーパーには、国際商品価格の下落、新興国・途上国の投資・輸入・GDP伸び率低下が、リーマン・ショック後と類似していることが図解されていた。

原油価格等の資源価格下落は、リーマン・ショック前の状況ではなく、リーマン・ショック後の状況に似ている。そして、上記の2月末中国G20で世界経済の下方リスクに対する認識が共有されて政策総動員の合意が形成され、これを契機に資源価格はすでに反転上昇の兆候を示していた。経済の情勢分析としてはあまりにも杜撰であり、各国首脳からは、リーマン・ショック前ではなく、むしろ、リーマン・ショック後の状況に類似していると指摘されたのである。

2月の中国G20は有効な声明を発表し、見事に金融変動の転換点を形成することに成功したが、5月の伊勢志摩サミットでは、こうした成果を挙げることができなかった。

安倍首相は伊勢志摩サミットでリーマン・ショック前の状況と類似しているとの主要国首脳の同意を得て、これを消費税増税再延期の言い訳に用いようとしたと見られるが、この思惑は空振りに終わってしまった。

2月27日と7月8日

金融市場の転換点を事後的に確認することは容易だが、事前に、あるいは、同時に予測する、把握することは極めて困難である。しかし、金融市場分析の真髄はここにある。本書は金融投資のパフォーマンスを引き上げるための解説書、参考書であるが、優良な投資パフォーマンスを実現する上で何よりも重要になるのは、中短期波動の転換点を的確に洞察することである。

2012年11月の、野田佳彦氏と安倍晋三氏による党首討論を契機に、金融市場に大型相場が出現した。円からドルへ、そして、日本株式市場への資金シフトを実行する千載一遇のチャンスだった。こうした中短期、あるいは中長期の金融変動転換点を読み抜くこと。これが投資

日経平均株価（直近1年）

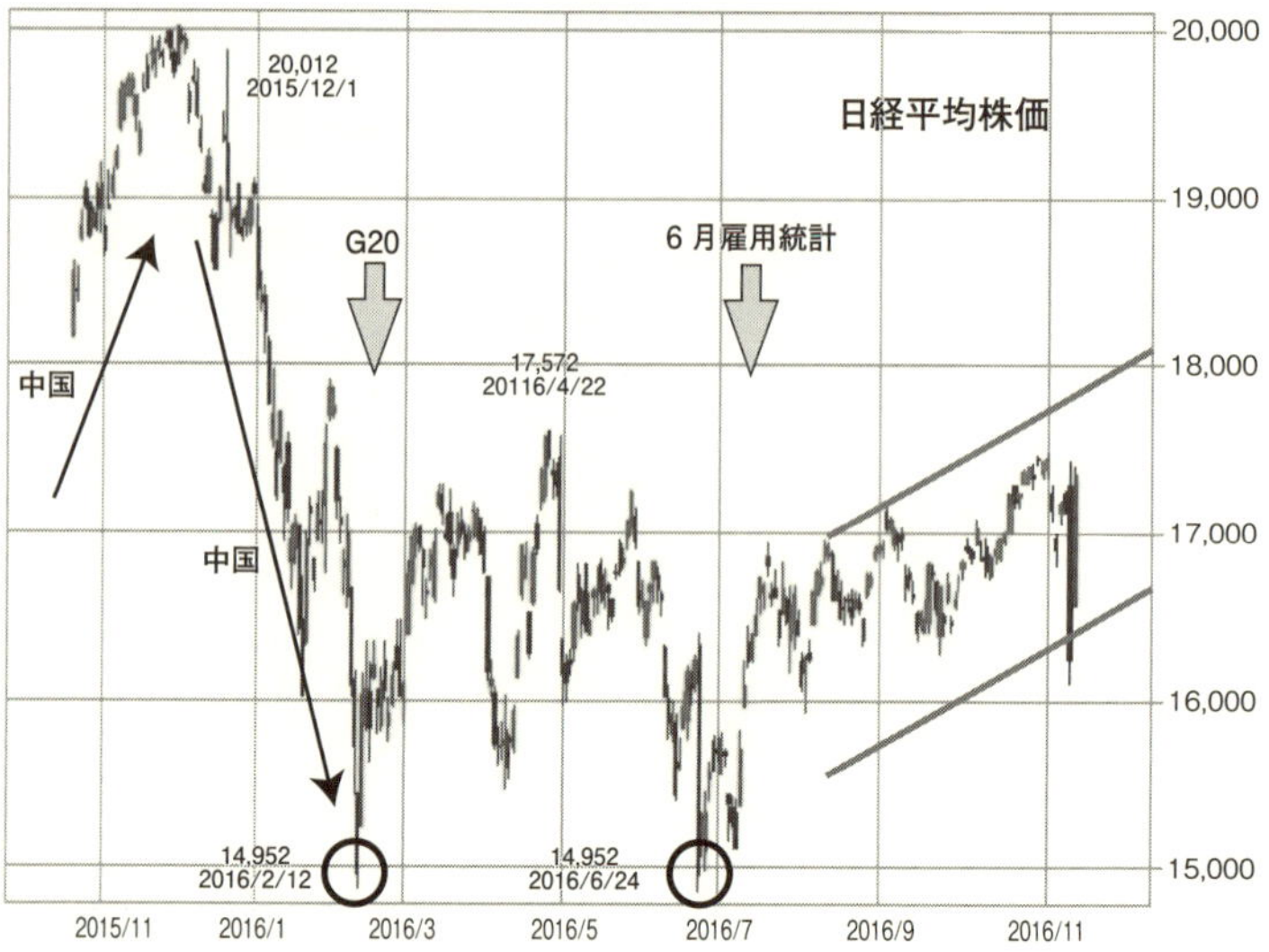

パフォーマンスを向上させるための最重要事項になる。

２０１６年2月Ｇ20を契機に、ニューヨーク株価、ドイツ株価、そして日本株価が反転上昇した。ニューヨークダウは中国株価に連動して、２０１６年1月にかけて1万５５００ドル割れの水準にまで下落したが、２０１６年2月Ｇ20を境に反転上昇。２０１６年8月に史上最高値を更新した（図表Ｐ87）。他の主要国でも類似した株価変動が観察された。中国基軸の国際金融市場変動は２０１６年2月で終息した。これを契機に、米国金融政策基軸変動に転換した。

日経平均株価（図表Ｐ86）の直近1年間の変動をもたらしてきた主要因としては、上記の中国株価要因以外に、ドル円レートとニュ

ＮＹダウ（直近１年）

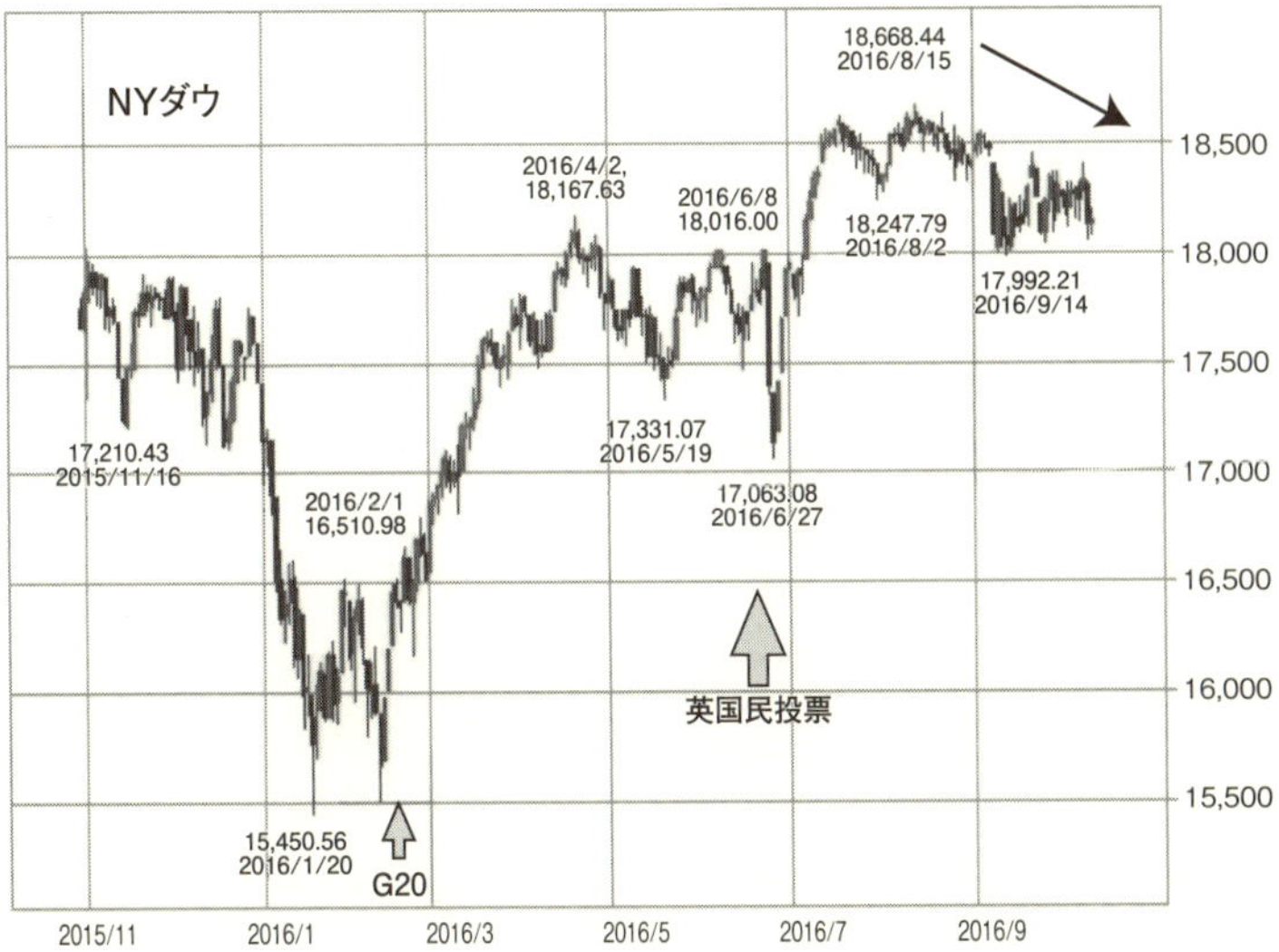

ーヨーク株価の変動を挙げることができる。２０１２年11月の党首討論を契機として始動した金融大変動の基軸になったのが、ドル円レート変動だ。

２０１２年11月以降の日経平均株価急騰は、急激な円安進行を背景とするものだった。円安に連動し、株高が生じた。そして、２０１５年６月を転換点にしてドル円レート変動が円高に転じた。これに連動して日本株価下落波動が始動した。

ドル円レートは２０１５年６月の1ドル＝１２５円を転換点に、それまでのドル高円安トレンドから、ドル安円高トレンドに転換した。この為替レート変動の転換を背景に日本株価が下落トレンドに転換したのである。

この影響で日本株価下落波動が始動したの

とちょうど同じタイミングで、2015年6月以降は、中国株価下落という新たな要因が日本株価を押し下げる要因として加わった。そして、日経平均株価は2016年2月12日に1万4952円の安値を記録したのである。

しかし、2月末の上海G20会合を契機に中国株価は2016年1月から2月にかけて緩やかな底入れの兆候を示した。日本株価も反動高を演じて、4月22日には1万7572円の戻り高値を記録したが、再び6月24日に1万4952円の安値をつけた。この日本株価再反落をもたらした主因は円高・ドル安の進行だった。

2016年6月にかけて米ドルが下落基調を強めたのは米国経済の先行きに対する不透明感が急速に広がったからだった。最大の背景になったのは6月3日発表の5月米雇用統計数値だった。もっとも注目される数値である非農業部門雇用者増加数が3・8万人に急減したのである（図表P89）。

2016年5月27日にハーバード大で開かれた討論会でイエレンFRB議長が、2、3カ月以内の利上げ実施を示唆する発言を示した。米国の追加利上げ観測がドルを支え、日本株価を支える動きを示したが、6月3日の雇用統計でこの見通しが一気に後退した。ドル円は円高に回帰し、連動して日本株価が1万5000円を割り込んだ。2月12日の1万4952円と同値の安値水準を記録した。米国経済が失速し、円高がさらに進行するなら、日本株価はさらに下

米国雇用統計・雇用者増加数

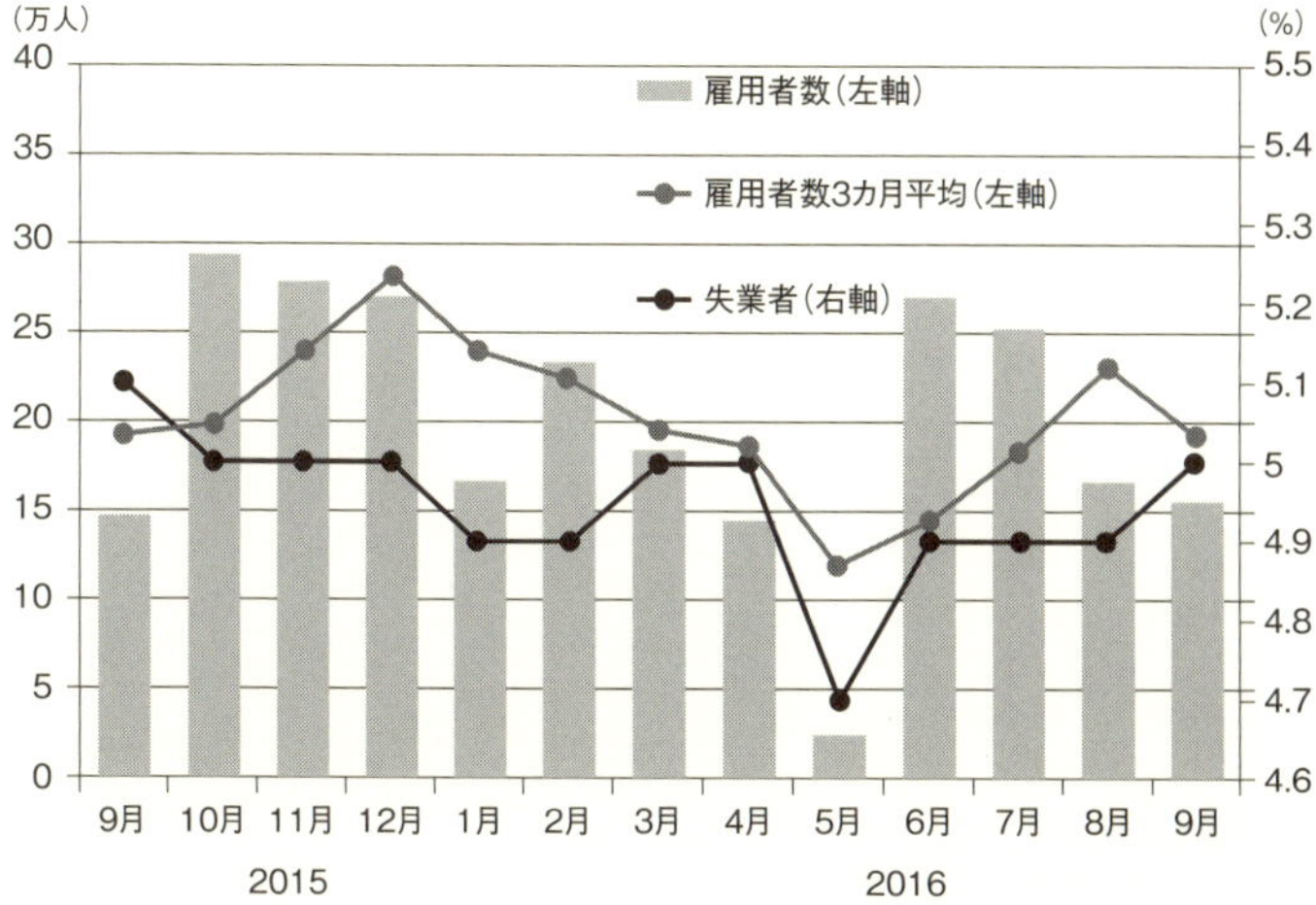

落してしまう。この警戒感が広がった。

流れを変えたのは7月8日発表の6月雇用統計だった。雇用者増加数が5月の3・8万人から一転して28・8万人に急増した。この統計発表により、米国の追加利上げ実施観測が明確に再浮上した。これを契機にドルは反発。連動して日経平均株価も反発した。

『金利・為替・株価特報』に日経平均株価1万4952円でのダブルボトム形成の判断を記述したことはすでに触れた。結果としても、日経平均株価は2月12日と6月24日の1万4952円でダブルボトムを形成して現在に至っている。

「高圧経済」の活用

その後、2016年11月までの間、米国での金利引き上げ第2弾実施をめぐる憶測が、右に左に揺れ動いてきた。7月8日の雇用統計は強かったが、FRBは7月の利上げを見送った。雇用統計数値は振幅が大きく、単月の数値だけを見て利上げを決定してしまうことに対するためらいがあったと考えられる。FOMC（連邦公開市場委員会）メンバーのなかで、利上げを強く主張する委員は、7月に利上げを実施しておくべきだったと述べているが、イエレン議長は利上げ見送りが正しい判断であったと認識していると思われる。

図表（P89）は米雇用統計の雇用者増加数推移を示している。FRBは9月20、21日のFOMC、11月1、2日のFOMCで利上げを見送った。雇用統計での最大注目変数である雇用者増加数は15～16万人増の推移を続けており、米国経済の加速感が表れていない。11月4日に発表された雇用統計では、インフレとの関連で重視される時間当たり賃金が前月比＋0・4％、前年同月比＋2・8％という比較的高い数値を示したため、12月FOMCでの利上げ実施観測が一段と強まった。

第5章で詳述するが、利上げを見送ったにもかかわらず、金融市場でのさざ波が拡大しない背景に、10月14日のボストン連銀主催会合でイエレン議長が提示した新しい金融政策論の影響がある。新しい金融政策論は「高圧経済の活用」と呼べるものである。

米国経済の現況を示す経済指標はまだら模様である。最重視される雇用者増加数は目安となる20万人増を下回る推移を示しているが、他の重要経済指標であるISM景況指数や製造業PMIなどの指標では、米国経済がかなり強い状況にあることが示唆されている。

FRBの最大使命はインフレの防止であると考えるFRB関係者は多い。インフレが目に見えるかたちで現れたときには「手遅れ」になるというのが過去の歴史事実が提供する教訓だ。この点を重視するFOMCメンバーも多い。

しかしながら、イエレンFRB議長、ブレイナードFRB理事などは、拙速な金融引き締め政策がもたらす弊害を強く意識している。

9月4、5日に中国杭州で開催されたG20首脳会議で、世界経済の下方リスクが認識された。米国の金融政策運営は米国経済だけを見て判断されるべきものではない。ようやく底入れの兆候を示し始めた新興国や資源国の経済変動にFRBの政策決定が大きな影響を与える。イエレン議長は世界経済への影響をも慎重に考慮していると推察される。

11月8日の米大統領選直前の11月1、2日にFOMCが開催された。大統領選直前の利上げは批判に晒されやすく、9月FOMCでは11月の利上げが困難であることを含めた判断が必要だった。FRBは利上げ見送りを決断したが、10月、11月と、強めの経済指標発表が相次げば、FRBの利上げ見送りがインフレ心理を悪化させる懸念もあった。この点を念頭に入れてイエレン議長は10月14日講演で、「高圧経済下の金融政策論」について言及したのだと理解できる。

目からウロコの金融変動解析

本章で強調しておきたいことは、2016年の世界金融市場変動の重要な変節点を2つ取り出せること。第1は2月上海G20会合であり、第2が7月8日発表6月米雇用統計である。金融市場変動を詳細に検証してみると、この2つのイベントが金融変動の転換点を形成していることがわかる。

金融変動は目まぐるしく、すべてが錯綜しているように見える。しかし、金融変動のメカニズムを正確に理解すると、経済指標発表や政策対応などの重要事実と整合的に、そして理路整然と金融変動が生じていることがわかる。

ジグゾーパズルを完成させるように全体を読み解くことが金融市場変動分析の醍醐味であり、これによって金融変動の先読み、予測が可能になる。この部分を時間をかけて精密に理解していただきたい。

P93の図表は直近1年間のドル円レート変動を示している。2015年6月以降のドル安・円高波動が2016年7月初以降、横ばい推移に転じていることがわかる。

この転換点を形成したのが、2016年7月8日の6月米雇用統計である。雇用者増加数

ドル円レート（直近1年）

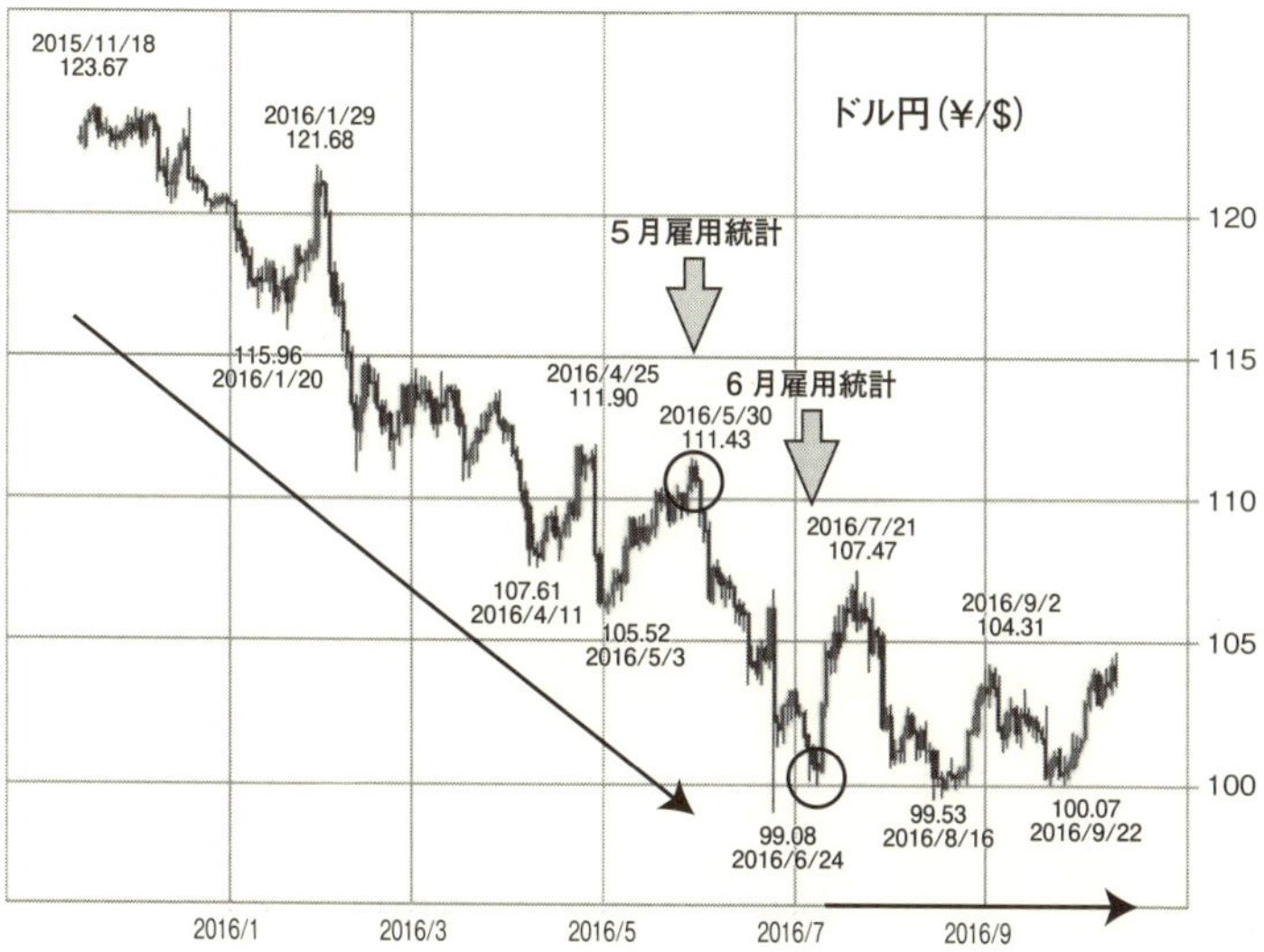

28・8万人が発表され、米国の利上げ第2弾実施観測が再浮上した。ドル下落に歯止めがかかり、ドル円レートが横ばい推移に転じた。

さらに、P94、95の図表は、米国長期金利（10年国債利回り）とドル表示金価格の直近1年間の推移を示している。2015年12月にFRBが利上げに踏み切って以降、米国長期金利は低下した。当面の金利上昇要因が出尽くして、反落したものである。この米国長期金利のボトムは7月6日に記録されている。6月雇用統計で雇用者増加数28・8万人が発表され、米国の利上げ第2弾実施観測が再浮上したからだ。

ドル表示金価格は2015年12月の利上げ実施を契機に大幅反発を演じた。利上げ実施で、当面の金利上昇要因が材料出尽くしにな

米国10年国債利回り（直近１年）

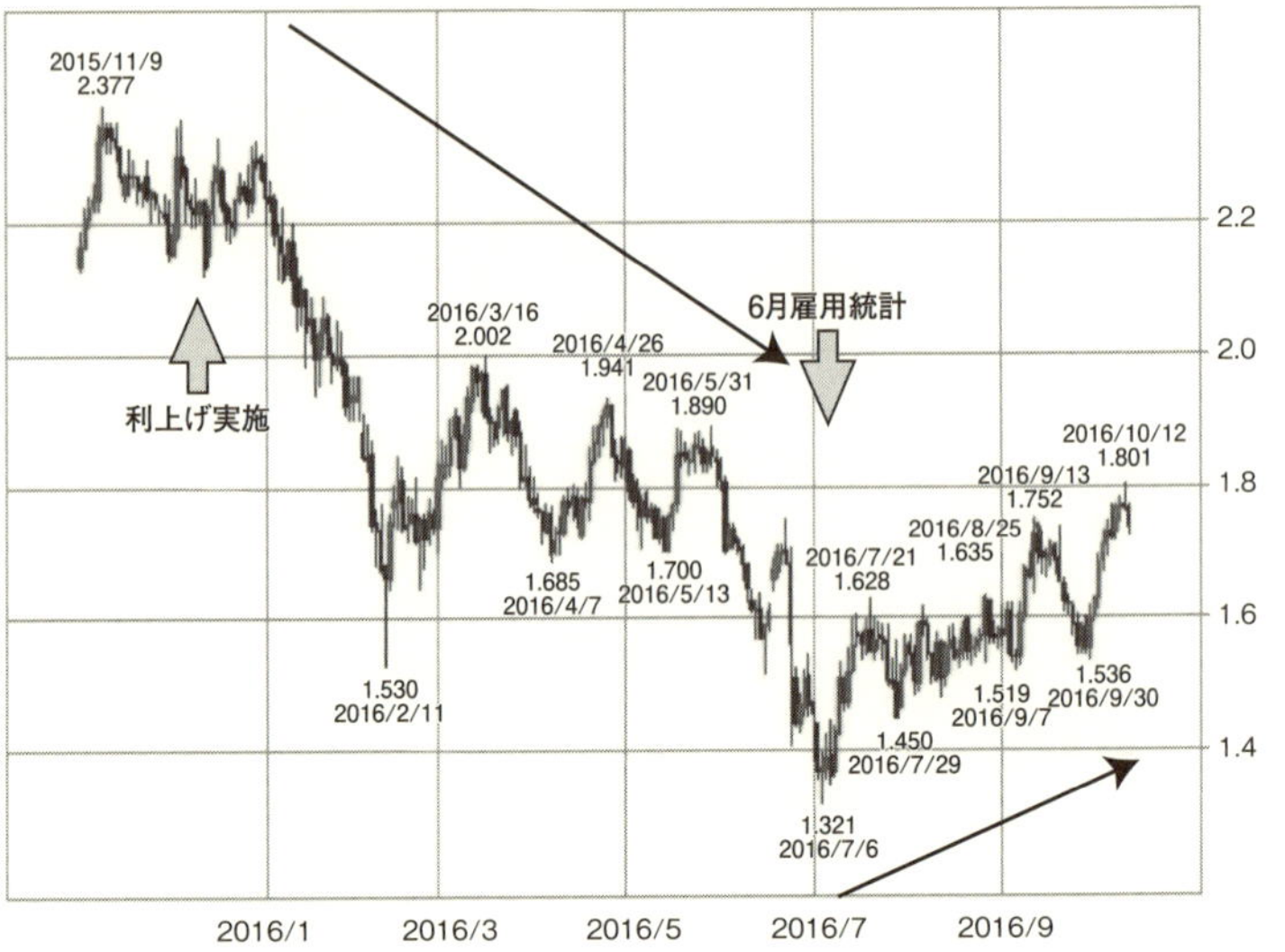

り、長期の金価格下落の反動が生じたのである。

『金利・為替・株価特報』２０１５年12月14日号（12月11日執筆）に、

「16日までに金融市場が大混乱に陥ることがなければ、ＦＲＢは16日のＦＯＭＣで利上げを決定する可能性が高い」

と記述した上で、「第５節【資源】原油と金価格のゆくえ」に、

「下方リスクに対する備えはもちろん必要だが、価格底入れのチャンスである点も見落とせない。『逆張り』の発想を常に保持することが、投資の鉄則のひとつである」

と記述した。

また、筆者が連載しているセントラル商事社のマーケットコラム「経済金融インサイト」

ドル表示金価格（直近１年）

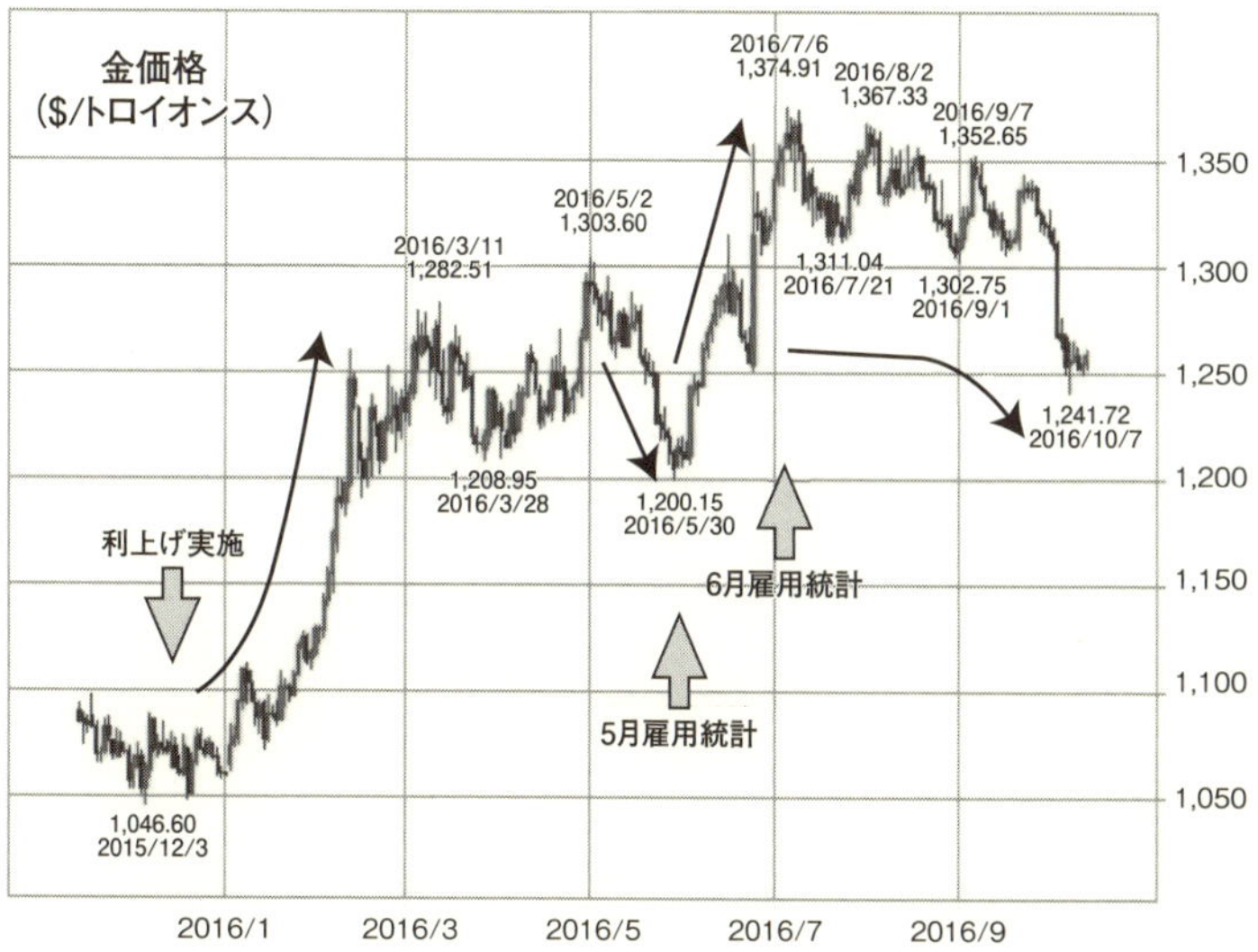

では、２０１５年11月24日付記事「米国利上げ観測とその後の展望」に、

「金価格は２０１１年以来の安値を記録したが、利上げが実施されれば、一種の『アク抜け感』が広がる可能性がある」

と記述した。

日経平均株価は２０１６年２月12日に中国要因で安値を記録したのち、中国株価反発を受けて反転上昇したが、ドル安＝円高が進行して６月24日に安値同値を記録した。しかし、７月８日米雇用統計で雇用者数28・８万人増加が発表されて、米金利が上昇。ドルも反発し、日経平均株価も反発したのである。

バラバラに見える経済指標と金融変動は、ジグソーパズルが１枚の美しい絵画に転じるように理路整然と理解し得るものになる。重要なことは、そのパズルの謎解きの技法をマスターすることだ。

ＥＵ離脱で金融危機再来⁉

２０１５年央から２０１６年初冬までの世界金融市場変動基軸は、前半が中国、後半が米国金融政策だった。日本株価変動にはドル円レート変動も影響を与えた。そして、もう１つの要因があった。安倍政権の財政政策修正である。筆者の政策提言が影響し、消費税増税再延期と、補正予算編成による緊縮財政政策修正が行われたことが大きい。

ニューヨークダウは既述のとおり、２０１５年後半から２０１６年の１、２月まで中国株価に連動して下落した。その中国株価が２０１６年２月26、27日のＧ20を契機に底入れ。ニューヨークダウも持ち直した。途上でイギリスのＥＵ離脱国民投票があり、一瞬の動揺が走ったが大きく影響ぜず、２０１６年８月に史上最高値を記録した（図表Ｐ87「ＮＹダウ（直近1年）」参照）。それ以後頭打ち傾向を強めたが、トランプ勝利後に最高値を更新した。

トランプ勝利後に株価が高値を更新したが、ＦＲＢの利上げが強化される可能性が浮上している。今後はＦＲＢの政策スタンス変化が最重要の焦点になる。

ドイツ株価は米国と日本の中間推移を示した（図表Ｐ97）。２０１６年１月までは中国に連動。

DAX30（直近１年）

２月Ｇ20から持ち直したが、6月23日の英国ＥＵ離脱国民投票の影響を受けた。

金融市場に流布された情報は「国民投票での残留決定」という予測だった。実際の結果は予測の逆だった。英国民はＥＵ離脱を選択し、瞬間的にはニューヨークダウも約１０００ポイントの急落を演じた。メディアは一斉に、ＥＵ離脱決定で新たな危機が再来すると予言した。

『金利・為替・株価特報』購読者を対象に開催している「ＴＲＩ政経塾」では２０１６年6月14日、「英国民がＥＵ離脱を決断する可能性は十分にある。その場合、影響は広がるが、一過性のものになる可能性が高い」との予測を示したが、このとおりの現実が生じた。

国民投票を受けてドイツ株価も下落したが、

上海総合指数（直近１年）

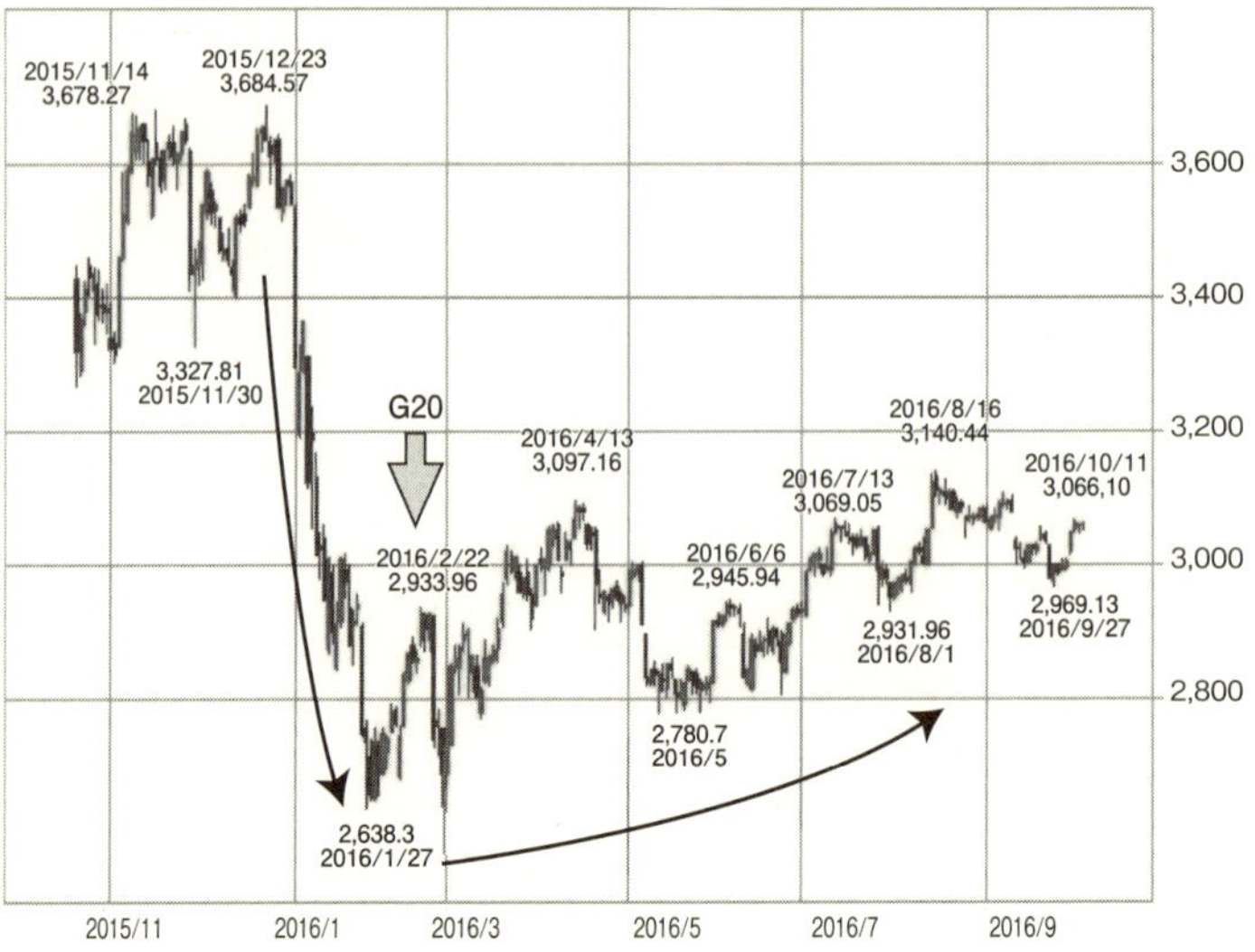

極めて短期間の調整で株価下落は収束。影響は極めて短期間で収束した。金融市場に流布された金融危機再来、世界金融市場大混乱という憶測は現実化しなかった。

中国経済の復活

２０１５年末から２０１６年にかけて語られた中国経済メルトダウン、そして２０１６年半ばに流布された金融危機再来予測などの事例を見ると、金融市場に流布される情報が信頼に足るものではないことがわかる。優良な投資パフォーマンスを獲得するためには、市場を支配するこの種の情報に惑わされることなく、真実を見抜くことが必要である。これが金融市場分析、金融予測の真骨頂である。

中国経済金融市場については第5章で論じるが、直近1年間の上海総合指数の推移をチェックしておこう（図表P98）。メルトダウン確実と言われた中国株価が2016年1月の2638ポイントを底に、緩やかな回復基調を辿っている。

株価推移には大きな振幅があり、今後、新たな突発事態が生じないとの保証はない。しかし、これまでの推移は「緩やかな底入れシナリオ」が進行していることを示している。上海総合指数の3000ポイントが、2014年7月の相場出発点の1・5倍水準にあたることを改めて確認しておく必要がある。

第4章

株価再躍動

株価再躍動の可能性

２０１７年の内外株価は大幅上昇の可能性を秘めている。日経平均株価で２万３０００円、ニューヨークダウで2万ドル大台到達が視界に入る。新興国・資源国の底入れ・底離れが背景となり、トランプ米新政権の成長戦略に対する期待が高まることが予想される。ただし、これらに連動する金利上昇が１９８７年のブラックマンデー同様の波乱を発生させるリスクが浮上することに十分な警戒が求められる。

改めて、２０１２年11月以降の日経平均株価の推移を簡単にレビューしておく。日経平均株価は、２０１２年11月14日の８６６４円から２０１５年６月24日の２万８６８円へと急騰した。この株価急騰をもたらした二大要因は、日本の財政政策転換とドル高、円安変動である。

第1章に詳述したように、日経平均株価の直近10年推移を見ると、ニューヨークダウやドイツＤＡＸ指数と大きな相違点を有していることがわかる。サブプライム金融危機に伴う２００９年３月の株価安値から米国株価、ドイツ株価が急反発したのに対し、日本株価は２０１２年11月まで長期低迷を続けた。

その原因は2010年6月から2012年12月まで存在した菅直人政権と野田佳彦政権の超緊縮経済政策にあった。日本株価は、本来の適正水準から大幅に下方に乖離する形で、1万円割れの状況を続けた。

2012年12月に発足した第2次安倍政権は、この呪縛を解き放って大型補正予算を編成し、財政政策運営を超緊縮政策から景気回復優先に転換した。その結果、大幅に下方に乖離していた株価が適正水準に回帰する動きを強めたのである。

日本株価が2012年以降に大幅上昇したもう1つの背景は円安の進行である。2012年11月に1ドル＝78円であったドル円レートが、2015年6月に1ドル＝125円に上昇した。これに連動して日経平均株価が大幅上昇した。

P104のチャートが示すように、2011年末から2016年末までのドル円レートと日経平均株価の推移は見事に連動している。円安＝株高、円高＝株安連動関係が観察され続けた。

円高・株安波動の収束

円安＝株高連動が円高＝株安連動に転換したのが2015年6月である。『金利・為替・株価特報』は2016年6月15日号（6月11日執筆）で、「5【為替】円安阻止発言の背景にある

ドル円相場（直近５年）

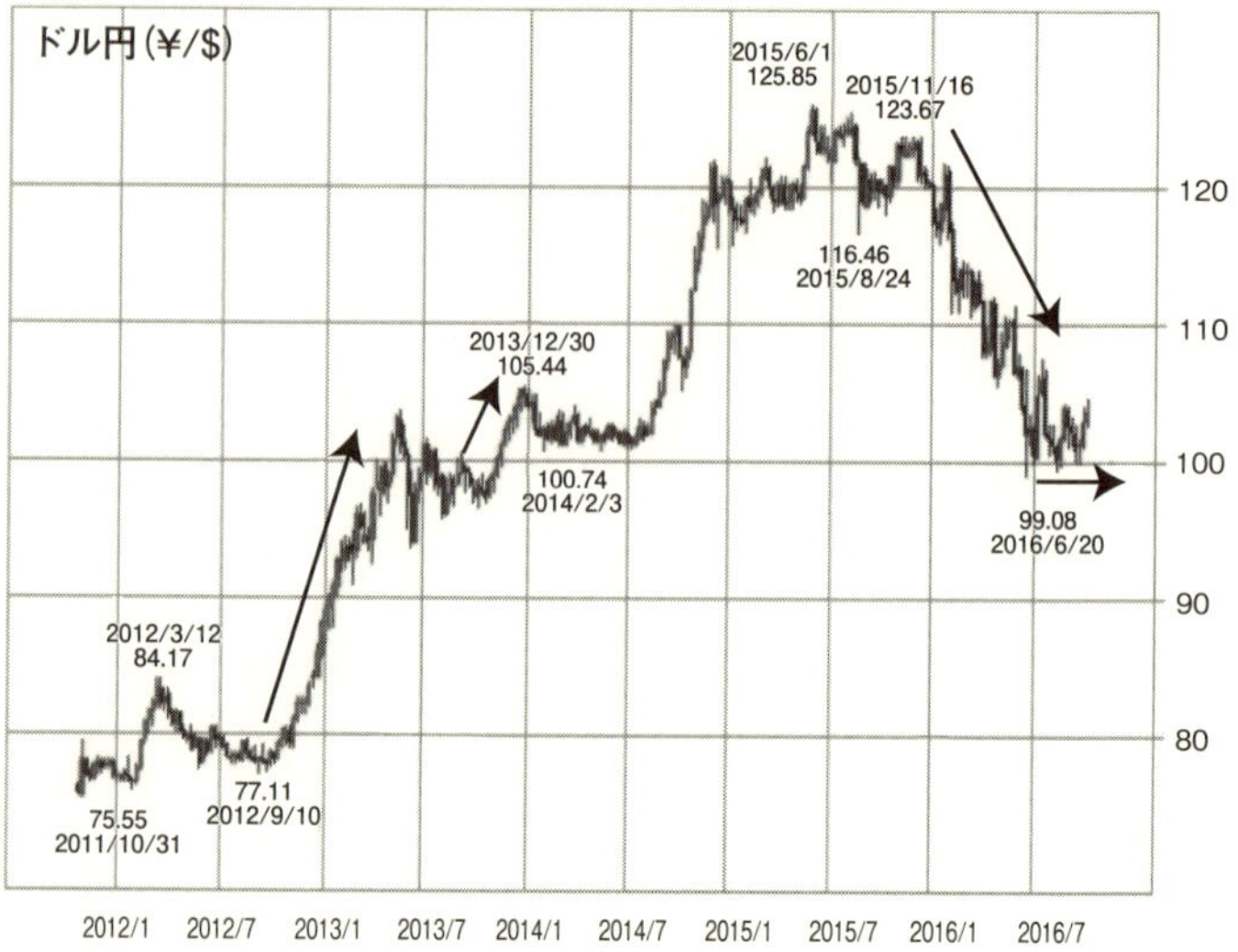

日経平均株価（直近５年）

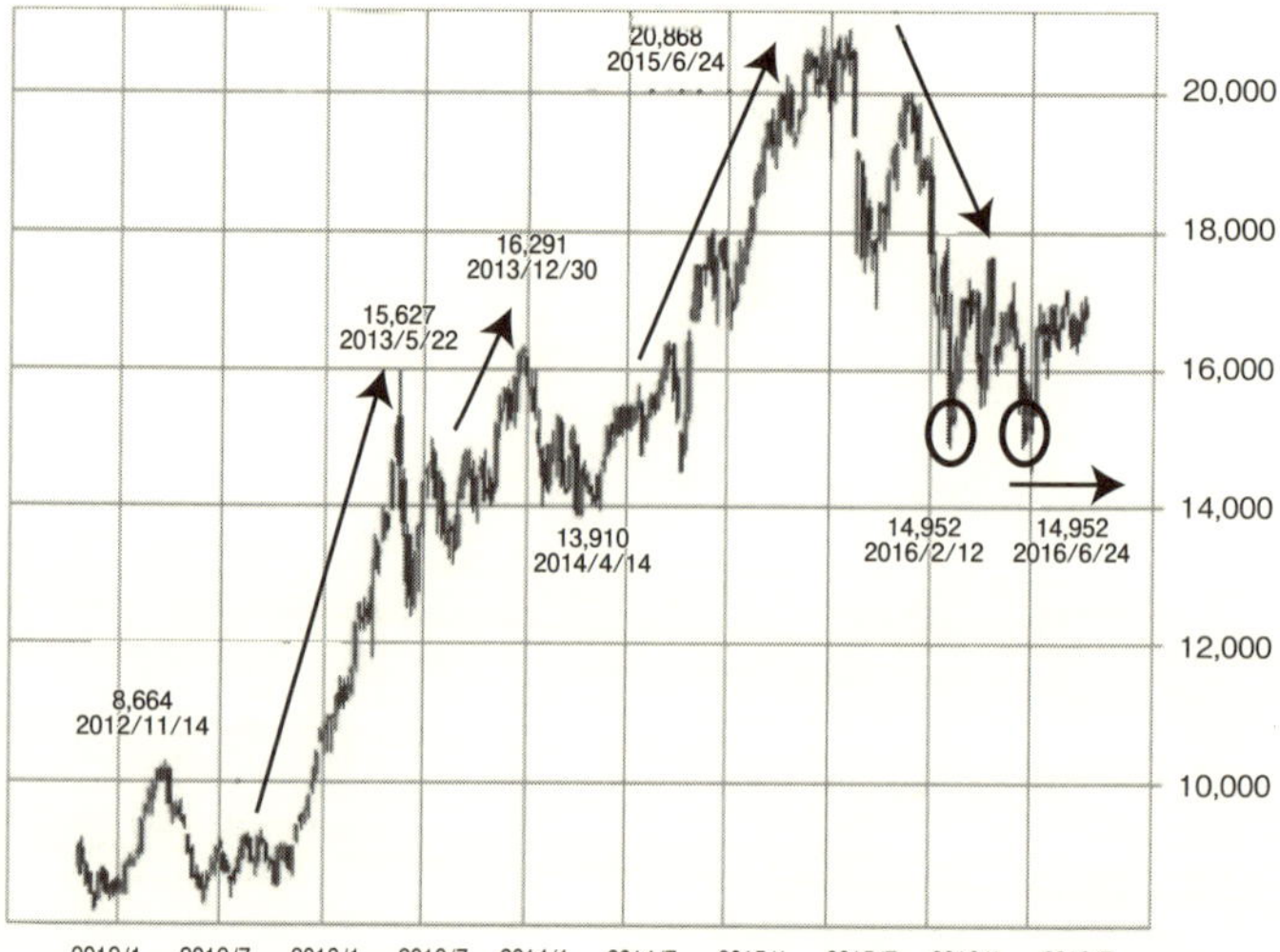

TPP」のタイトルの下、2015年6月10日の衆議院財務金融委員会における黒田東彦日銀総裁発言に着目し、「当局の為替に関する発言には最大の関心を払う必要がある。円安の限界が見え始めた点に留意すべき」と記述した。黒田総裁は同委員会において「実質実効レートでのこれ以上の円安は、普通に考えればありそうにない」と述べた。

この黒田発言が為替レート変動の転換点を形成した。黒田発言の背後に日本の円安誘導政策を問題視した米国議会のTPP審議があった。米国政府が黒田発言を誘導したと考えられる。1985年以降の為替市場においては、米国の政策意向が為替レート変動転換の転換点を形成したケースが多数存在する。『金利・為替・株価特報』の記述はこの事実を踏まえたものだった。

ドル円レート変動は2015年6月の1ドル＝125円を境に、円安ドル高トレンドから円高ドル安トレンドに転換した。これを背景に日経平均株価が下落トレンドに転換した。

ここに中国株価急落が加わり、日本株価が急落した。日経平均株価は中国株価変動に連動して2015年9月29日に1万6930円まで下落した後に、2015年12月1日に2万0012円に値を戻した。しかし、上海総合指数は米国の利上げ着手を受けて12月下旬から急落し、2016年1月27日の2638ポイントにまで急落した。

この流れを断ち切る転換点になったのが2016年2月G20会合だった。日経平均株価は2016年2月12日に1万4952円の安値を記録したが、G20を背景に反発した。しかしなが2015年6月以降の円高ドル安傾向が持続していたため、6月24日に1万4952円の安値を再度記録した。

『金利・為替・株価特報』は、この直後に「ダブルボトム形成」を認識して、株価下落完了の判断を示した。トレンド転換をもたらした直接の事象は2016年7月8日の6月米雇用統計だった。米利上げ第2弾実施観測が浮上してドル下落波動が終止符を打ったのである。

日本株価下落完了――3つの背景

2016年6月24日の日経平均株価1万4952円で日本株価下落は当面の安値を記録したと見られる。

日本の株価下落に歯止めがかかった要因は以下の3点である。第1は、中国主導の世界株価連動安が終止符を打ったこと。第2は、ドル円レート変動が円高から横ばい推移に転じたこと。第3は、安倍政権の財政政策が緊縮から中立に回帰したことである。

中国株価下落に歯止めをかけたのが2016年2月末のG20会合である。ドル安円高進行に歯止めをかけたのが2016年7月8日の6月米雇用統計である。そして、安倍政権の緊縮財政を修正したのが、2016年6月1日の消費税再増税再延期方針発表と秋の臨時国会における3・3兆円規模の2016年度第2次補正予算の成立である。

日経平均株価は、2月G20会合と7月雇用統計発表とピタリと符合するかたちでダブルボトムを形成した。理論と市場変動が見事な整合性を示している。

中国経済は緩やかな底入れの兆候を強め、米国経済は一進一退を繰り返しながらも12月利上げ実施への方向感を維持して推移している。中国底割れリスク、円高=ドル安進行のリスクが後退している。

安倍政権が財政政策運営を緊縮路線から中立路線に修正したことも重要だ。そもそも安倍政権が浮上したきっかけは財政政策の修正にあった。野田政権が強行推進していた超緊縮財政を積極財政に転換したからこそ、2012年11月以降の株価急反発が実現したのである。

その安倍政権が2014年度に消費税増税に突き進んだ。筆者は2014年版の本シリーズ『日本経済撃墜』で強く警告したが、安倍政権は大増税を強行。日本経済を撃墜してしまった。

筆者は2015年版本シリーズ『日本の奈落』で、2015年10月の消費税率10%を強行実施すれば日本経済は奈落に転落すると警告した。これを受けて安倍首相は2014年11月18日に記者会見し、2015年10月の消費税増税を18カ月延期した。安倍首相は次のように発言した。

「来年10月の引き上げを18カ月延期し、そして18カ月後、さらに延期するのではないかといった声があります。再び延期することはない。ここで皆さんにはっきりとそう断言いたします。平成29年4月の引き上げについては、景気判断条項を付すことなく確実に実施いたします。3年間、3本の矢をさらに前に進めることにより、必ずやその経済状況をつくり出すことができる。私はそう決意しています」

しかし、安倍首相は2016年6月1日、2017年4月に延期した消費税再増税を再延期することを表明した。筆者は2016年版の本シリーズ『日本経済復活の条件』で消費税再増税は中止するか延期することが必要不可欠だと主張した。同時に、緊縮に振れている財政政策を中立ないし積極に転換することが必要であると主張した。

安倍首相の方針表明は、完全なる公約違反であるが、筆者の提言を「活用」したものである。そして、この財政政策転換が日本株価下落を収束させた重要な一要因になった。

安倍政権は2016年6月1日の記者会見で消費税再増税の再延期を表明し、さらに、2016年8月に28兆円規模の総合経済対策を策定して、秋の臨時国会で3・3兆円規模の2016年度第2次補正予算を成立させた。

第8章で詳述するように、為替レートの基調が円高に転換した局面で株価下落波動に歯止めをかけるには財政政策スタンスを緊縮から中立、積極に転換するしかない。

株価上昇余力は大きい

東証株価指標を見てみよう。数値は株価が急落した11月9日終値ベースのもの。東証第1部全銘柄のＰＥＲは約15倍。利回りに換算すると約7％だ。債券の利回りが0％である時に株式の益利回りが7％。株式が圧倒的に魅力的である（図表Ｐ１１０）。株式は価格変動リスクの大きい金融商品であり、通常、債券利回りよりも株式利回りが高い。しかし、その格差が7％というのは開き過ぎである。

この格差が約3％に縮小する、つまり、株式益利回りが4％にまで低下する場合の日経平均株価を計算すると2万７６７５円になる。外部環境が好転し、経済改善持続の道筋が見えてくると、日経平均株価が2万円台半ばまで上昇しても不自然ではない。

4年ぶりに株価再躍動のチャンスが到来していると判断する。

株式の利回りは「配当利回り」で考えるべきではないかとの意見があるが正しくない。企業が生み出す利益は配当として株主に分配される部分と、社内に留保される部分に分かれる。このとき、社内に留保される利益が誰に帰属するのかが重要だ。その答えは株主である。企業が生み出す利益が配当として株主に引き渡されても、社内留保として株主に直接引き渡されなく

東証株価指標

株価収益率（連結決算ベース）（2016年11月9日現在：日経平均株価16,251円）		
項目名	前期基準	予想
日経平均	14.36倍	13.76倍
JPX日経400	13.77倍	14.04倍
日経300	14.98倍	14.03倍
日経500平均	15.10倍	14.50倍
東証1部全銘柄	15.45倍	14.68倍
東証2部全銘柄	64.01倍	18.00倍
ジャスダック	23.03倍	18.00倍

株価収益率（連結決算ベース）（PER25倍＝利回り4%相当日経平均株価：27，675円）		
項目名	前期基準	予想
東証1部全銘柄	6.46%	6.81%

ても、株価には影響しない。

これがモディリアーニ、ミラーという経済学者が明らかにした公理である。モディリアーニ・ミラー理論＝MM理論と呼ばれる。日本株式には価格上昇の余地がかなり大きく存在すると判断してよいだろう。

警戒が必要なのは、長期金利が上昇すると理論株価が下がることだ。2017年にかけて、もっとも警戒を要するのがこの部分だ。米国経済、世界経済が浮上すれば、必ず金利に上昇圧力がかかってくる。その影響で株価は下落しやすくなる。ブラック・マンデー的な株価調整のリスクを提示しているのはこのためである。

トランプ政権発足後の政権とFRBとの間の関係にも警戒が必要だ。欧州ではドイツ銀行の財務状況悪化が警戒されてきた。引き続き注視が必要だ。

円高＝ドル安回帰の背景

ドル円レートは2012年11月から2015年6月まで円安＝ドル高推移が続き、2015年6月を境に円高＝ドル安波動に転じた。この円高＝ドル安波動が2016年6月まで続き、それ以降、横ばい推移に転じている。

そして、新たな変化が2016年11月8日の米大統領選後に観察されている。トランプ政権が成長政策を実行し、米国経済が浮上するとの見通しが強まり、米ドルが再度反発に転じている。当面はこの基調が維持される可能性が高い。

2012年11月以降のドル高をもたらした直接の原因は米国長期金利上昇だった。2012年7月に1・38％にまで低下した米国10年国債利回りが、2013年末には3％にまで上昇した。この米国金利上昇がドル高をもたらした。その後、ドル円レートは1ドル＝120円を突破した。

『金利・為替・株価特報』は2015年春から、円安から円高への転換可能性を強調した。そして、日本政府に対して政府保有ドル資産の売却を強く提唱したが、日本政府は動かなかった。

現実にドル円レートは2015年6月の1ドル＝125円をピークにドル安＝円高波動に転じ、2016年6月には1ドル＝100円を割り込んだ。

為替レート変動をもたらす三大要因は、経常収支変化、実質短期金利差の変化、米国の為替政策スタンスである。また、長期では購買力平価が為替変動の軸になる。購買力平価とは、あるお金で、2つの国で「同じモノ」を買える為替レートのことだ。「同じモノ」を何にするかで購買力平価は変わる。わかり易く、代表的なものが、マクドナルドのビッグマックで計算する購買力平価だ。

英国の経済誌エコノミストは、毎年1月に各国のビッグマックの価格を調べて、ビッグマックを基準とする購買力平価算出のデータを発表している。2016年1月時点のマクドナルド・ビッグマック1個の価格は、米国が4ドル93セント、日本が370円、ドイツが3・59ユーロだった。

日本ではビッグマック1個が370円。これをドルに換えてアメリカでもビッグマック1個を買うには、370円が4ドル93セントに交換される必要がある。計算すると1ドル75・1円。この為替レートなら、370円をドルに換えてもビッグマック1個を買える。

これがビッグマックで計算した購買力平価だ。1ドル＝109円はこれよりも大幅に円安の水準だ。「日本円は売られ過ぎ」ということになる。ユーロでは、この購買力平価が1ユーロ

＝103円になり、現在の1ユーロ＝116円は小幅円安ということになる。

何を基準にするかで購買力平価は変わる。また、現実の為替レートは購買力平価から乖離していることがほとんどだから、これで直ちに「円高になる」とか「円安になる」と判断するのは間違いだ。重要なことは、ある時点の為替レートが購買力平価と比較して、どこに位置しているのかを知ることにより、為替レート変動の大局観をつかむことである。筆者が1ドル120円の水準でドル高の限界を主張したのは、ビッグマック基準の購買力平価より、ドルが6割も高くなっていたからである。

新たなドル堅調地合い

2015年6月を転換点にドル円レートのトレンドが円安から円高に転換した。直接のきっかけは黒田発言だった。上記の三大要因で言えば、米国の為替政策スタンス転換が示されたわけだ。これに目をつけることが重要だった。

他の2つの要因の変化を見てみよう。経常収支の変化も実は円高を示唆していた。2012年までの円高を背景に日本の経常収支黒字は2013年度に2兆3930億円にまで減少した。しかし、その後の円安ドル高で黒字は再拡大した。2015年度の経常収支黒字は17兆

9752億円にまで増大したのである。この黒字拡大も円高転換の背景になった。

第3の要因である実質短期金利差の変化も円高転換を明確に示唆していた。日本の消費者物価上昇率と米国消費者物価上昇率の推移を見ていただきたい（図表P115）。日本がデフレに回帰したことがはっきりと読み取れる。

そして、日米のインフレ率の差を計算したものをグラフ化した（図表P116）。このグラフが上昇するのは日本のインフレ率が相対的に高くなることを意味し、下落するのはインフレ率が相対的に低くなることを意味する。

日米の名目短期金利がゼロ水準に張り付いて変動しない下では、グラフが上昇するほど日本の実質金利が下がり、円安要因になる。グラフが下落するほど日本の実質金利が上がり、円高要因になる。

このグラフとドル円レートの変動を重ね合わせると驚くほど類似したものになる（図表P116）。2016年にかけて日本がデフレに回帰し、日本の実質短期金利が上昇した。これに連動して円高＝ドル安が進行したのである。これらが2015年6月から2016年6月までの円高＝ドル安の背景だった。

これが今後どのように変化するのか。

第1に重要なことはトランプ政権誕生により米国で積極経済政策が実施される可能性が高ま

日本CPI上昇率（直近４年）

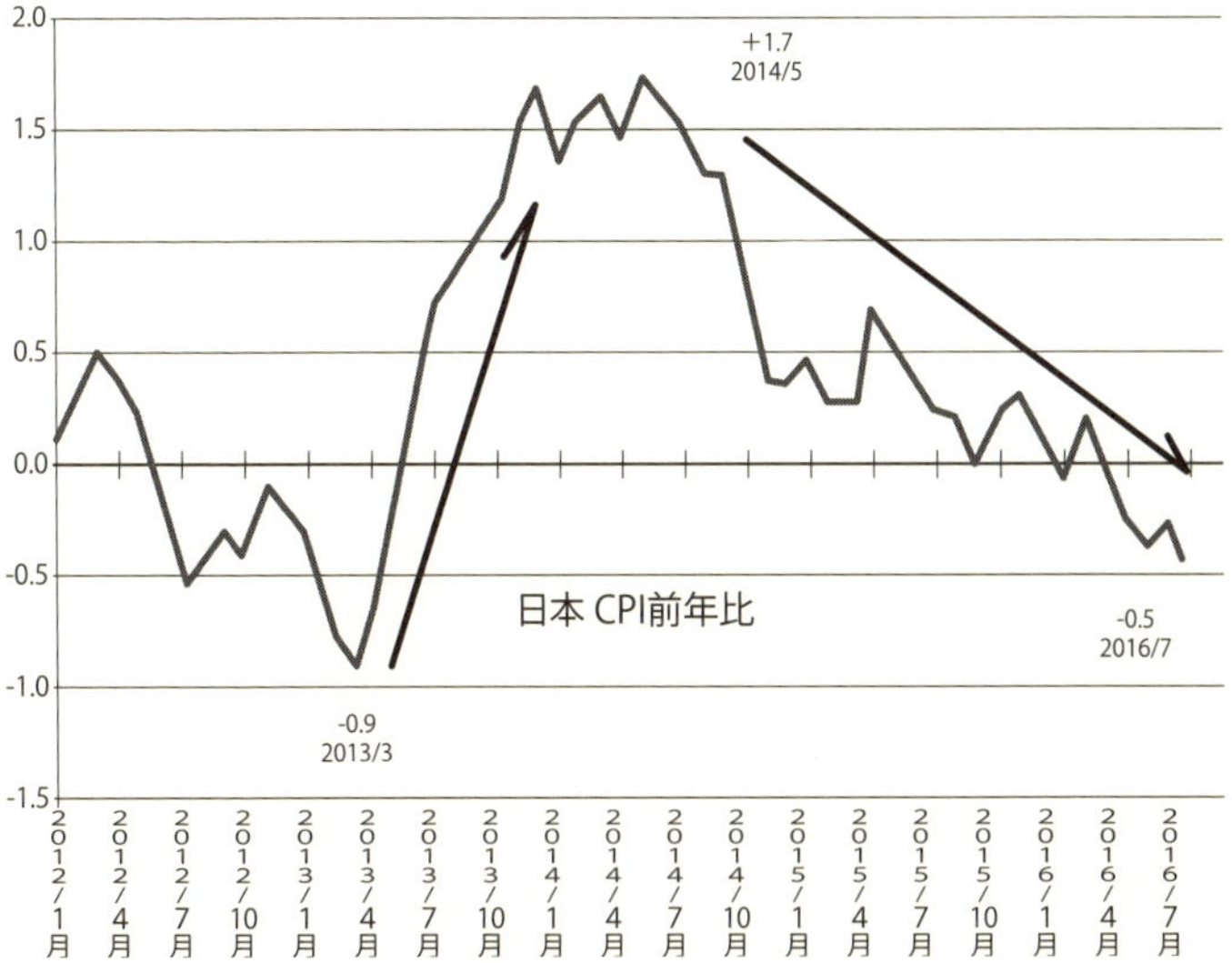

米国CPI上昇率（直近４年）

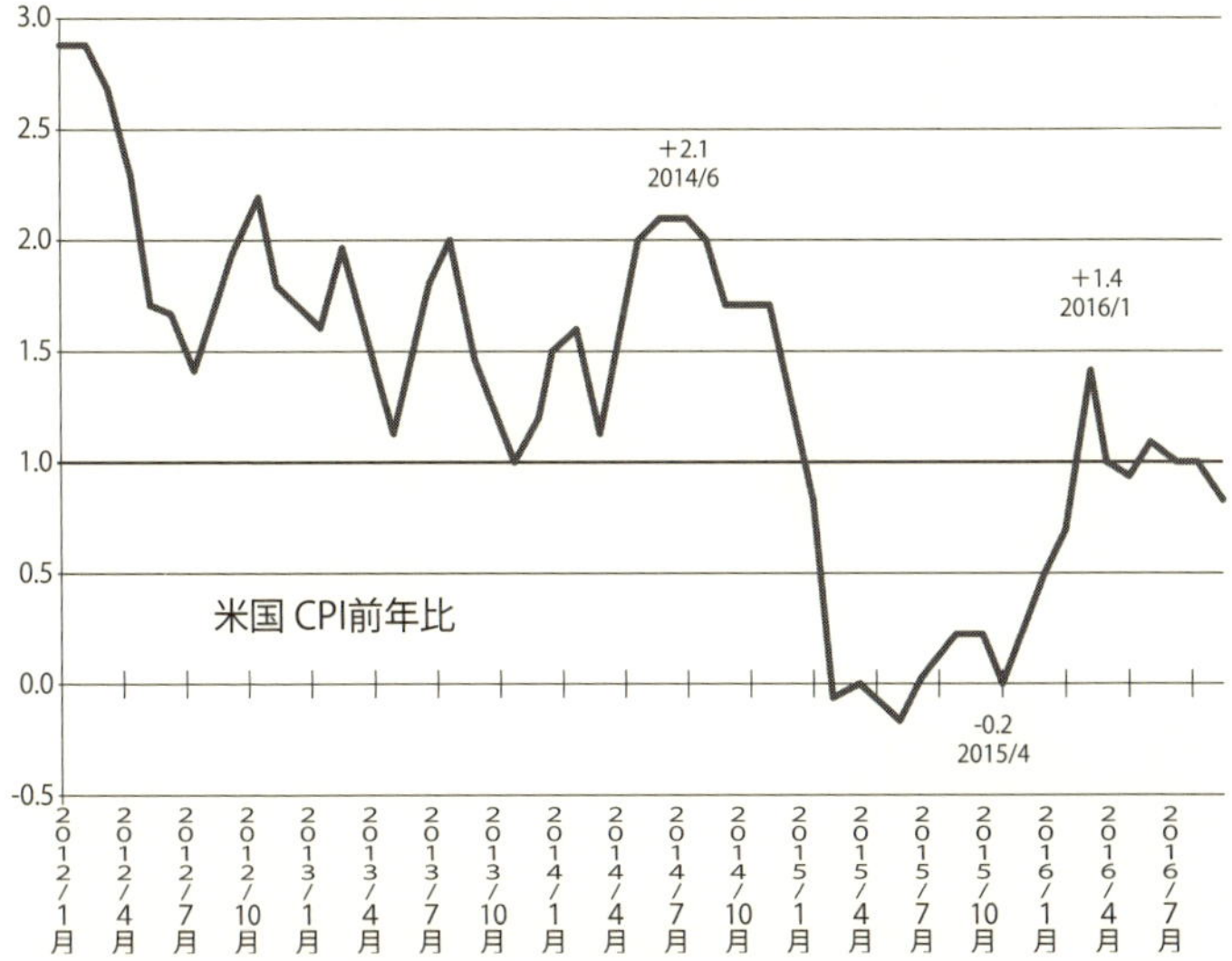

日米インフレ率格差（直近４年）

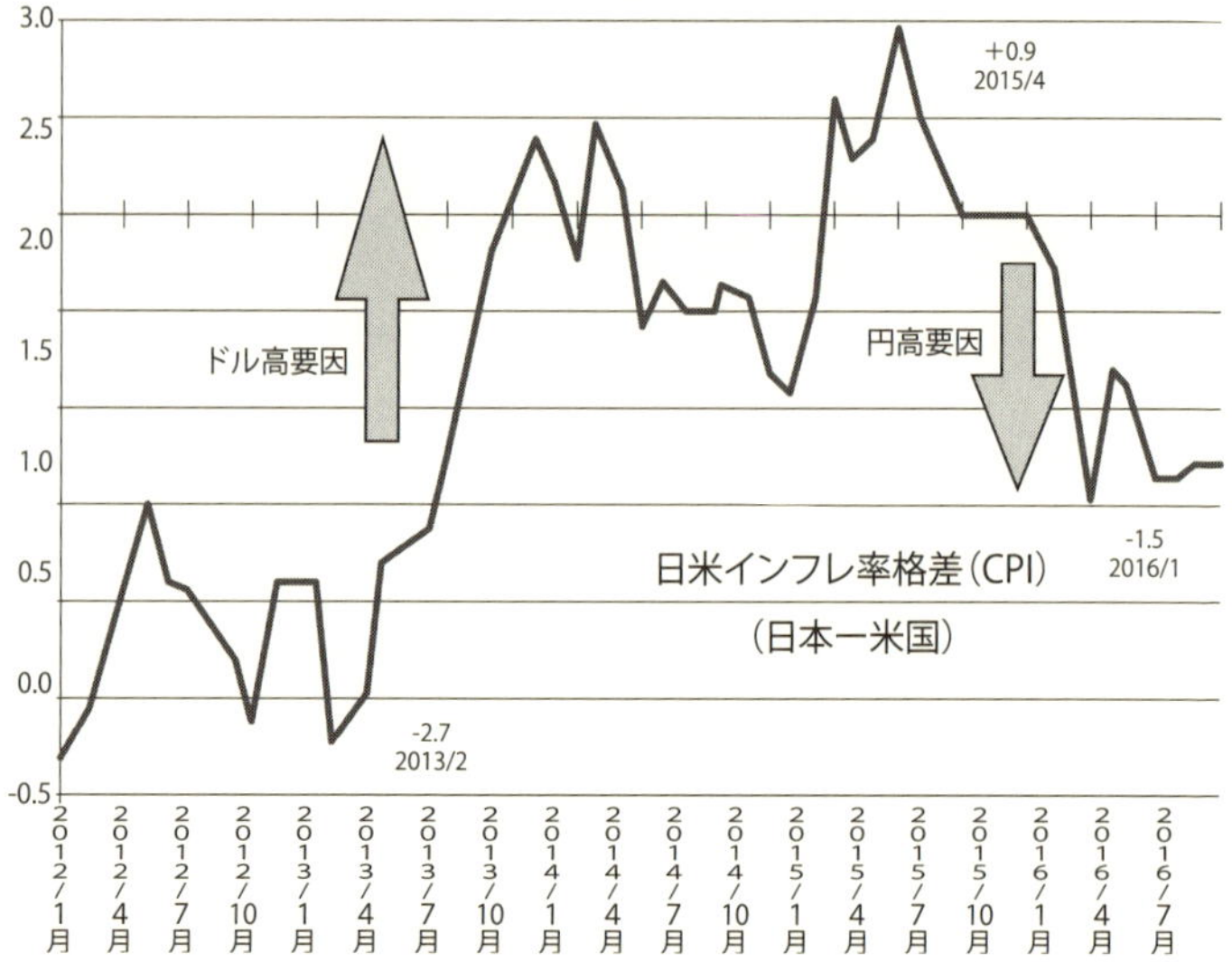

ドル円相場（直近５年）

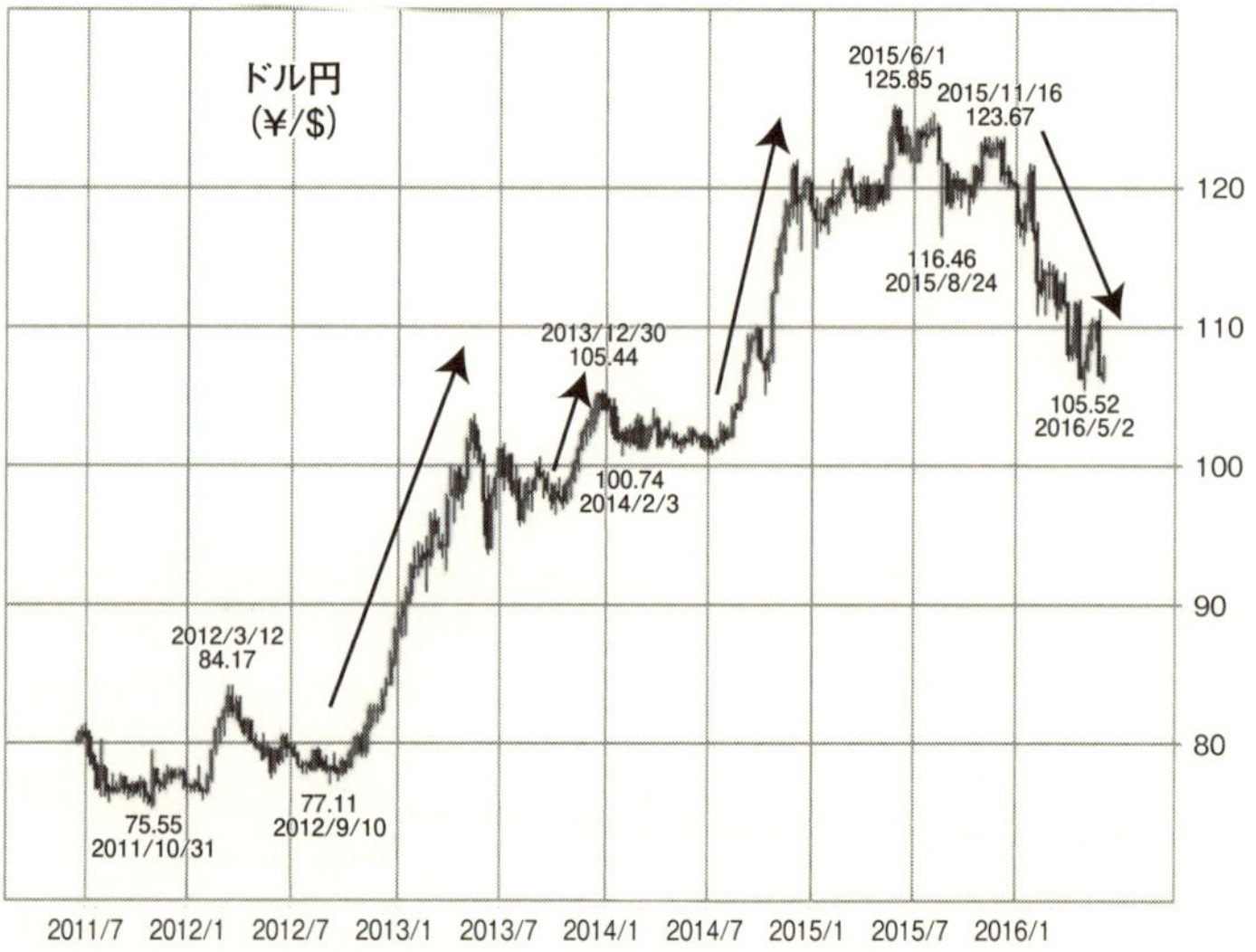

っていることだ。これが米国金利、ドルを押し上げる要因として作用している。実質金利差においても、米国名目金利上昇はドル上昇要因になる。ただし、日本のインフレ率がマイナス推移を示しているから、ドル上昇力は限定的と考えられる。

2013年のドル高の主因になった米国長期金利が2016年11月以降、強含む気配を示している。トランプ政権誕生による金利先高観も観測されている。

経常収支要因では、直近1年間の円高の影響で日本の黒字縮小効果が表れてくると予想される。

トランプ政権がドル高指向の為替対策を採用することは考えにくいが、当面は経済要因のドル支持がやや強い状態が維持される可能性が高いと考えられる。ただし、実質金利差要因などの円高要因も残存することから、1ドル=130円を超えるような米ドル大幅高の可能性は限定的であると考えられる。

第5章

中国・新興国・資源国の回復

底入れした中国株価

２０１５年8月から２０１６年2月まで世界金融市場変動の基軸になったのは中国である。上海総合指数の10年間のチャートを再度ご覧いただきたい（図表Ｐ１２１）。２００７年にかけて世界の金融市場はバブルの様相を示した。上海総合指数も例外ではなく、２００７年10月に６１２４ポイントの史上最高値を記録した。バブルの規模では、２０１５年にかけてのバブルより、２００７年にかけてのバブルのほうが大きかった。

上海総合指数はサブプライム金融危機を背景に２００８年10月に１６６４ポイントの安値をつけた。わずか1年で株価水準が3分の1以下に大暴落した。株価安値の時期は米日欧に約半年先行した。

安値を記録後、上海総合指数は２００９年8月に３４７８ポイントの戻り高値を記録した。それ以後、２０１４年7月まで丸5年間、長期低迷を続けた。当時中国でインフレ率上昇が問題視され、中国人民銀行がインフレ抑制のために段階的に金融引き締め政策を強化した。この金融引締め政策を背景に中国株価が5年間の下落トレンドをたどった。

流れが転換したのは２０１４年7月。２０１４年7月に２０００ポイントだった上海総合指

上海総合指数（直近10年）

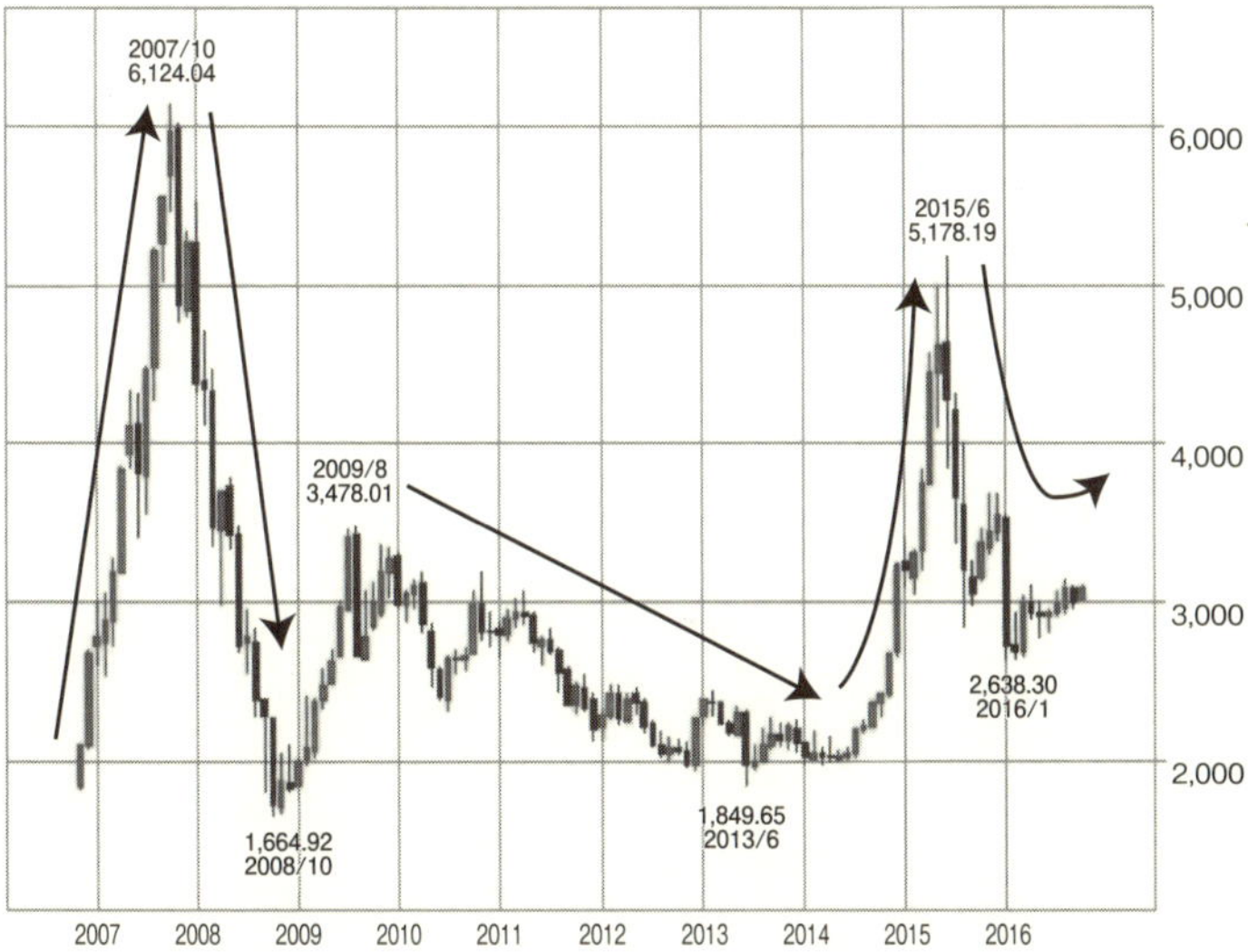

数が２０１５年６月に５１７８ポイントに上昇した。１年間で２・６倍の暴騰を演じたのである。株価上昇の背景は金融緩和政策の始動だった。

第１章に詳述したように世界の株価は２００９年から２０１５年にかけての６年間にわたる急騰を演じた。先行したのは米国である。日本がこの流れの２番手を演じた。量的金融緩和強化の下で、日本株価も急騰した。

さらに、欧州においても２０１５年１月以降、量的金融緩和政策が実施されて株価上昇が加速した。世界の主要国は金融緩和政策を採用し、株価上昇を誘導したと言ってよい。こうした世界金融市場のなかで中国政策当局が金融緩和政策を強化し、中国株価が上昇したことは順当である。

しかしながら、この株価上昇過程で中国政策当局が株価上昇のスピードを抑制する対応を示さなかったために、株価上昇の行き過ぎが生じてしまった。

中国株価は金融緩和政策に反応したが、中国経済は改善していなかった。むしろ景気停滞が強まったのである。その結果、株価上昇に矛盾が生じた。

2015年6月になって中国当局がようやく株価上昇を牽制する政策を発動した。これを契機に株価が急落。2015年8月以降の世界金融市場の波乱につながった。

中国株価下落が一巡したかのように見えた2015年8月に、中国人民銀行が人民元切り下げ措置を実施した。これを契機に、中国に大量の資金を投入してきた巨大資本が一斉に中国から資本を引き上げるとの懸念が強まり、中国株価が再び急落してしまった。さらに、2015年12月の米国利上げ着手が、この警戒感をさらに加速させた。

この「悪い流れ」を断ち切ったのが2016年2月の中国上海におけるG20財務相・中央銀行総裁会議だった。中国株価は2016年1月27日に2638ポイントまで下落したが、株価上昇の出発点である2014年7月の2000ポイントの水準と比較すれば3割高い水準だった(図表P123)。

この水準で中国株価が下げ止まるなら、中国経済メルトダウンのリスクは限定的である。これが筆者の判断であった。

上海総合指数（直近5年）

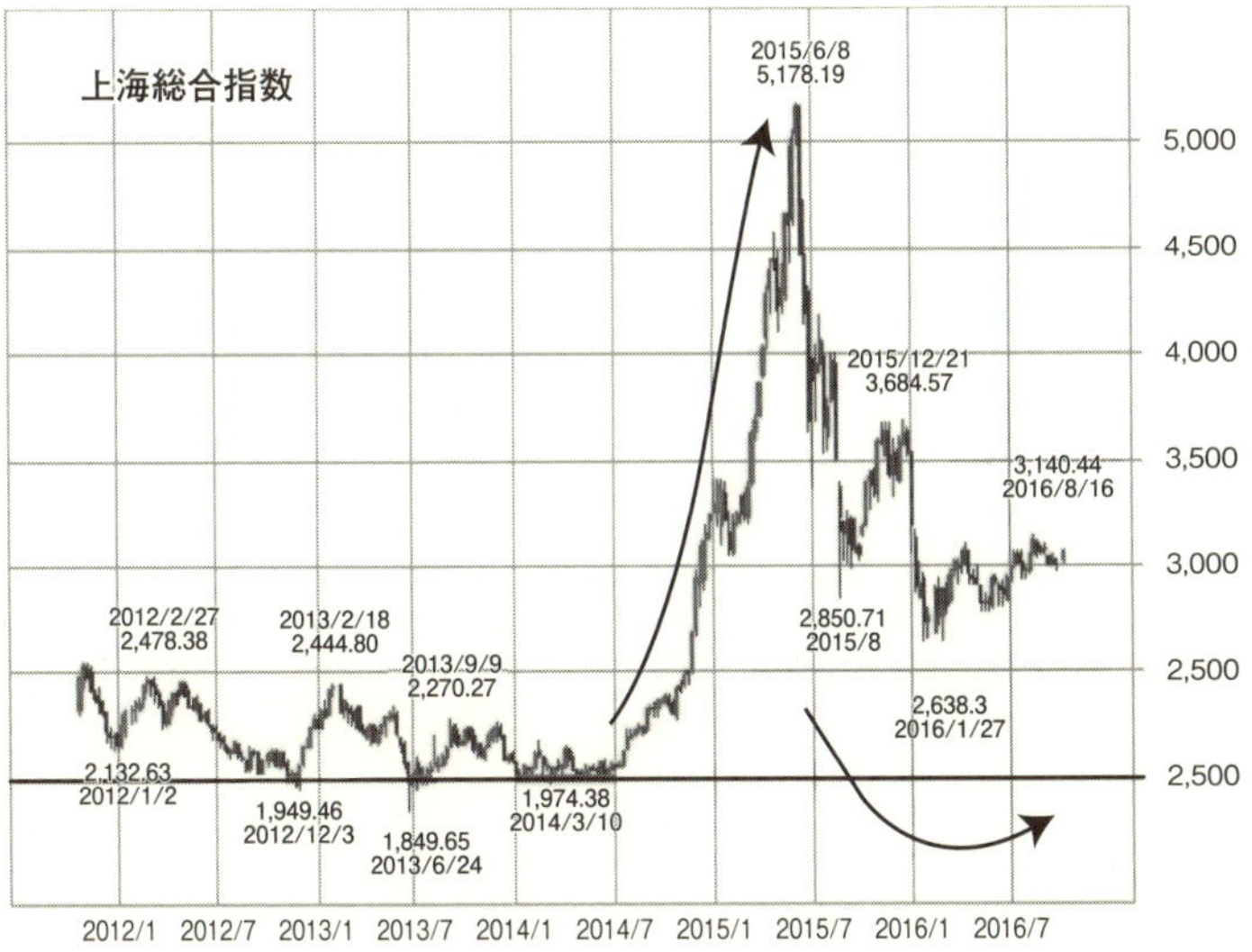

景気回復を潰えさせた人民元上昇

中国の経済動向を正確に知ることは容易でないが、いくつかの信頼度の高い判断材料が存在する。現在の中国首相・李克強氏が、かつてある会食の席で、中国経済指標の信頼性の低さを語り、電力消費量、鉄道輸送量、銀行融資増加量の3つを重視していると発言したことをウィキリークスが暴露した。

これによって、電力消費量、鉄道輸送量、銀行融資増加額の3つを元に中国経済の真実の経済成長率を推計するリサーチ会社も出現した。しかし、中国経済の構造は急速に変化しており、物流における鉄道輸送の比重は低下している。また、GDP構成比における製造業生産のウエイトも低下しつつある。現在は第3次産業がGDPの5割以上を占めている。李克強氏の発言は2007年のもので、当時の判断が現在も当てはまるわけではない。

筆者が最も重視している中国経済指標は、「財新」発表の製造業PMIである。中国経済の推移を知るうえで最も信頼度の高い経済指標である。

経済変動を引き起こす中核は、日本でも中国でも製造業の変動だ。この意味で、製造業PMIの変化を常に注視する必要がある。過去5年間の製造業PMI推移を見ると、2012年から2015年にかけて、中国経済が3度浮上するチャンスを迎えたことがわかる（図表P125）。

しかし、この3度とも経済改善は挫折。再び悪化に転じている。この推移と中国人民元変動を比較すると、重要事実が判明する（図表P125）。2012年から15年にかけて3度観察された経済改善が挫折した背景に人民元急騰があった。

2012年11月から2015年6月にかけて、ドル円レートは1ドル＝77円から1ドル＝125円まで急激なドル高円安変動を示した。これに連動して、人民元円レートが1元＝12円から1元＝20円に急騰した。そして、この人民元急騰が中国パワー爆発をもたらした。中国の旅行者にとっては、かつて12円分の購買力しかなかった人民元が20円の購買力を持つようになったわけで、支出が喚起されるのは当然だ。

中国製造業PMI（直近５年）

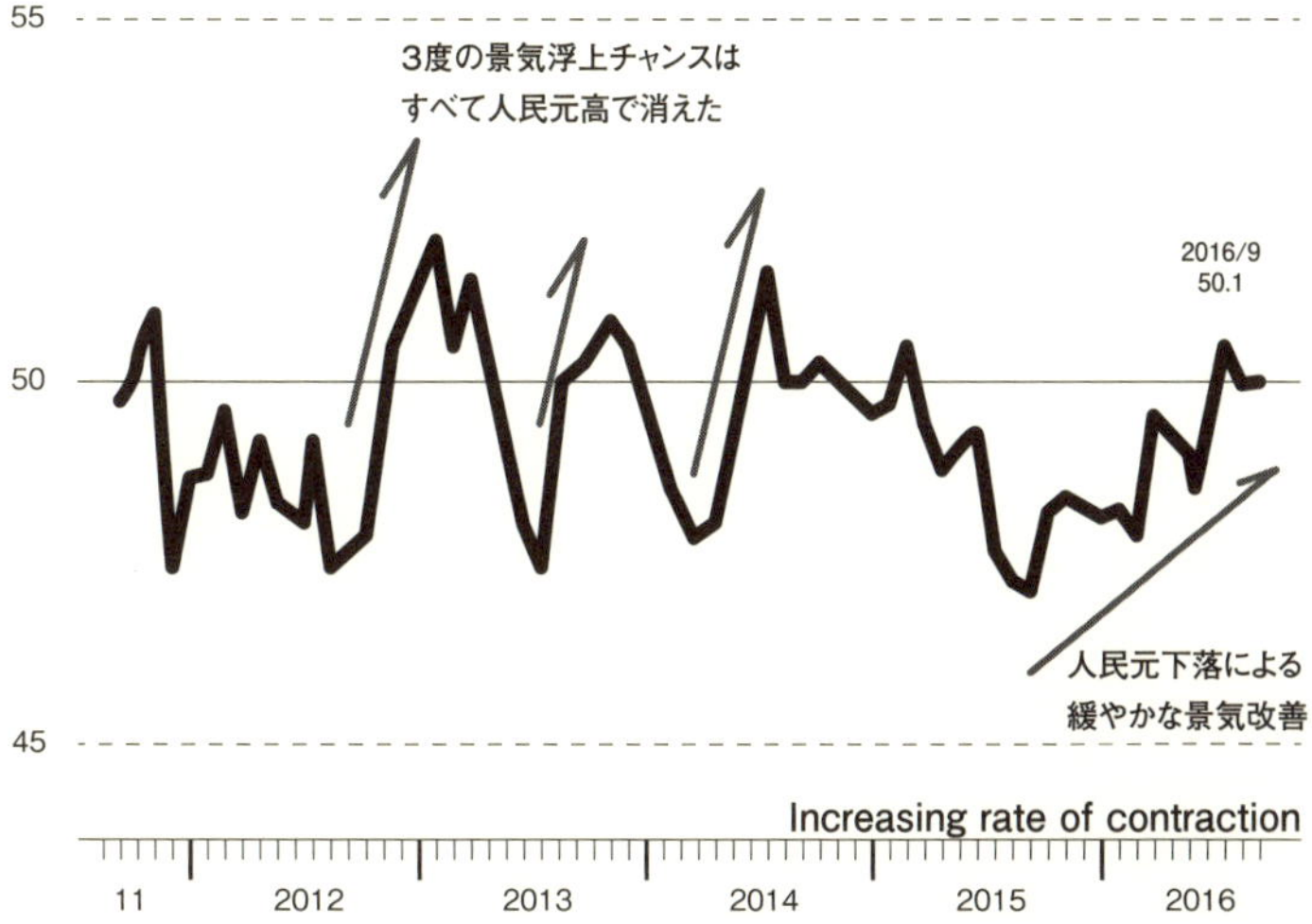

人民元円相場（直近５年）

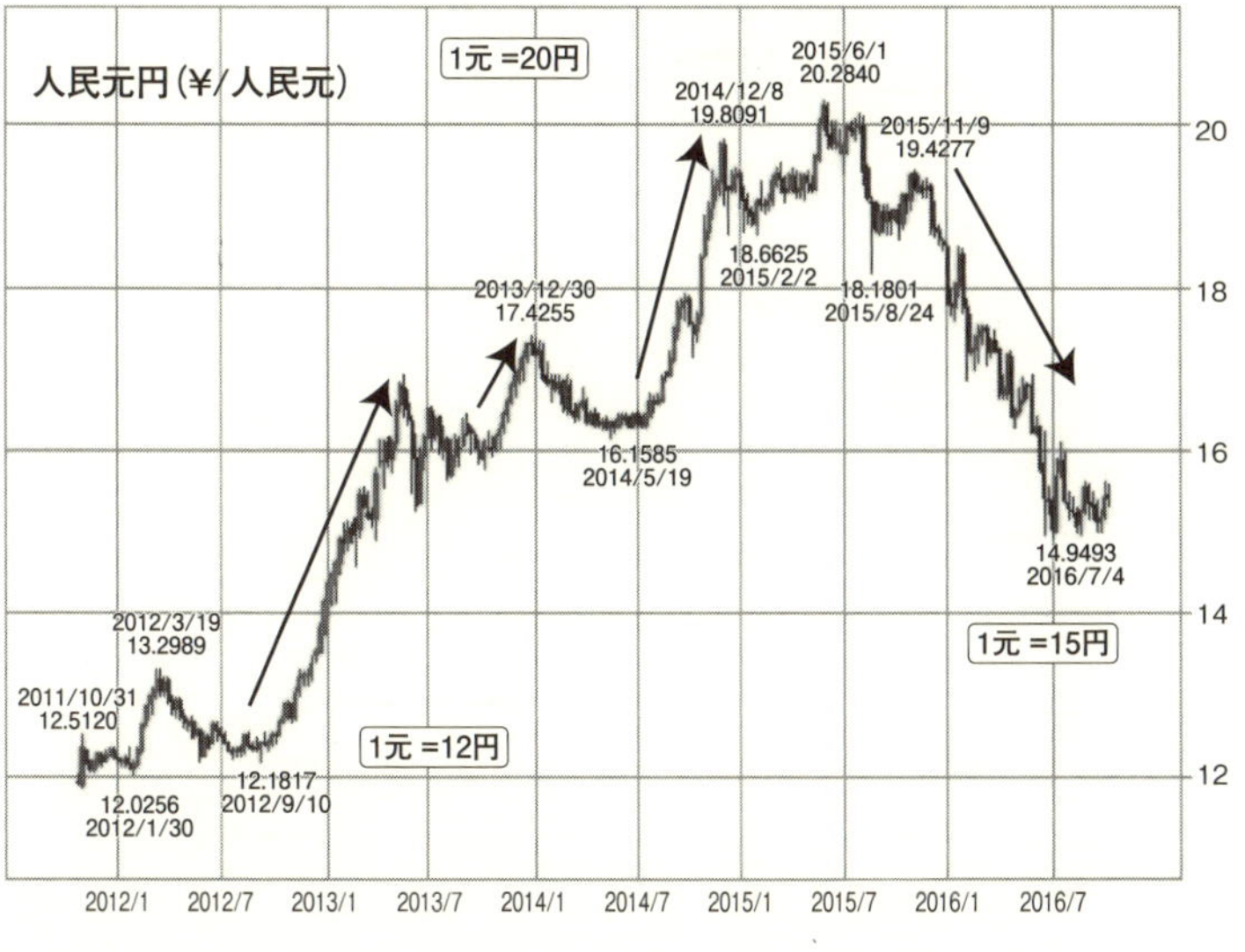

さらに、2014年7月から2015年6月にかけて中国株価が2・6倍の大暴騰を演じたため、中国の富裕層が日本を訪問して消費活動と不動産取得を爆発させた。

中国旅行者の購買力は激増したが、このことは中国製造業の対外価格競争力急低下をも意味していた。1元の中国製品の日本での仕入れ価格が、12円から20円に急騰したことになる。日本の輸入は激減。中国製造業は大きなダメージを受けた。この人民元の上昇により、中国経済浮上のチャンスが3度にわたって潰えたのである。

しかし、為替レート変動のトレンドが2015年6月に転換した。円安=ドル高=人民元高のトレンドが円高=ドル安=人民元安のトレンドに転換した。2015年8月以降は、中国人民銀行が人民元を人為的に下落誘導する措置を実施した。

ところが、人民銀行による人民元下落誘導措置が、中国からの巨大な資本流出を招く恐れが強まり、人民銀行はこの方針を急激に抑制することになった。新興国では海外からの資本流出入が経済に与える影響が極めて甚大である。中国の成長、人民元の上昇を期待する巨大な投資資金が中国に流入してきたが、中国政策当局が人民元を人為的に切り下げる措置を実施するなら、対中国投資の前提が崩壊する。中国から外国資本が一気に引き上げるなら中国経済金融は大混乱に陥るだろう。資本逃避=キャピタルフライトへの警戒感が広がった。

5年間の構造調整陣痛期

中国人民銀行は人民元下落を抑制するスタンスを明示し、金融市場のパニックは回避されることになったが、対日本円での人民元はドル高修正に連動して大幅下落を維持した。1元＝20円まで上昇した人民元が、1元＝15円を割る水準にまで反落した。

人民元高から人民元安への転換を受けて、中国製造業PMIが2015年後半以降、改善傾向を示し始めた。そして、2016年7月に景気回復の節目とされる50ポイントを回復。2016年10月には51・2ポイントを記録した。

とはいえ、中国経済が大規模な構造調整圧力を受け続けていることは変わらない。中国株価が2016年1月に底入れし、人民元下落に連動して中国製造業の活動が緩やかな回復傾向を示し始めているのは事実だが、中国経済は投資主導の構造から消費主導の構造への転換を迫られている。GDPに占める設備投資の比率が高すぎて、最終需要に対して供給力が過大な状況が生まれてしまっているからだ。

第1章に記述したように、中国の楼継偉前財務相は2015年9月にトルコ・アンカラで開かれたG20財務相・中央銀行総裁会議で「今後5年間は中国経済の構造調整の陣痛期である」

と述べた。中国政府が経済構造の転換に5年の時間が必要であるとし、この5年は苦しみの期間になることを宣言している。

中国経済の本格拡大の道筋はまだはっきりと見えていないが、中国政策当局が中国経済の問題の所在を正確に把握していること、為替環境が変化して中国製造業の価格競争力が回復しつつあることは、中国経済にとっての明るい材料である。中国経済崩壊＝メルトダウンのリスクは低下しつつあると見るべきだろう。

中国経済の動向は新興国経済、資源国経済と表裏一体の関係にある。ＢＲＩＣｓという言葉で表現される新興国の中心に中国が位置する。この中国経済が２０１６年前半以降、緩やかな底入れを形成する兆しを示している。

注目される２０１７年中国共産党大会

中国の政治は２０１７年に極めて重要な局面を迎える。秋の共産党大会でチャイナ・セブンと呼ばれる最高指導者＝政治局常務委員の交代が予定されているからだ。７名の常務委員のうち留任するのは習近平国家主席と李克強首相の2名だけと見られている。他の５名は68歳の年齢制限で退任が見込まれている。退任が予想される5名は、張徳江、兪正声、劉雲山、王岐山、張高麗である。

習近平主席としては、7名のメンバーの4名を習近平氏及び同氏に近い人物にすることが目標だ。また、今回の人事では、ポスト習近平候補として誰が常務委員に登用されるのかが注目点になる。共産主義青年団（共青団）派のエースとされる胡春華広東省党委員会書記の登用があるか注目される。対抗馬は孫政才重慶市党委員会書記である。しかし、胡春華は胡錦濤前主席に近い人物。孫政才も習近平派の人物ではない。

にわかに注目されているのが陳敏爾貴州省党委員会書記である。胡春華と孫政才が党政治局員であるのに対し、陳敏爾は党中央委員で一階級下の地位にある。しかし、陳氏は習近平氏が浙江省トップだった時期に習氏によって登用された人物で、胡錦濤前国家主席が務めた貴州省書記に抜擢された。陳氏が飛び級で常務委員に抜擢されるかが注目される。

2016年10月27日に閉幕した中国共産党の重要会議「第18期中央委員会第6回全体会議（6中全会）」では、習近平国家主席を「党中央の核心」と位置付けるコミュニケが採択された。これまで中国共産党において最高指導者を「核心」と表現したのは、毛沢東、鄧小平、江沢民の3氏だけだった。胡錦濤前国家主席の時代は集団指導体制を重んじており、「核心」という表現を使わなかった。

党中央機関の決定を経て習近平氏が「核心」とされたことは、習氏への権力集中が一段と進行したことを意味している。習体制の安定化が実現するのかを危ぶむ声も多かったが、習氏が汚職摘発などを通じて確実に権力を掌握しつつあることが窺われる。

この習近平体制が２０１７年秋の共産党大会でさらに強化されるのかが注目される。その判断のポイントになるのがチャイナ・セブンの新しい構成と、次期主席候補として誰が政治局常務委員に登用されるのかである。

需要減少と供給増加による原油価格急落

２０１４年央以降に原油価格が急落した最大の要因は中国経済の減速だった。１バレル＝１００ドル水準の原油価格が１バレル＝30ドル割れの水準にまで下落した。ロシア経済の原油依存は高く、ロシア経済の困難が最も強まったのが２０１６年前半である。

原油価格の代表指標であるＷＴＩは２０１４年６月に１バレル＝１０７ドルを記録したのちに下落波動に転じ、２０１４年末に50ドルを割り込んだ。さらに２０１６年２月には１バレル＝26ドルにまで下落した。下落率は76％に達した。

原油価格が急落した第１の要因は新興国経済の急激な悪化であるが、第２の要因としてシェールオイル生産の急増を挙げることができる。

新興国の中心は中国である。少し前、世界はＢＲＩＣｓの時代だと言われた。ブラジル、ロシア、インド、中国の4カ国が世界経済におけるプレゼンス、相対的地位を大幅に上昇させた。さらに南アフリカを加えたＢＲＩＣＳという表現も用いられるようになった。

２００４年から２０１３年にかけての10年間に中国のＧＤＰは2・5倍の規模に拡大した。インドの経済規模は2倍になった。中国のＧＤＰ規模は、２０１０年に日本を超えて、世界第2位の地位に到達し、その後の5年間で、日本の2倍の規模を超えた。

この新興国の高度成長が資源に対する需要を激増させた。これが２００８年のリーマン・ショック後の安値30ドル水準から１００ドル超の水準へと原油価格が3倍の上昇を示した背景だ。

とりわけ中国の資源需要の激増は顕著であり、２００４年から２０１３年の10年間における世界の石油需要増加分の約45％が中国需要で占められたと見られている。この新興国経済が２０１４年半ばから急変した。

原油価格下落のもう1つの要因は「シェールオイル革命」の言葉で示されたシェールオイル生産の急増である。つい最近まで、「石油と天然ガスはいずれ枯渇する」と言われていたが、この考えは否定されつつある。石油の埋蔵量は年を追うごとに増大している。

しかし、シェールオイル産出量は産出コストに大きく依存する。原油価格が1バレル＝１００ドルを超えていれば、ほぼすべてのシェールオイル生産が利益を生み出すが、原油価格が50ドルを下回れば、販売価格が採掘コストを下回るケースが増大して、事業として成り立たなくなる。

しかし、水圧破砕・水平掘削というシェールオイル採掘の技術革新が進行して採掘コストが低下してきた。この結果、2015年までの7年間に米国の石油産出量が倍増した。米国は数年以内にサウジアラビア、ロシアを抜き、世界最大の産油国になると見られている。そして、このシェールオイル生産の激増が原油市場の需給構造を大きく変化させた。

2014年半ば以降に原油価格が急落した原因は、新興国の資源需要減少と、シェールオイル生産増大に伴う供給増加であると理解できる。

しかし、原油価格急落で今度はシェールオイルの生産が急減した。採算割れという厳しい現実が広がったためである。採掘技術の革新により、採掘コストは低下傾向をたどっているが限界はある。高効率の生産者の採掘コストが1バレル=40~50ドルだと見られている。

反転した原油価格とルーブル

本シリーズ前著『日本経済復活の条件』で、原油価格が反転上昇するロジックとして、世界景気が回復傾向を強めることを挙げ、とりわけ中国経済の動向がカギを握ると指摘した。その

WTI（直近5年）

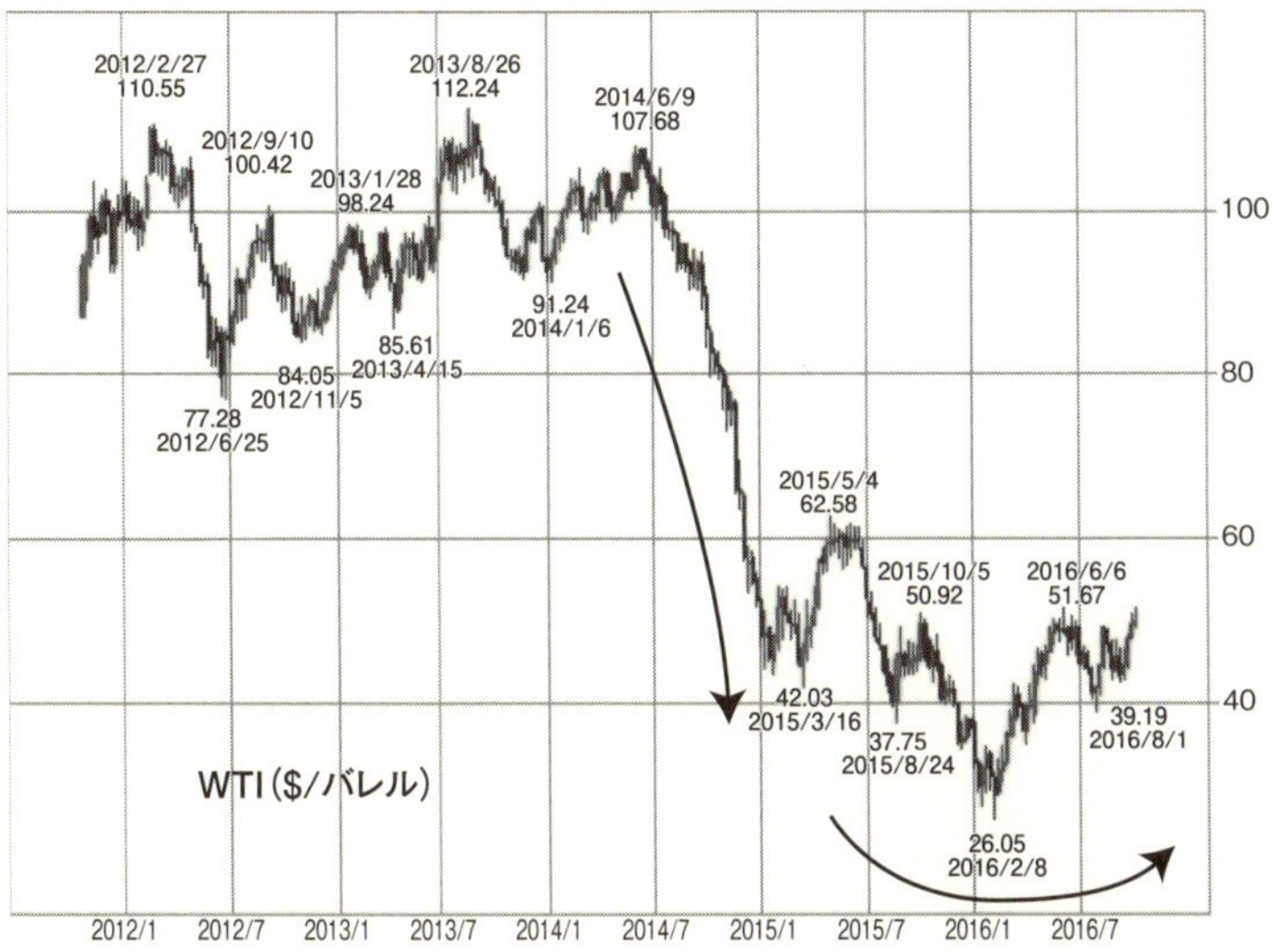

中国の株価が2016年1、2月を底に緩やかな底入れを形成しつつある。これに連動するかたちで原油価格も反転上昇し、2016年6月には1バレル＝50ドル台を回復した（図表P133）。

予測の基本シナリオ通りに、中国経済、世界経済の緩やかな底入れが実現しつつある。

原油価格反転上昇のもう1つのシナリオとして、地政学リスクが拡大するケースを挙げた。2014年に原油価格が110ドル水準に上昇した背景に、イスラム国＝ISISの活動拡大もあった。イラクの首都バグダッドを包囲する可能性が生じ、原油価格が上昇傾向を強めたのである。しかしISの勢力拡大は阻止され、その後に原油価格が急落した。

シリアでは内戦が続き、大規模な難民流出

が大きな問題になっているが、米国とイランとの間の核合意により、イランと米国の関係が改善し、イランの原油産出量が拡大しつつある。これは原油価格上昇を抑制する要因になる。しかし、トランプ大統領の誕生で中東情勢に新たな変化が生じる可能性もある。この点の考察が必要になる。

原油価格は２０１６年２月の１バレル＝26ドルから２０１６年６月の１バレル＝51ドルへと短期急騰を演じたが、この相場急騰は投機資金流入によるものであると考えられる。投機資金は市場変動の変化を読み取り、その変化を先取りして投資を集中させる。したがって実需の変動よりも大きな変化が先行して価格に現れる。

この原油価格が直接強く影響するのがロシア経済だ。原油価格推移のチャートとロシアルーブル円レートおよびロシアＲＴＳ指数推移をよく見比べていただきたい（図表Ｐ１３３、１３５）。ＷＴＩとロシアルーブル、ロシアＲＴＳ指数がピタリと連動していることがわかる。ロシアは原油立国である。２０１６年１、２月が中国株価の転換点。これと軌を一にして、原油価格、ルーブル、ロシアＲＴＳ指数が緩やかな底値を形成している。

ただし、ルーブル円レートは、日本円が円高方向に振れたので、下げ止まりを示すにとどまっている。ＲＴＳはロシアの代表的な株価指数である。ロシアが原油価格下落で厳しい状況下にあることが、日本との平和条約締結論議を促す働きをしている。

ルーブル円相場（直近５年）

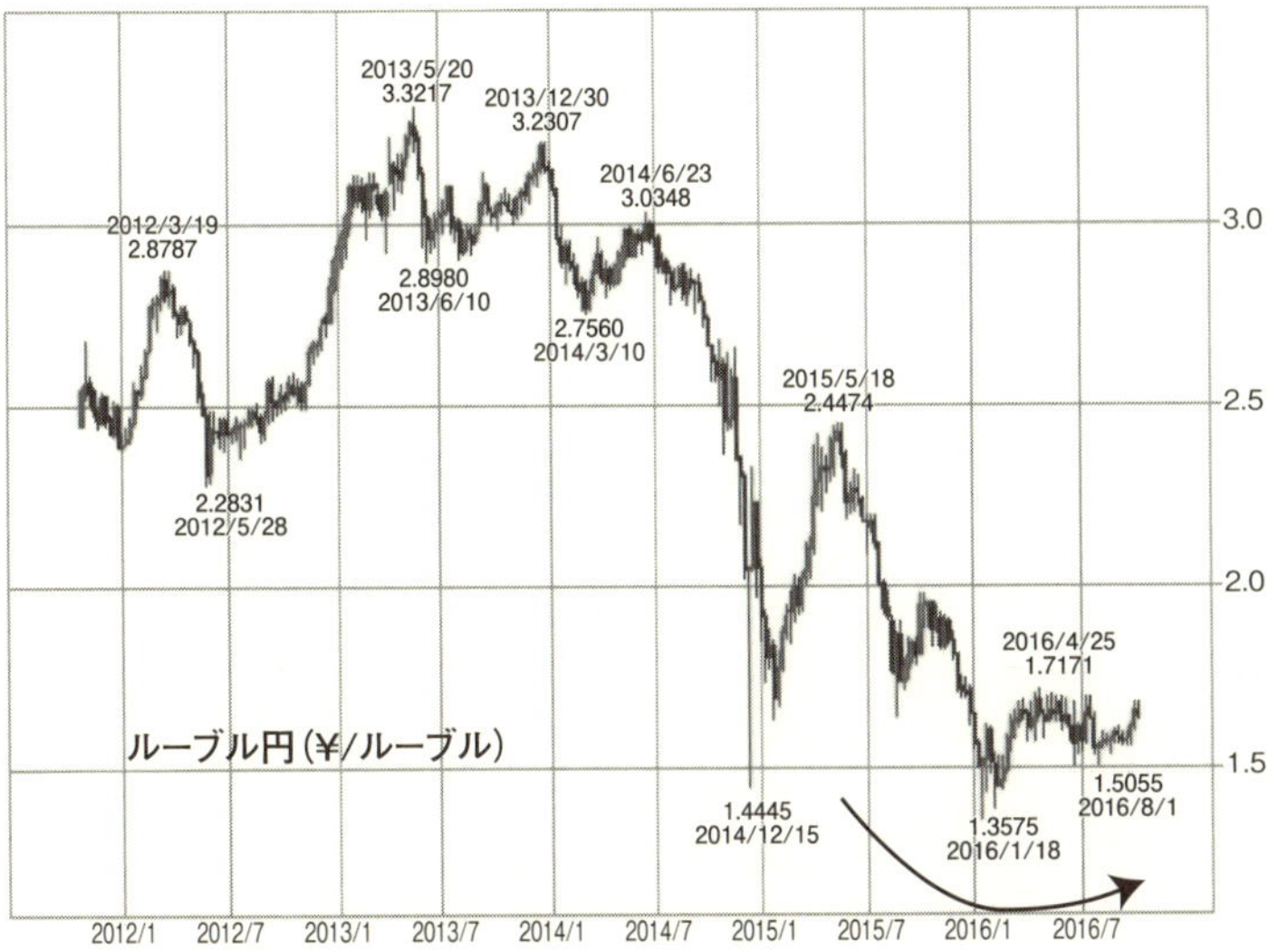

ロシアRTS指数（直近５年）

ブラジル・南アフリカも底入れ

ブラジルのレアルも類似した推移を示している（図表P137）。2016年は新興国、資源国が底入れを形成した年、2017年は新興国、資源国が底離れする年になる可能性がある。

特に注目されるのがボベスパ指数だ（図表P137）。2016年8月、ブラジルのリオデジャネイロでオリンピックが開催された。オリンピックが終わると景気が悪くなるとのジンクスがあるが、ブラジルの株価指数であるボベスパ指数が急騰した。

南アフリカのランドも類似した推移を示している（図表P138）。新興国と資源国の通貨と株価が底入れ気運を強めるとともに、資源価格自体も底入れ感を強めている。

命運握るFRB

原油価格の変動が投機資金の影響で大きくなりやすいことと比較して、銅価格の変動は実需を反映する緩やかなものになる傾向が強い。第1章で確認したように銅価格は2011年から2016年にかけて、約5年間の大幅下落トレンドを形成してきたが、2016年1月以降、

レアル円相場（直近5年）

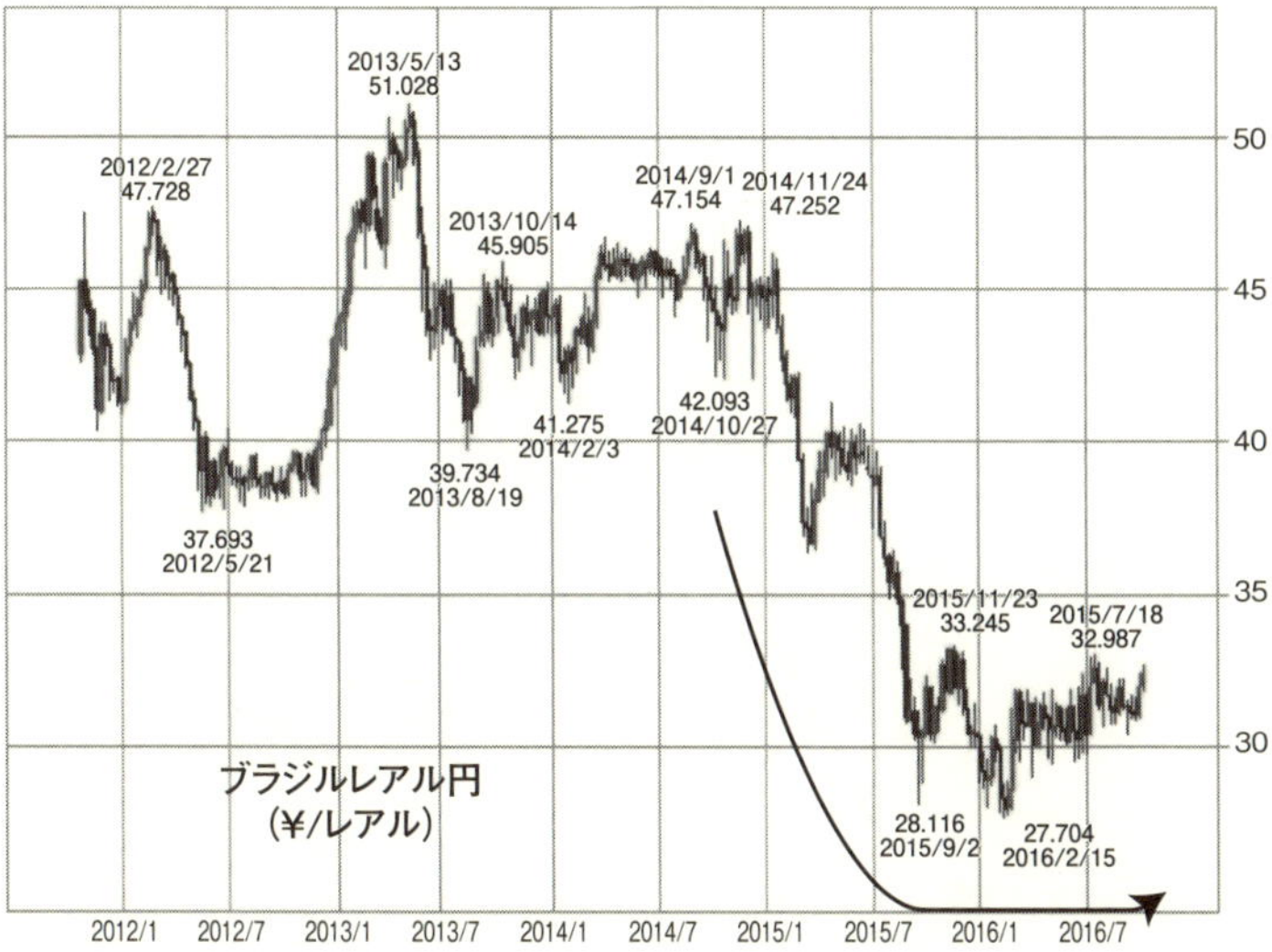

ブラジルボベスパ指数（直近5年）

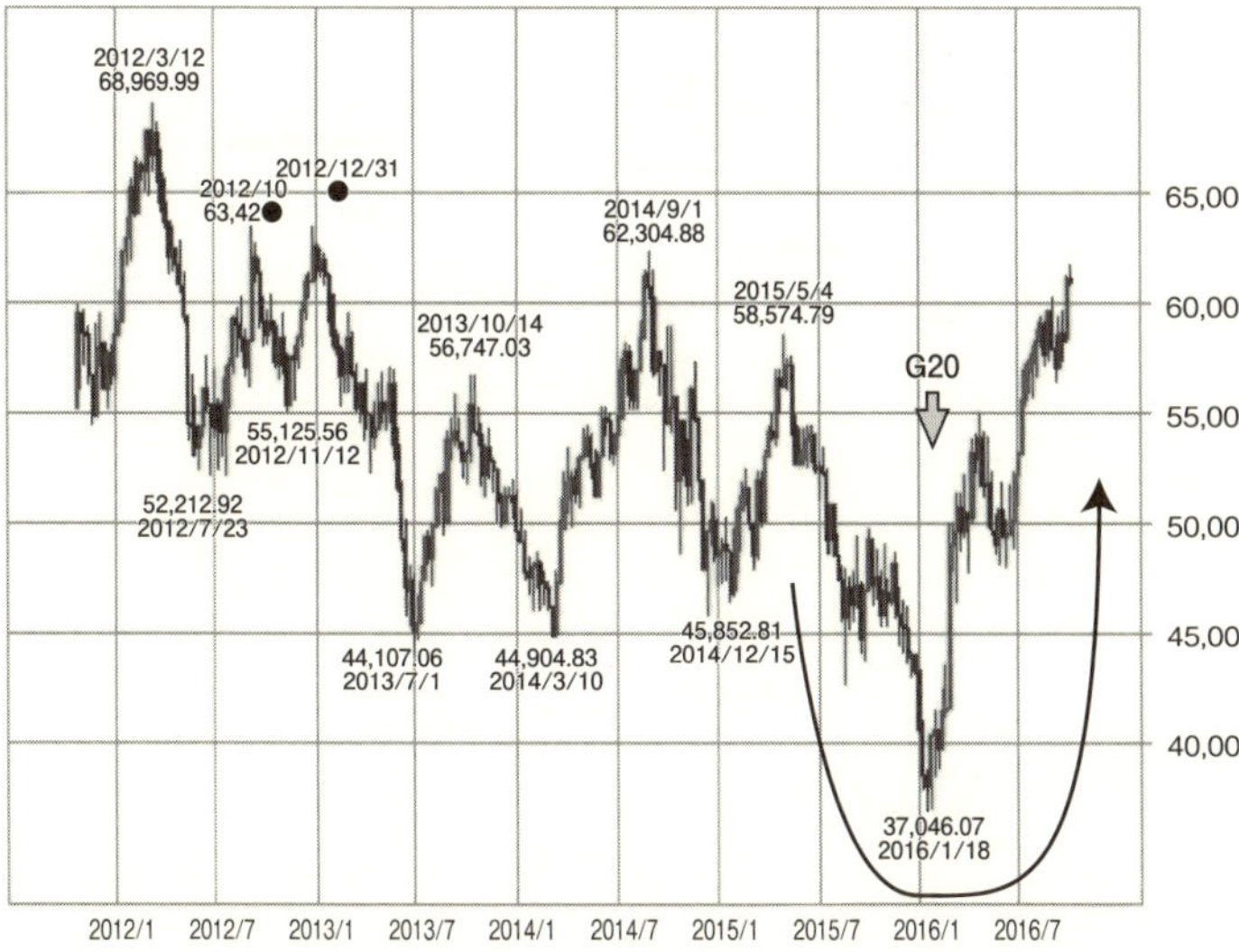

ランド円相場（直近５年）

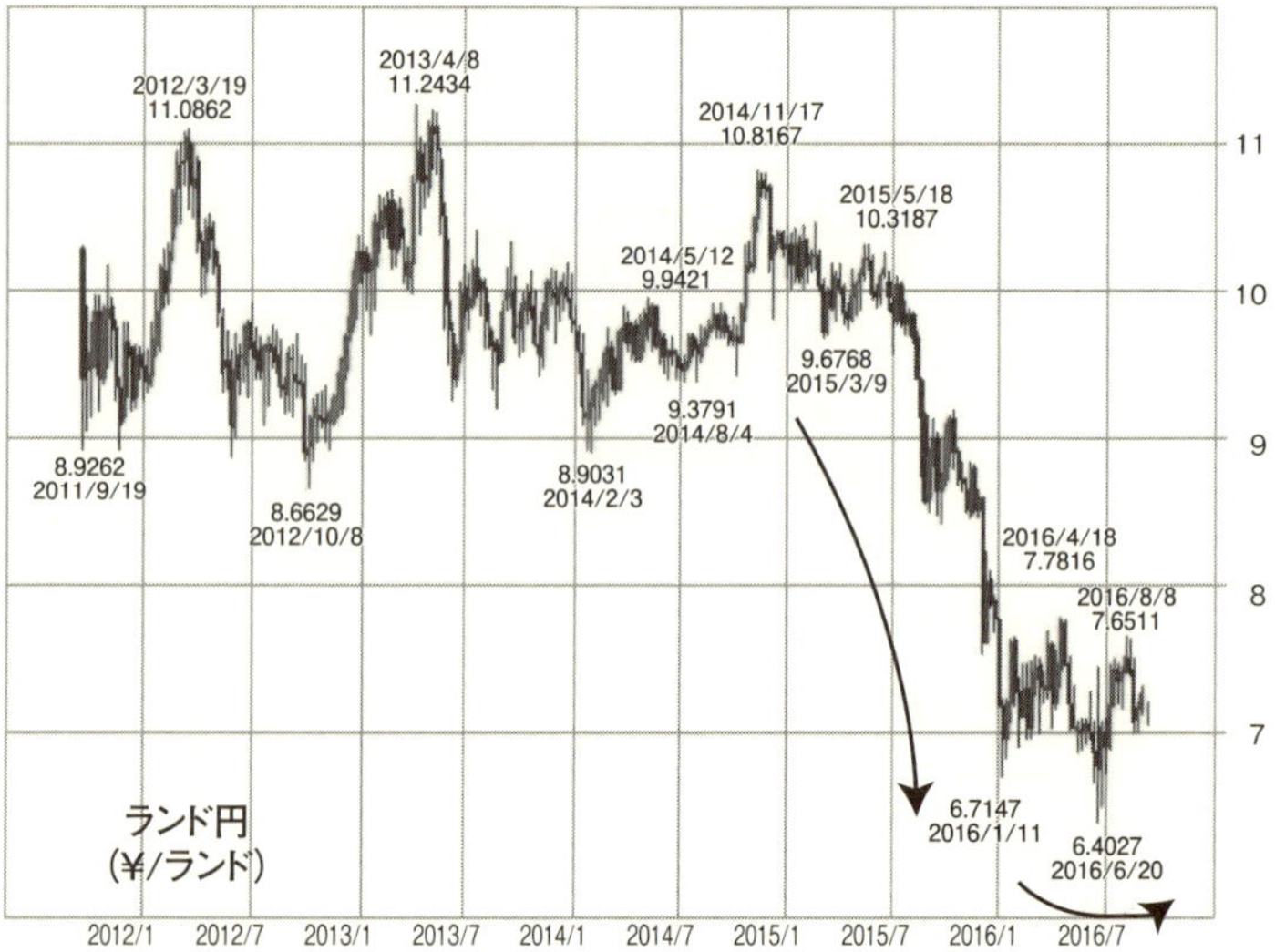

横ばいに転じている。そして、２０１６年11月にややはっきりと上昇傾向を示し始めた。

中国を中心とする新興国経済が、２０１６年秋の時点では、まだ十分な改善を示していない。この現実を銅価格が正確に表してきたと言える。その銅価格に、ようやくはっきりとした動意が観察されている。米国でトランプ氏が大統領選で勝利し、世界経済浮上観測が強まっていることが背景だろう。

９月初頭の中国でのG20首脳会議では、世界経済の下方リスクが再確認され、各国の政策総動員の必要性が強調された。世界経済は大底を脱出できるかどうかの極めて重要な局面にあるが、最大のリスクファクターは米国の拙速な利上げ強行である。

このことをもっとも深く理解していると考

WTI原油価格（1984～86年）

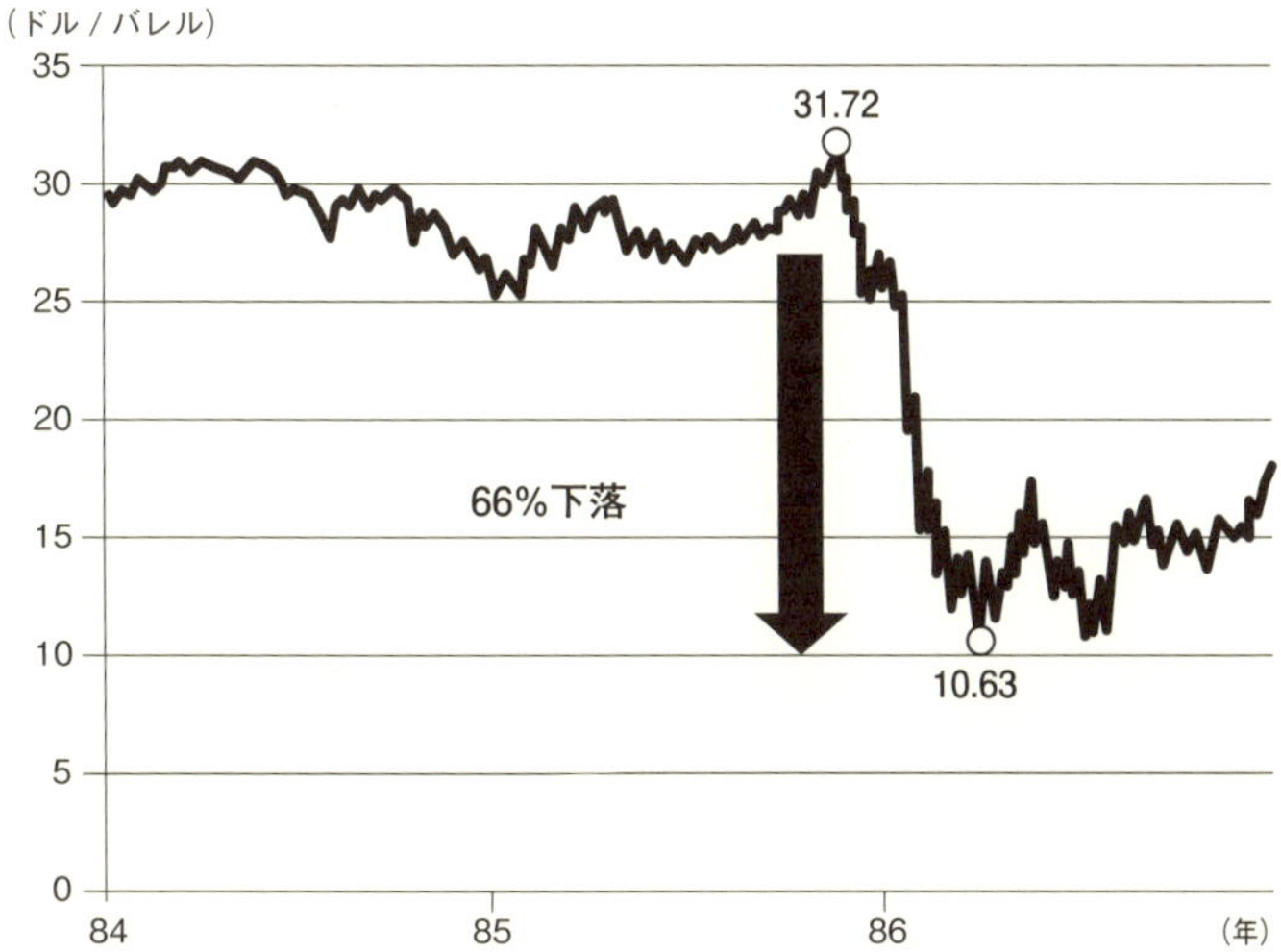

えられるのがイエレンFRB議長である。イエレン流のきめ細かな金融政策運営が維持されることが望ましい。そのためには、トランプ氏とイエレン氏が折り合うことが必要である。予断を持つことはできないが、ビジネス感覚の強いトランプ氏は、「感情」ではなく「勘定」で判断できるのではないか。貴重な人材を最大活用することがトランプ氏にとっても有利なはずである。

もう1つのリスクは2017年にかけて世界経済が明確な底離れを実現する場合の市場動向だ。株価上昇と経済改善が実現する場合、漏れなく付いてくるのが金利上昇である。1987年には原油価格が反転上昇するなかで世界の金利に上昇圧力がかかり、ニューヨークの株価が暴落。連動して世界の株価も暴落した。これが「ブラック・マンデー」と呼ばれた波乱である。

1985年から1987年にかけての原油価格推移と、2014年から2016年にかけての原油価格推移が類似している（図表P139）。2017年央頃にこのリスクが浮上する可能性がある。ただし、ブラック・マンデーの調整は一過性のものにとどまった。その代償として日本の真正のバブルが生み出された。ブラック・マンデーリスクを念頭に入れておきたい。

第6章

トランプvsイエレン

金融政策の一挙手一投足

金融市場変動を洞察する最重要ファクターがＦＲＢと日本銀行の金融政策対応になっている。両者を綿密に検証することが重要だ。

ＦＲＢ（連邦準備制度理事会）は２０１５年12月、ついに利上げに着手した。年２回ペースで利上げが実施されるとの観測が広がった。しかし、その後は２０１６年11月まで利上げは実施されていない。２０１６年5月27日のハーバード大での討論会でイエレンＦＲＢ議長は、２、3カ月（several months）以内の利上げ実施を示唆して市場は身構えた。しかし、６月、７月のＦＯＭＣでの利上げは見送られた。

既述したように、２０１６年６月３日発表の5月雇用統計での雇用者増加数が３・８万人に急減して、米国経済急減速の可能性が浮上したためだ。たかが単月の数値だが、されど単月の数値である。政策運営は絶え間なく発表される経済指標等を勘案して決定されざるを得ない。月次統計の振れが大きいとはいえ、それを無視するわけにはいかない。

２０１６年を振り返って、金融市場の変節点を形成した３つの日程を取り出すとすれば、２月27日、７月８日、11月８日ということになるだろう。Ｇ20財務相・中央銀行総裁会議、６月米雇用統計、米大統領選である。

2月のG20まで、金融市場は中国リスクを基軸に変動した。G20で中国リスクが大幅に後退したが、7月8日以降は米利上げ第2弾観測が金融市場変動の基軸になった。そして、11月8日の米大統領選でトランプ氏が勝利してからは、新たな「成長期待」が強まりを示している。

イエローストーンなどの景勝地があるアメリカワイオミング州のジャクソンホールで毎年夏にカンザスシティ連銀主催シンポジウムが開催される。夏休みに開くシンポジウムだから、避暑と観光を兼ねることができる地が選ばれているのだろう。

2016年のシンポジウムは8月26日に開催された。このシンポジウムにイエレン議長が出席して講演した。夏休み後の金融政策の方向を知る手がかりとしてジャクソンホール会合は例年注目を集める。もちろん、2016年の会合ではイエレン発言が注目された。

講演でイエレン議長は、「労働市場が堅調で、経済活動とインフレの当局の見通しを踏まえれば、FFレート引き上げ論拠は、過去数カ月で強まった」と述べた。つまり、アメリカの金融政策は利上げ継続の方向にあるとの主旨の発言を示したのである。

この発言内容は事前の市場予想に沿うものだった。サプライズを与えることはなかった。イエレン議長発言に、利上げの時期に関する言及があるかどうかを市場は注視したが、イエレン議長は言及しなかった。

ところが、イエレン議長の講演後にスタンレー・フィッシャーFRB副議長がCNBCのインタビューに答えて発した言葉が金融市場の変動をもたらした。スタンレー・フィッシャー氏はMITで教職を務め、世界銀行チーフエコノミスト、イスラエル中銀総裁を歴任した著名な経済学者である。イスラエル中銀総裁を務めた経歴が米国とイスラエル、FRBとイスラエルの関係を象徴しているとも言える。

このフィッシャー副議長がCNBCのインタビューに答えて、「年内利上げの可能性がある。9月利上げの可能性もある。9月と12月の2度の利上げ可能性もある」と述べた。イエレン議長のマイルドな言い回しをほぼ全面的に払拭してしまう発言だった。

表現自体は「可能性を否定しない」というもので、「年内に2度の利上げを考えている」との発言とは大きく異なるが、それでもイエレン議長発言とはニュアンスが著しく異なる。FRB内部の微妙な空気を感じさせるには十分だった。

フィッシャー氏のインタビューを受けて、金融市場は9月利上げがあり得るとの感触を保持した。フィッシャー発言を受けて、この日の市場では米ドルが上昇し、株価が下落した。

これは1つの事例だが、金融市場は金融政策当局者の一挙手一投足に注目する。政策当局者の発言の真意を深読みし、発表される経済統計を精査する。このプロセスが日夜繰り返される。

サブプライム金融危機の傷痕

P146の図表は過去40年間のFFレート推移を示している。FFレートは1980年代前半に20%に迫った。そのFFレートが現在はほぼゼロの水準にある。

2000年代の前半にアメリカで不動産バブルが生成された。FRBの金融引き締めは結果的に見て遅れてしまったと言える。米国の不動産バブルが拡大するなかで、FRBは2004年から2006年にかけてのFOMCで17回連続の利上げを決定した。利上げ幅はいずれも0・25%だった。しかし、不動産価格が下落に転じたのは2006年央だった。金利引き上げ始動から不動産価格ピークアウトまでに2年の時間を要した。金利引き上げをより速く、より大胆に実行するべきだったということになる。

2006年央以降に米国不動産価格が下落。これを原因としてサブプライムローンに焦げ付きが発生した。この変化が世界の金融市場を重大な混乱に陥れる原因になった。

サブプライムローンは債務の返済能力が乏しい借り手に対する住宅ローンである。通常ならローンが組まれないが、不動産価格上昇が加速していたため、不動産価格値上がりを前提にローンが組まれた。

米国FFレート（直近40年）

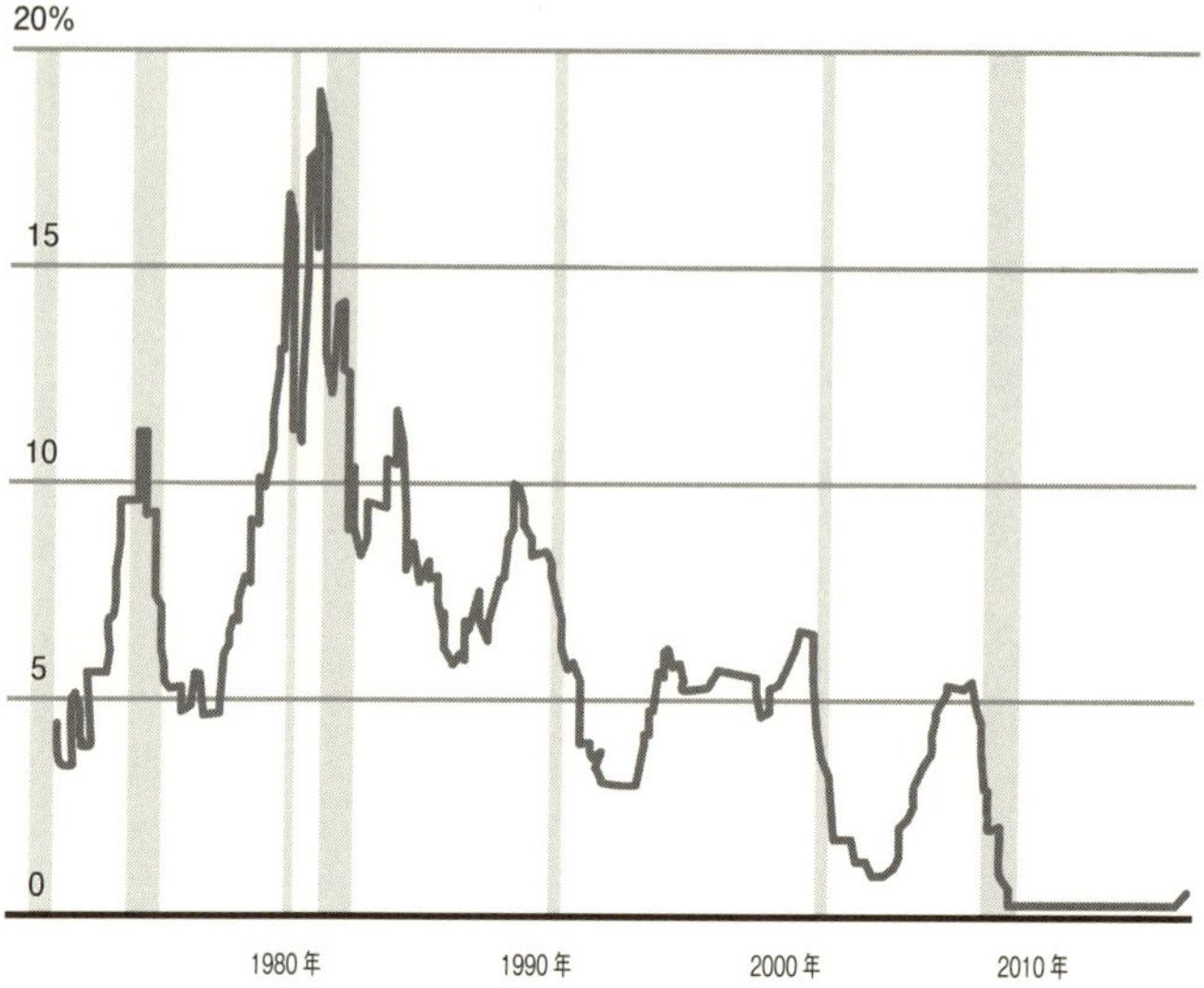

サブプライムローン残高は1兆5000億ドル、円換算で150兆円程度だった。一部が焦げ付いても、金融市場全体を揺るがすことのない規模だった。ところが、「100年に1度の金融津波」が発生した。

その原因は、サブプライムローンを原商品として巨大な規模のデリバティブ金融商品が組成され、サブプライムローンの焦げ付きがデリバティブ金融商品の損失発生につながったことにある。組成されたデリバティブ金融商品の総額は600兆ドル、円換算で6京円という規模に膨張していた。その1%が損失になったとしても600兆円の損失だ。半端な規模でない。

金融超緩和政策の出口戦略

日本のバブル崩壊に伴う損失金額は約100兆円と推計される。株、土地、ゴルフ会員権、絵画に200兆円の融資資金が注がれた。ところが資産価格が暴落して、時価が100兆円になってしまった。その結果、100兆円が焦げ付いたものである。資金の借り手は当然破綻するが、資金を貸した側も資産の劣化で破綻の危機に直面した。金融行政は、資金の借り手の破綻を容認したが、ほとんどの金融機関に対しては公的資金を投入して救済した。

日本では100兆円の金融損失を処理するのに20年の時間を要した。預金金利をゼロにして、金融機関の利ザヤを拡大して、業務純益を拡大させた。銀行は年間5兆円の業務純益を獲得。これを20年積上げた100兆円で不良債権問題を処理した。その実態は、預金者負担による処理であった。本来は預金者が受け取る金利がゼロにされ、その分、金融機関の業務純益が拡大した。その業務純益で不良債権を処理したということだ。

米国の場合も、バーナンキFRB議長が量的金融緩和政策と資本注入策を拡大し、公的資金を無制限、無尽蔵に注入して金融機関を救済した。その結果、金融危機が収束し、米国経済は緩やかに改善した。

しかし、金融機関だけが救済されるという不公正は、ここでも維持された。同時に、ＦＲＢのバランスシートは膨張し、ＦＲＢは巨大な債券価格変動リスクを抱えている。ＦＲＢ資産の圧縮が大きな課題として残されている。ＦＲＢ保有資産の圧縮を目指す道筋が「出口戦略」と呼ばれるものである。

ＦＯＭＣ内部での暗闘

２０１７年にかけてもＦＲＢの一挙手一投足に関心が注がれ続ける。まず押さえておかねばならないのはＦＯＭＣ（連邦公開市場委員会）の日程だ（Ｐ１４９）。日銀の金融政策決定会合はＦＯＭＣにピタリと連動して開かれる。ＦＯＭＣ日程に合わせて日銀が政策決定会合日程を決めていると考えられる。

8月のジャクソンホールでのイエレン講演以降、9月ＦＯＭＣでの利上げ実施が取り沙汰されたが、ＦＲＢは動かなかった。9月3日発表雇用統計数値が強いものでなかったこと。9月4日、5日の中国杭州でのG20首脳会議で各国の政策総動員の方向が確認されたことも影響していると思われる。『金利・為替・株価特報』では、9月8日執筆の9月12日号に次のように記述した。

日米金融政策関連日程

	日銀政策決定会合	FOMC
2016年	9月20日-21日	9月20日－21日
	10月31日－11月1日	11月1日－2日
	12月19日－20日	12月13日－14日
2017年	1月30日－31日	1月31日－2月1日
	3月15日－16日	3月14日－15日
	4月26日－27日	5月2日－3日
	6月15日－16日	6月13日－14日
	7月19日－20日	7月25日－26日
	9月20日－21日	9月19日－20日
	10月30日－31日	10月31日－11月1日
	12月20日－21日	12月12日－13日

「9月21日のFOMCに向けて市場観測が交錯すると予想されるが、現時点ではFRBが年内に1度利上げを実施するというのが見通しとして中心だ。年内FOMC日程は9月20－21日、11月1－2日、12月13－14日。11月は大統領選直前で動きにくい。景気指標に弱さも見えるなかで、9月に利上げに踏み切っても混乱を招くリスクを冒す理由は乏しく、9月は現状維持、12月利上げ環境が整うかを見極める道を選択する可能性が高いと思われる」

現実は、この記述通りになった。FOMC内部での議決は7対3。3名の委員が利上げ実施を主張して反対票を投じたのである。副議長のスタンレー・フィッシャー氏も、やや利上げ積極派に分類される。FRBの意思決定は合議制であるため、FRB議長は多種多様な主張が展開されるＦＯＭＣでの論議の集約に神経をすり減らす。そして、この論議を通じて、自己の判断をＦＯＭＣの決定として着地させてゆかねばならない。

ＦＯＭＣ（Federal Open Market Committee）は連邦公開市場委員会と呼ばれる委員会組織である。日本銀行の政策委員会が開催する政策決定会合に該当する。ＦＯＭＣのメンバーは正規には12名である。ＦＲＢ議長がＦＯＭＣの委員長を務め、ニューヨーク連銀総裁が副委員長を務める。これ以外のＦＯＭＣ正規メンバーは、ＦＲＢ副議長、５名のＦＲＢの理事と４名の地区連銀総裁である。

だが、現在は５名の理事のうち２名が欠員となっている。地区連銀では、ニューヨーク連銀総裁はＦＯＭＣ副委員長として必ず正規のメンバーになるが、それ以外の連銀は４つのグループに分けられて、各グループから１名ずつ正規メンバーになる。

この地区連銀代表の正規メンバーの任期は１年。これ以外に、ＦＯＭＣの議論には加わるが議決権を持たない代理委員＝オルタナティブメンバーが４名参加する。この４名も地区連銀の４グループからの１名ずつで、この代理委員が１年経過すると正規メンバーになる。

現在のメンバーでは、ＦＲＢ議長のイエレンとＦＲＢ理事のブレイナード女史が慎重な金融引き締め政策路線を牽引している。９月ＦＯＭＣに向けてブレイナード理事は次のようなメッセージを発した。

「緩和策の解除には引き続き慎重さ必要」「先手を打つような予防的利上げは説得力欠く」「低水準の中立金利が継続する可能性」「さまざまな理由で経済は予測を下回った」金融引き締め策の実行に対して極めて慎重な対応が必要であることを力説したのである。

結局、9月利上げは見送られた。緩やかな底入れを模索している世界経済にとっても、FRBの慎重な利上げ姿勢は望ましい対応であったと言える。

世界経済のカギをにぎるFRB

何%のインフレ率を目指すのが望ましいのかについての議論の余地はあるが、日米の中央銀行当局は2%のインフレ率実現を目指すことを明示している。この目標値に照らして、日本のインフレ率は明らかに下振れしている。

米国では消費支出価格指数（PCE）の前年比上昇率が注目されるが、2016年9月のPCE価格指数前年比上昇率は＋1・2%であり、FRBの目標値2%よりかなり低い（図表P152）。

FRB内部では早期利上げ論が根強く存在するが、米国のインフレ指標はまだ警戒レベルには達しておらず、直ちに利上げがどうしても必要であるという状況からは、かなりの距離があ

米国消費支出価格指数（前年比）

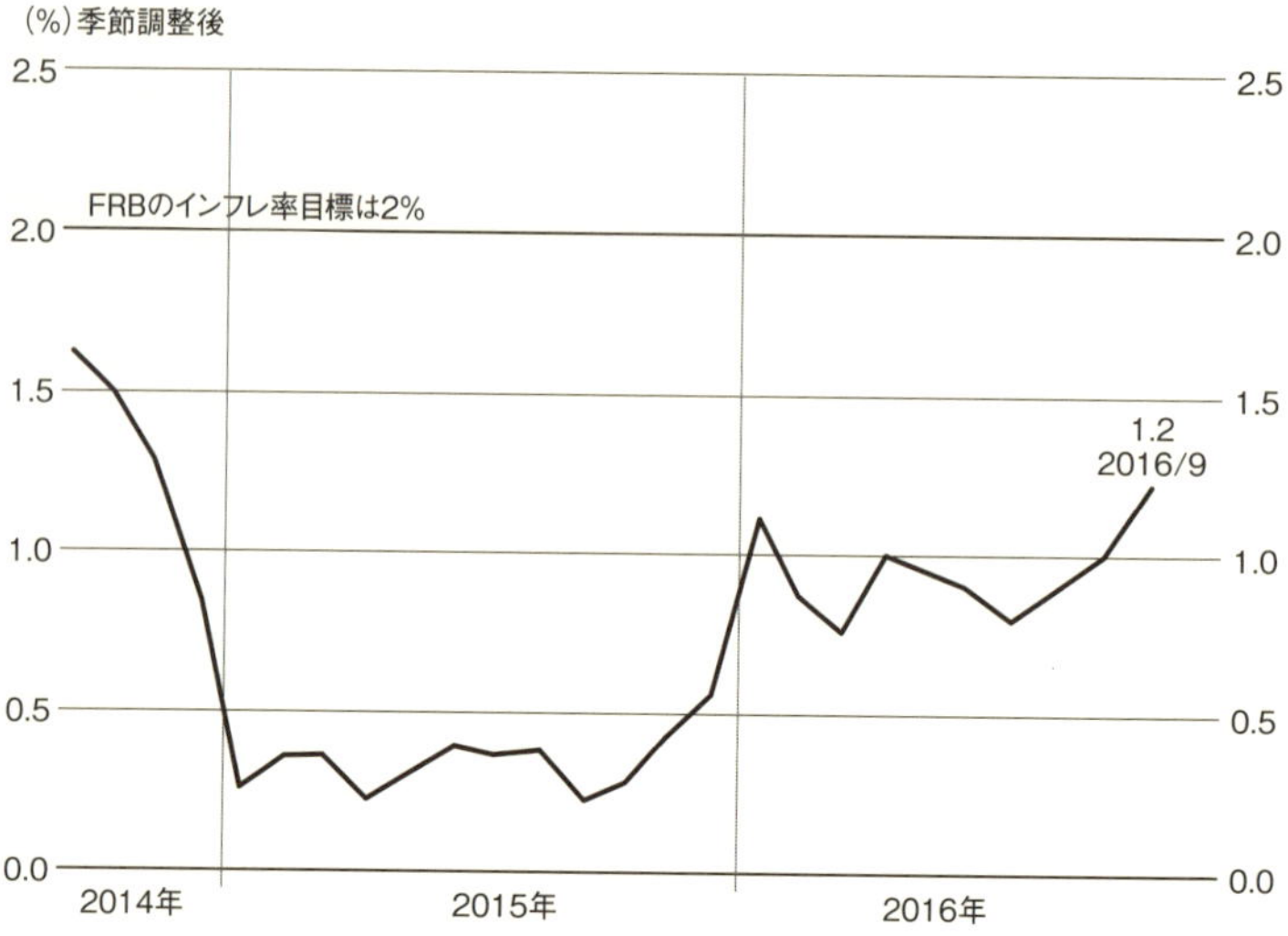

る。

FRBのもう一つの目標が完全雇用の達成である。米国の失業率はサブプライム金融危機で10％にまで跳ね上がった。深刻な不況が米国経済を襲ったのである（図表P153）。

FRBの目標は完全雇用の実現である。働きたいと思う人が、すべて仕事に就いている状態を実現すること。完全雇用の実現は経済政策の究極の課題とも言われる。人々の生存を保障するには、働く意思を持つすべての人が何らかの仕事に就ける状況を生み出すことが重要である。

ただし、完全雇用時の失業率がゼロになるわけではない。仕事を得られる状況にはあるが、自己の都合で、意図的に失業状態に身を置く人が存在する。これを自発的失業と呼ぶ。

米国失業率

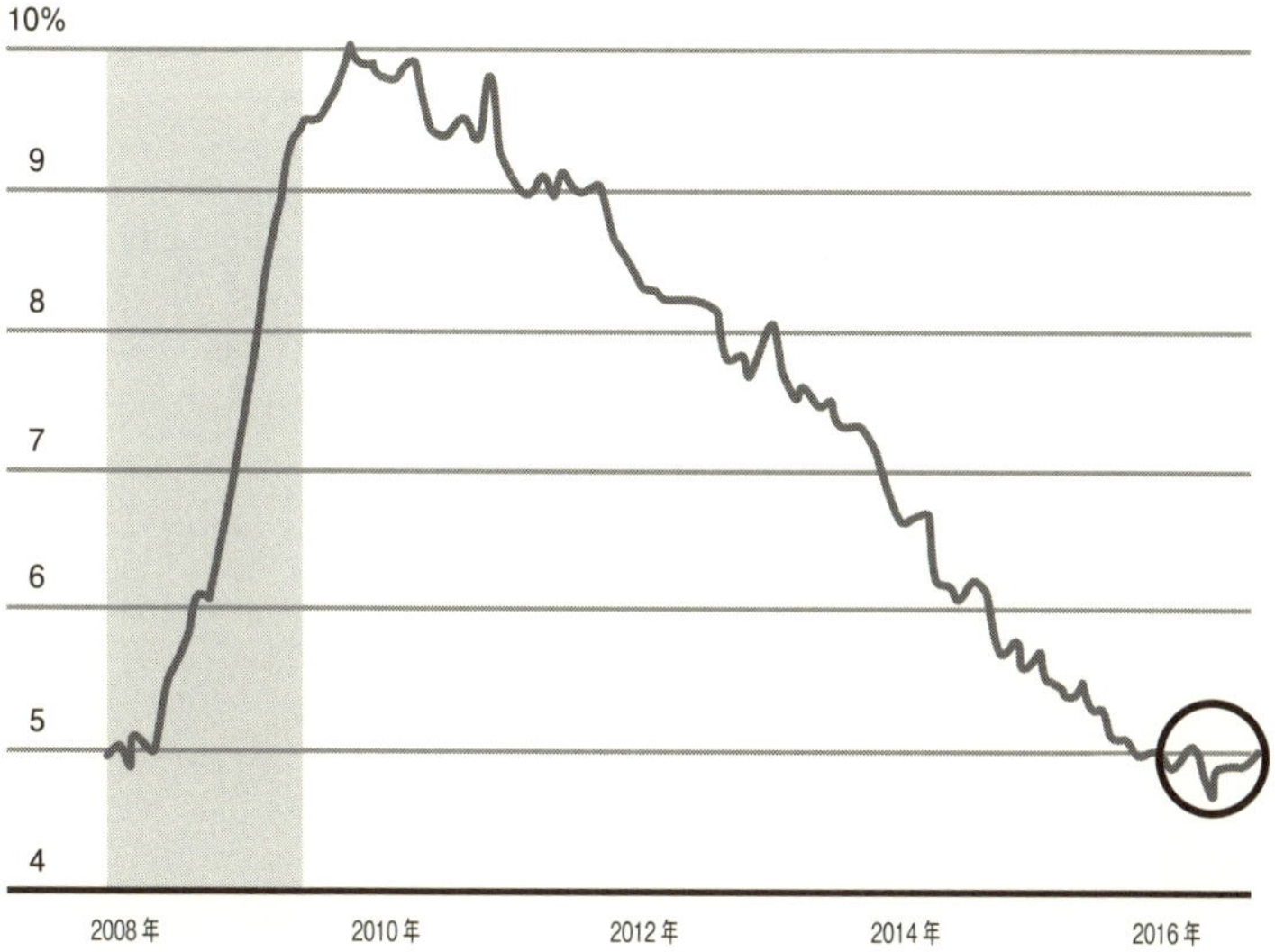

自発的失業はゼロにならないから、完全雇用と呼べる状況でも失業率はゼロにはならない。非自発的失業がゼロになる状態が完全雇用状態で、この水準の実現を目指すことになる。

２０１４年3月まで、ＦＲＢは利上げを検討する基準＝閾値《しきいち》として失業率６・５％を提示していた。失業率がこの水準を下回れば、利上げが検討課題に上るということだった。しかし、２０１４年3月ＦＯＭＣで、この閾値を撤廃した。そして、米失業率は５・０％割れの水準にまで低下した。

他方、Ｐ１５４の図表は、雇用統計で示される非農業部門の雇用者増加数の推移を示している。サブプライム危機の局面では雇用者数が大幅に減少した。景気が激しく落ち込み、雇用者数が激減し、失業率が10％まで跳ね上

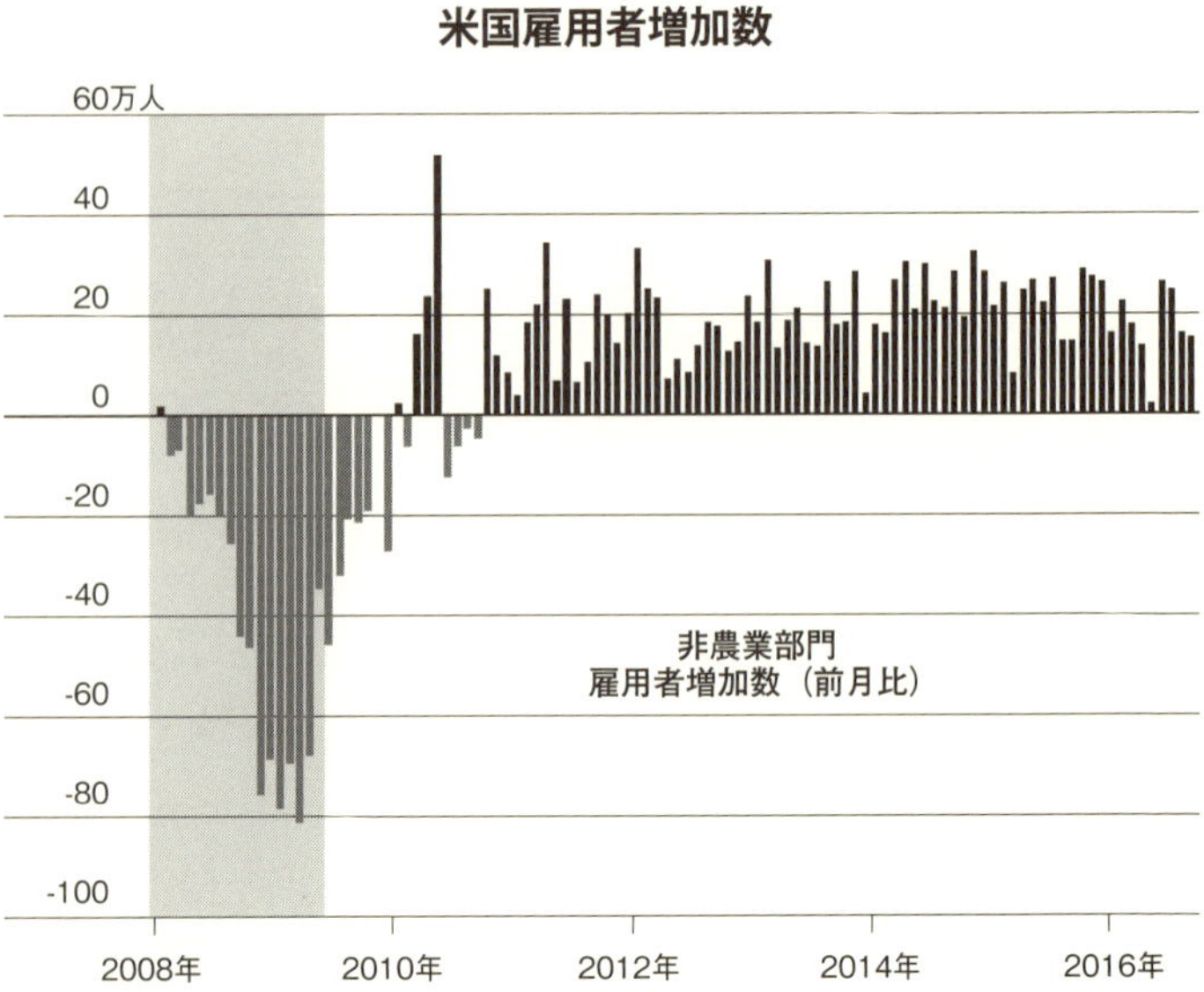

がったのだ。
月次の雇用者増加数では前月比18～20万人の増加が経済状況を安定的に保つ水準であると見られている。これを基準にして、数値が大きければ経済の過熱、数値が小さければ経済の減速が示唆される。しかし、単月の数値は振れが大きいから、直近3カ月の平均値を重視するとの見方もある。
イエレン議長は労働市場分析の専門家でもあり、米国労働市場が失業率が示すほどにはタイトな状況にはなっていないことを指摘し続けてきた。労働市場の構造が変化しているために、失業率の数値だけ見ていると判断を誤ることをイエレン議長は強調してきた。
失業率が下がり、多くの人が仕事には就いてはいるが賃金が低い。本当は正規労働の仕事に就きたいが、それが叶わず、やむなくパートタイムジョブに就いている。こうした労働者が多く、労働市場の需給は失業率の数値が示唆するほどにはタイトになっていないとの見解を示してきたのがイエレン議長である。そして、現実に、失業率が大幅に低下したにもかかわらず、賃金上昇率は高まらず、インフレ圧力も強まらなかった。

しかし、このイエレン氏が、既述した2004年6月FOMCから2006年6月FOMCまでの17回のFOMCで17回連続で利上げを実施したことについて、「より早く、そしてより大幅に利上げをしたほうが望ましかったかもしれない」と述べた。そして、2016年5月の議会証言で「2、3カ月以内の利上げ実施」を示唆したのである。

しかし、6月3日雇用統計数値が極めて弱かったため、利上げは見送られた。その後は7月8日雇用統計で28・8万人の数値が発表されたが7月、9月、11月のFOMCでの利上げを見送った。イエレン議長の思考と判断も揺れ動いている部分がある。

失業率が5%を下回る水準にまで低下しているいま、FRBは利上げの段階的実施を予定している。しかし、FRB内部で強まりつつある、いわゆるインフレタカ派が早期の利上げ実施を催促している現実に対して、イエレン議長は、インフレタカ派の主張を抑制する行動を示してきた。その背景に、イエレン議長が米国経済、米国のインフレ率だけではなく、米国の金融政策運営の世界経済に与える影響をも視野に入れていることがあると思われる。しかし、トランプ大統領誕生で状況が大きく変化しつつある。

追加利上げ迫られるＦＲＢ

景気が強くなり過ぎれば、需給逼迫から価格に上方圧力がかかる。この状態を放置すればインフレ率が徐々に切り上がり、インフレに火がついてしまう。金融政策の対応が後手に回れば、インフレを収束するまでの時間は長期化し、インフレを収束するための金融引締めは強いものにならざるを得ない。その場合、経済が受ける下方圧力は深刻になる。

インフレが顕在化する前に予防的に金融引き締めを実行し、インフレの現実化を回避することが成長を持続させるために重要な対応である。これが１９８０年代以降の金融政策運営の基本に置かれてきた考え方である。

しかし、２０１５年12月から２０１６年2月にかけて表面化した世界金融市場の現実は、この判断の危うさを示すものであった。中国株価の暴落が収束していない局面で、世界最大の経済大国である米国が利上げを実施したことにより、国際マネーフローの米ドル回帰の憶測が強まり、中国株価が再度急落し、これに連動して世界同時株安の動きが広がったのである。

イエレン議長はあえてこの問題に深く言及しないが、イエレン議長の思考には米国金融政策が世界経済、世界金融市場に与える影響に対する考察が、十分に含まれていると考えられる。

ＦＲＢは各種月次統計を注視し、その上で政策判断を積み重ねている。ＦＲＢが重視している経済指標に、既述の雇用統計、ＰＣＥ価格指数以外に、ＩＳＭ景況指数、製造業ＰＭＩ（購買部長指数）、消費者信頼感指数などがある（図表Ｐ１５８）。

さらに、ＦＲＢが最重視している指標がある。賃金上昇率である。インフレをもたらす最重要の要因が賃金上昇であり、労働市場の本当の意味のひっ迫感は賃金動向にこそ表れると考えるのである。月次で発表される雇用統計のなかに、時間当たり賃金のデータがある。前月比と前年比の変化率が示される。11月4日発表雇用統計では、時間当たり賃金が前月比＋０・４％、前年比＋２・８％の高い伸びを示した。

いずれの指標も米国経済の底堅い推移を示しており、ＦＲＢが段階的に利上げを実行する方向に追い込まれていることを示している。

しかしながら、世界経済が緩やかに底入れを実現し始めている現状で、米国が無頓着に利上げ路線を突き進むことは極めて危険である。２０１５～16年の世界金融市場の動揺は、この点を確認させるに十分なものだった。これらの状況を総合的に勘案して、適正な政策運営の道筋を探る。ＦＲＢの苦悩は計り知れないが、ここに、さらに難しい問題が浮上した。米国大統領選でトランプ氏が選出されたことだ。

米国ISM景況感指数

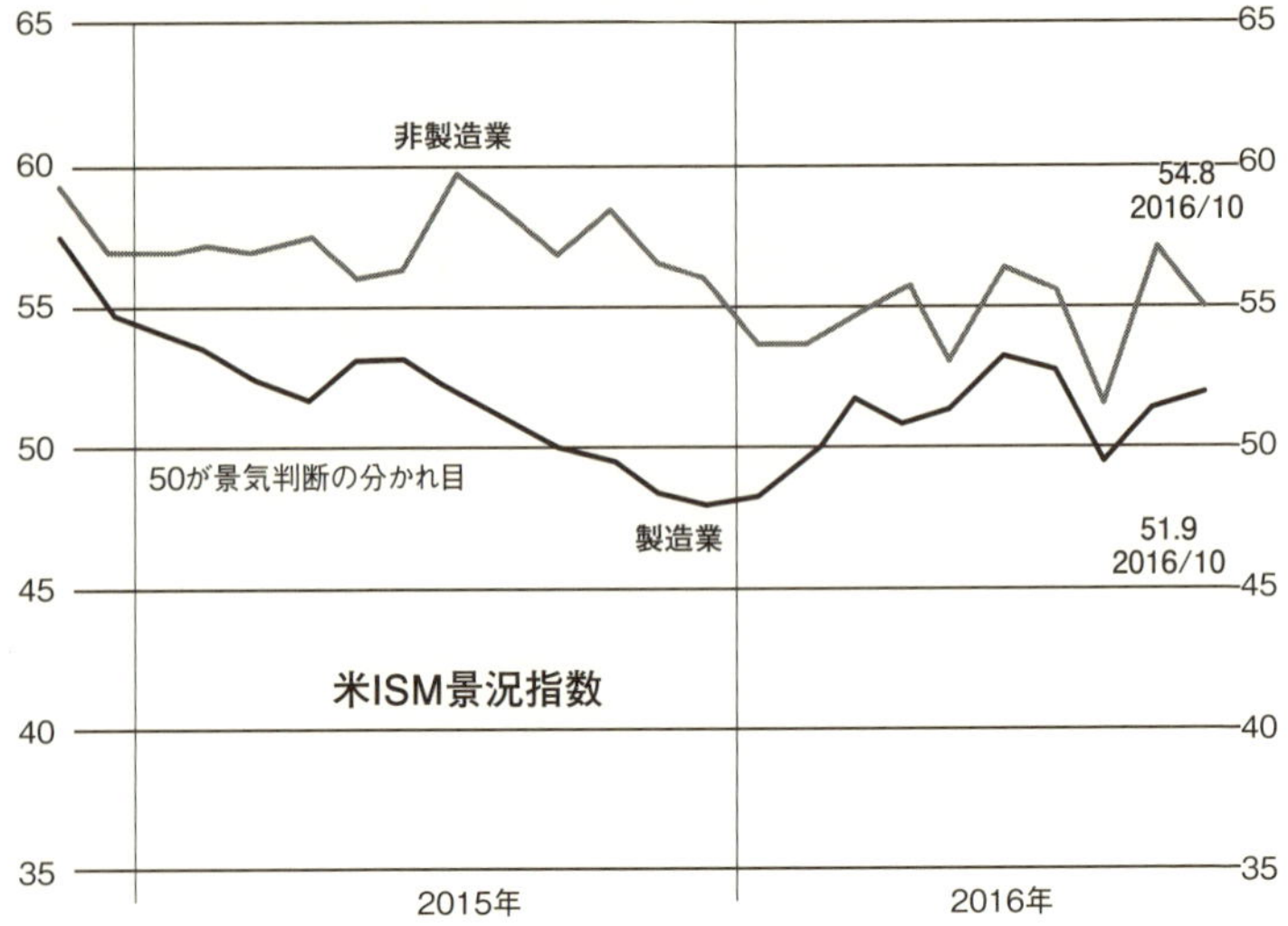

米国消費者信頼感指数

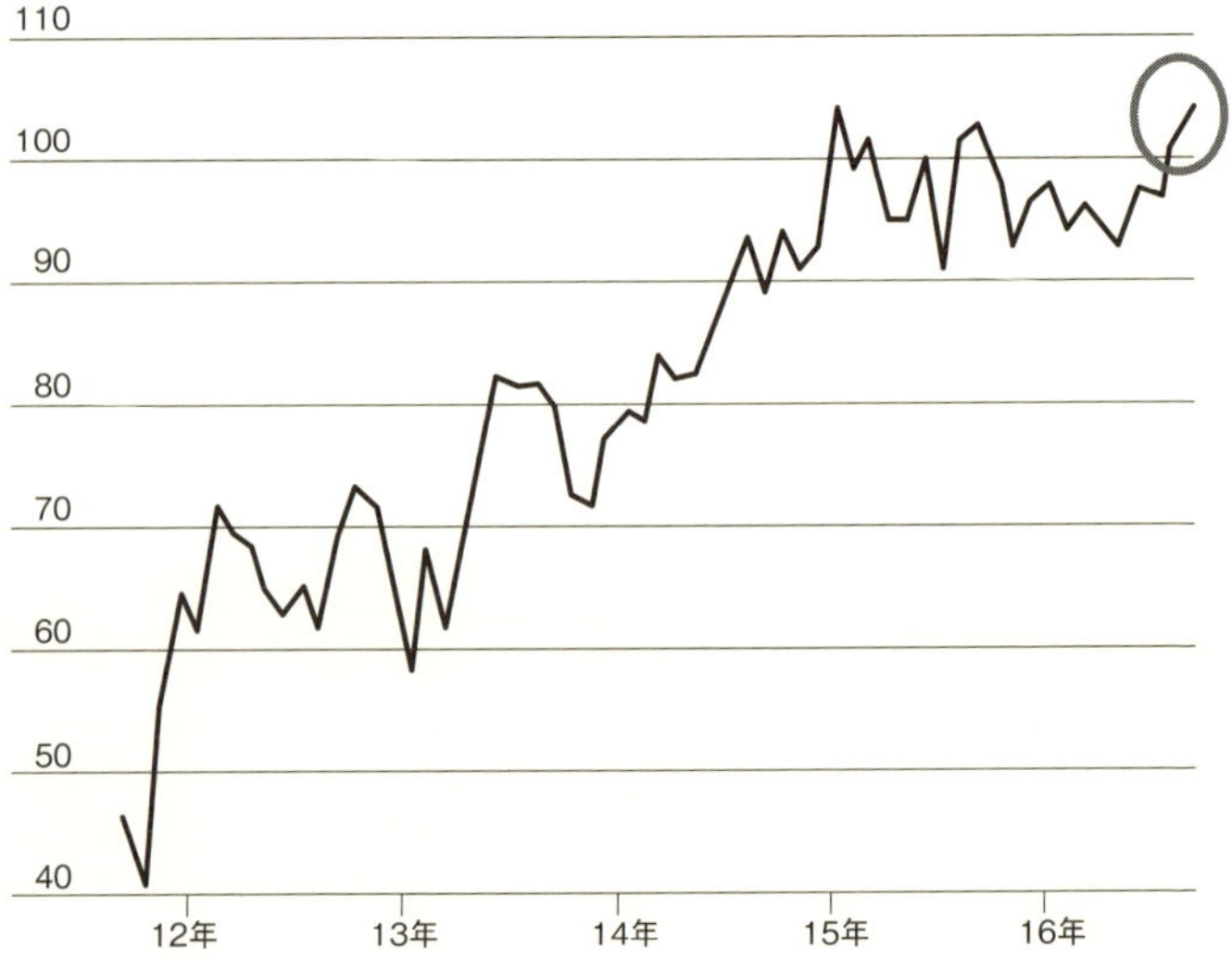

「高圧経済論」という深謀遠慮

ＦＲＢのイエレン議長は10月14日にボストン地区連銀主催会合で講演し、経済危機による損失の修復を図るには「高圧経済（high-pressure economy）」政策が唯一の方策となり得るとの考えを示した。

イエレン議長は「力強い総需要と労働市場のひっ迫を伴う高圧経済が一時的に続くことで経済損失を埋め合わせるさまざまな手段が見い出せる」と述べた。

わかりにくい表現だが、イエレン議長は「危機により、経済が癒えることのないダメージを受けた場合、堅調な経済情勢で供給側が被ったダメージを一部回復させることができるなら、政策担当者は、回復している間は供給は需要におおむね依存しないとの伝統的な考えの下での政策よりも、一段と緩和的であることを目指す可能性がある」とも述べた。

つまり、イエレン議長は米国経済の現状を金融危機でダメージを受けた状態にあるとの認識に立ち、このダメージを回復するには、通常の判断よりも政策は、より緩和的なスタンスを維持することが適当であるとの見解を示したものと理解できる。政策対応は、経済逼迫を通常よりも長くあるいは大きく許容することが妥当であるとする考え方だ。

つまり、米国の金融引き締めを通常より遅いペースで進行させせることが適正であるとの主張を示したものである。

この「高圧経済論」を浸透させることにより、12月に利上げを実施しても金利先高観の台頭を防ぐことができる。このような、今後の政策対応に対する市場の反応が金融市場の混乱を引き起こすことのないよう、先回りする政策対応を示したと言える。

このイエレン議長発言に対して、スタンレー・フィッシャー副議長は10月17日のニューヨーク経済クラブ昼食会での質疑応答で、失業率が「完全雇用水準ないし完全雇用と一般に推定される水準より0・2〜0・3ポイント低い水準まで下がってもリスクはないと思う」としながらも、「しかしわれわれの誤りがインフレ率によってはっきりするまで続けるべきだと主張すれば、変更は手遅れになろう」と指摘した。

イエレン議長が現在の金融緩和スタンスを粘り強く維持することの重要性を唱えているのに対して、フィッシャー副議長は、そのような緩和スタンスの持続がインフレ進行に対して、対応の手遅れを招きやすいことを強調したのである。FRB内部で生じている政策論争の片鱗を窺わせるものであるとともに、FRB内部の微妙な空気が伝わってくる。

現状では2016年12月に利上げ第2弾を実施する可能性が高い。イエレン議長は、この政策路線が事前に十分市場に織り込まれる状況を作ることに腐心していると考えられる。

トランプとイエレンの確執

この状況下で新たに加わった変化がトランプ大統領の誕生である。トランプ氏は法人税減税、10年間で1兆ドルのインフラ投資、民間投資活動の促進などの方針を掲げている。トランプ政権下で積極財政政策が実施されることが予測されれば長期金利上昇が先行することになる。すでに11月9日以降の市場において金利上昇の傾向が表れ始めている。

トランプ大統領選出でもっとも警戒するべきことはホワイトハウスとＦＲＢとの軋轢である。トランプ氏は、選挙期間中にイエレン議長を再任しない考えを表明している。これまでの米国金融政策はイエレン議長の下で最善の対応を示してきた。現在の金融市場安定に対するイエレン議長の寄与度は極めて大きい。このイエレン氏を更迭することは米国経済金融市場の安定に対する重大な脅威になると予測される。

もっとも、トランプ氏のＦＲＢ批判は、利上げ実施が想定される状況下でＦＲＢが利上げを見送ったことに原因があると考えらえる。イエレン議長は民主党政権下で登用された。そのために、民主党候補のクリントン氏に情勢が有利に働くように、利上げを先送りしたとの憶測が生じ得る。そのことをトランプ氏が批判したのだと思われる。

重要なことは、イエレン氏が政治的な思惑によってではなく、米国経済の現況、さらに世界経済の局面を注視しつつ、金融政策の舵取りを行っていると考えられることである。世界経済が緩やかに底入れを実現し、新興国、資源国経済が極めて緩やかに回復傾向を示し始めた局面における、米国金融政策の影響は極めて大きい。

筆者は2016年11月10日執筆の『金利・為替・株価特報』2016年11月14日号に次のように記述した。

「FRB内部でイエレン議長の方針が、全面的に受け入れられてきているわけではない。9月FOMCにおいても、利上げ見送りの議決に10名の議決権保持者のうち、3名が反対票を投じた。FRBは一枚岩ではない。

反対票は早期利上げ実施を求める主張である。米国の失業率は5%を下回り、歴史的低水準を示している。インフレ警戒派は早期利上げ実施を主張している。しかしながら、世界経済は2008-09年のサブプライム金融危機後の調整局面を十分に脱し切れていない。この段階で米国が利上げを加速すれば、国際マネーフローのドル回帰を招き、新興国が底割れを起こすリスクが高まる。

イエレン議長はこの点も考慮して慎重な金融政策運営を行っていると考えられる。この状況下でのイエレン議長排除は妥当でない。トランプ政権発足は2017年1月後半で、FRBは

12月13、14日のFOMCで0・25％の金利引上げを決定する可能性が高い。これが既定路線である。

ただし、利上げ実施が利上げ加速予想を生み出さないための装置がイエレン議長によって用意された。それが、本誌前号に記述した「高圧経済論」である。（中略）

この「高圧経済論」を浸透させることにより、12月利上げが実施されても金利先高観の台頭を防ぐことができる。このような政策対応が示されてきた。

しかし、トランプ氏が勝利して積極財政政策が実施されることになると長期金利の上昇が先行することになる。すでに11月9日以降の市場において金利上昇の傾向が表れ始めている。この傾向が持続する可能性が高い。

連動して米ドルは上昇しやすく、金価格は下方圧力を受けやすくなる。長期金利上昇は利上げの早期実施を催促するものになるため、FRBの慎重利上げの路線が崩される可能性も生じる。金利、利上げ、FRBがトランプ新体制における最重要の警戒ファクターになることを銘記しておきたい」

イエレン議長が牽引する慎重な金融引き締めスタンスは、世界経済の緩やかな底入れ実現をも念頭に入れた適正な政策運営路線である。トランプ新政権がFRBの真意を正確に理解し、FRBと良好な折り合いをつけて、米国経済の回復と安定的な金融政策運営、さらに世界経済の緩やかな回復実現に向けて、適正なマクロ経済政策運営の体制を構築することが強く望まれる。

金価格のゆくえ

金価格は基本的には長期金利と逆相関の関係を示す。金利上昇が金価格下落、金利低下が金価格上昇をもたらしやすい。直近10年間の米国長期金利と金価格推移を比較してみていただきたい（図表P165）。

2012年7月まで長期金利は低下した。リーマン・ショックに伴う史上空前の量的金融緩和が実行されたことが背景にある。金価格は大暴騰した。

しかし、米国長期金利は2012年7月を境に上昇に転じた。そして、2013年5月にバーナンキ・ショックがあった。バーナンキFRB議長が量的金融緩和の縮小方針を示唆したのである。これらの動きを背景にして金価格が急落した。

2014年初以降は米国長期金利が低下トレンドに転換した。米国経済がさほど強くなく、インフレ圧力も強まらなかった。年央以降は原油価格が急落したことも影響している。

金価格は2014年初以降、反発してもよい環境に置かれたが、その後も下落基調を維持し

米国10年国債利回り（直近10年）

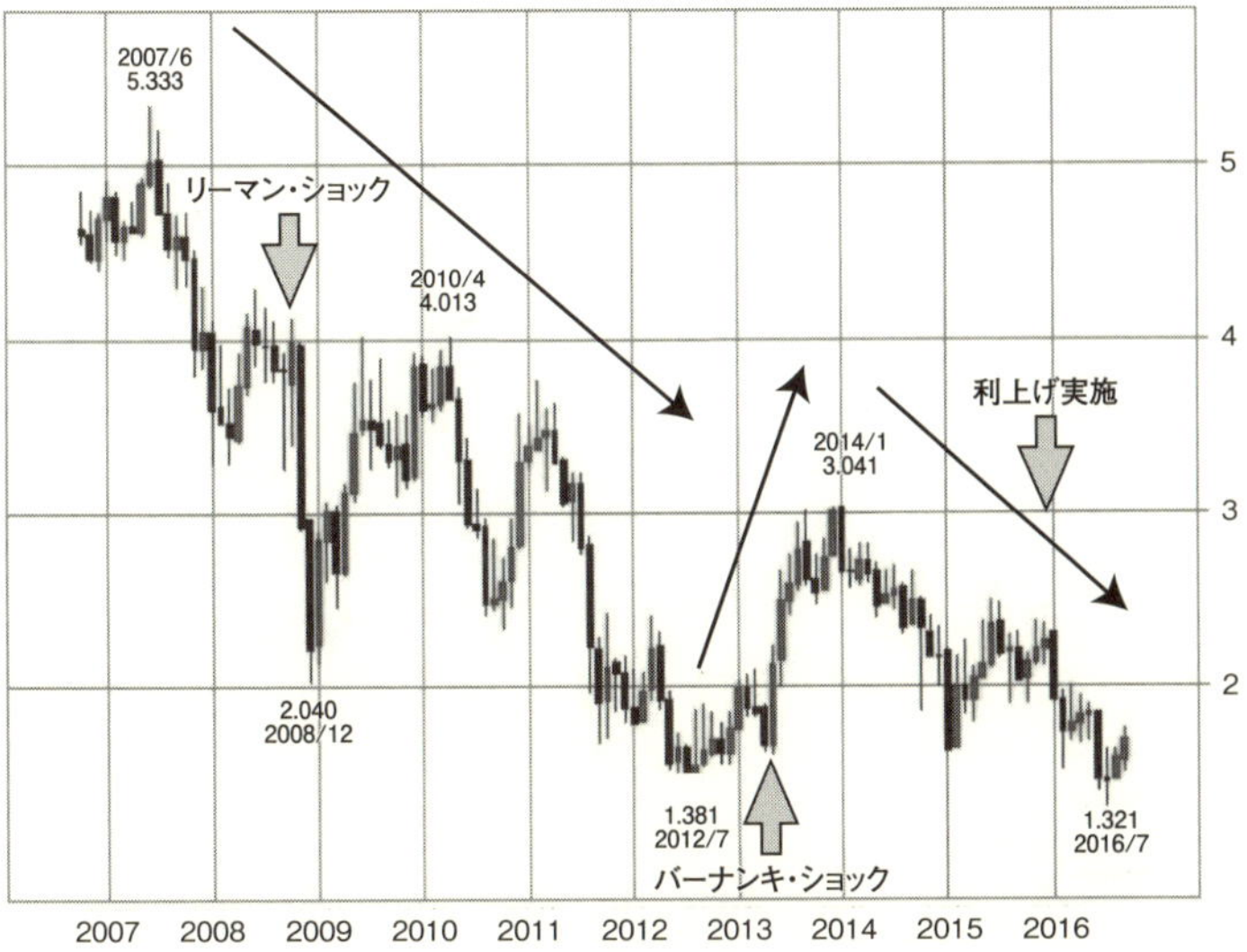

ドル表示金価格（直近10年）

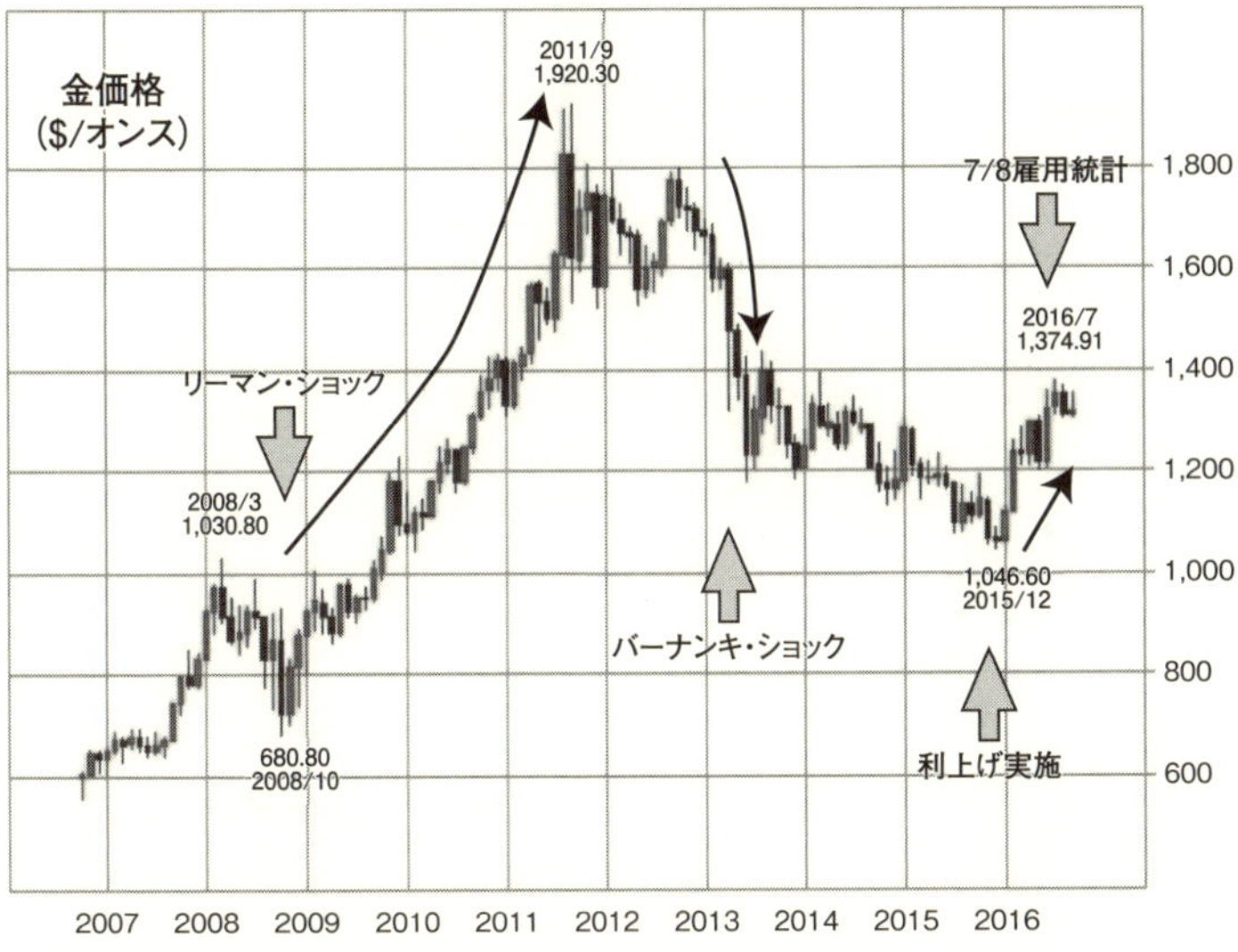

米国10年国債利回り（直近１年）

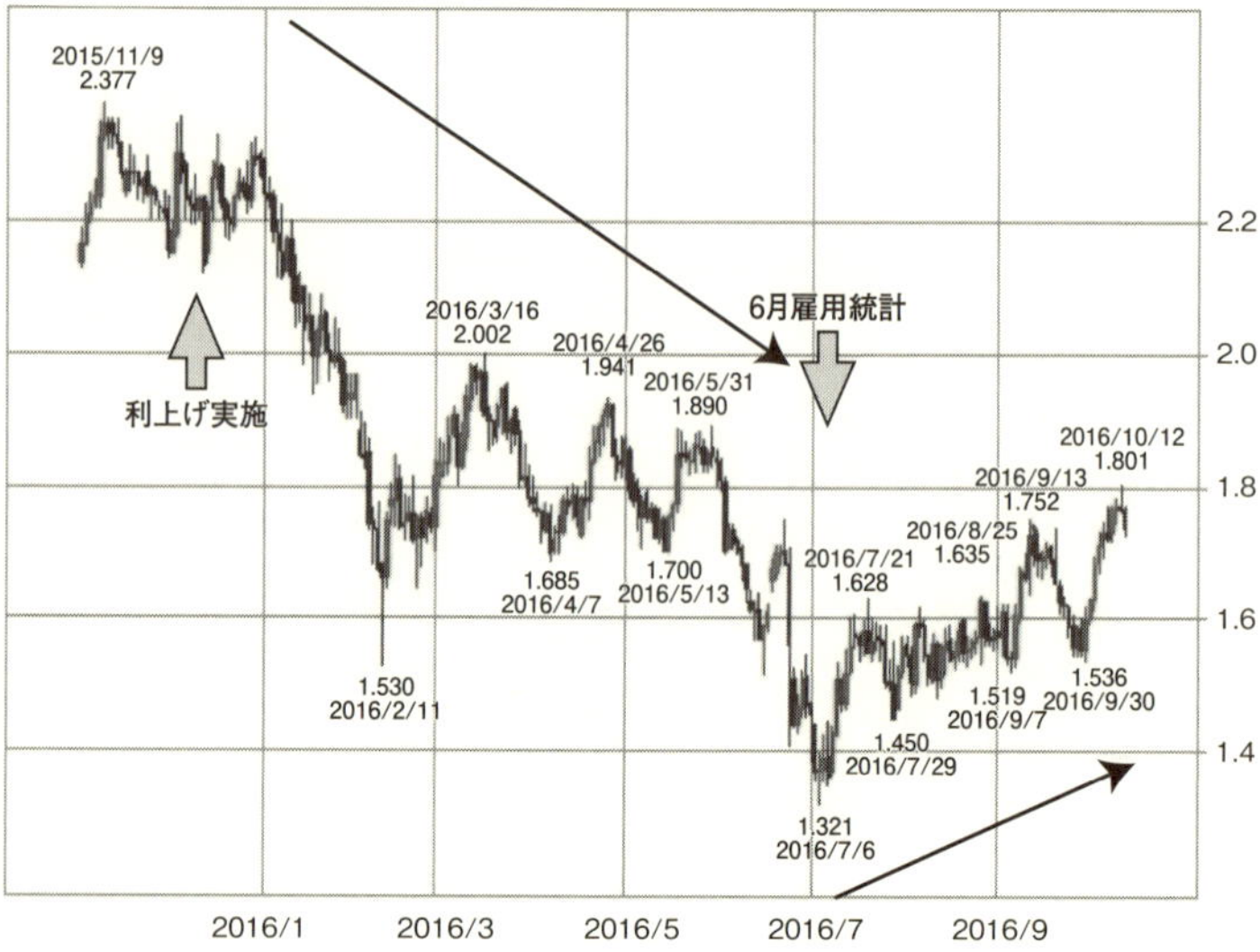

ドル表示金価格（直近１年）

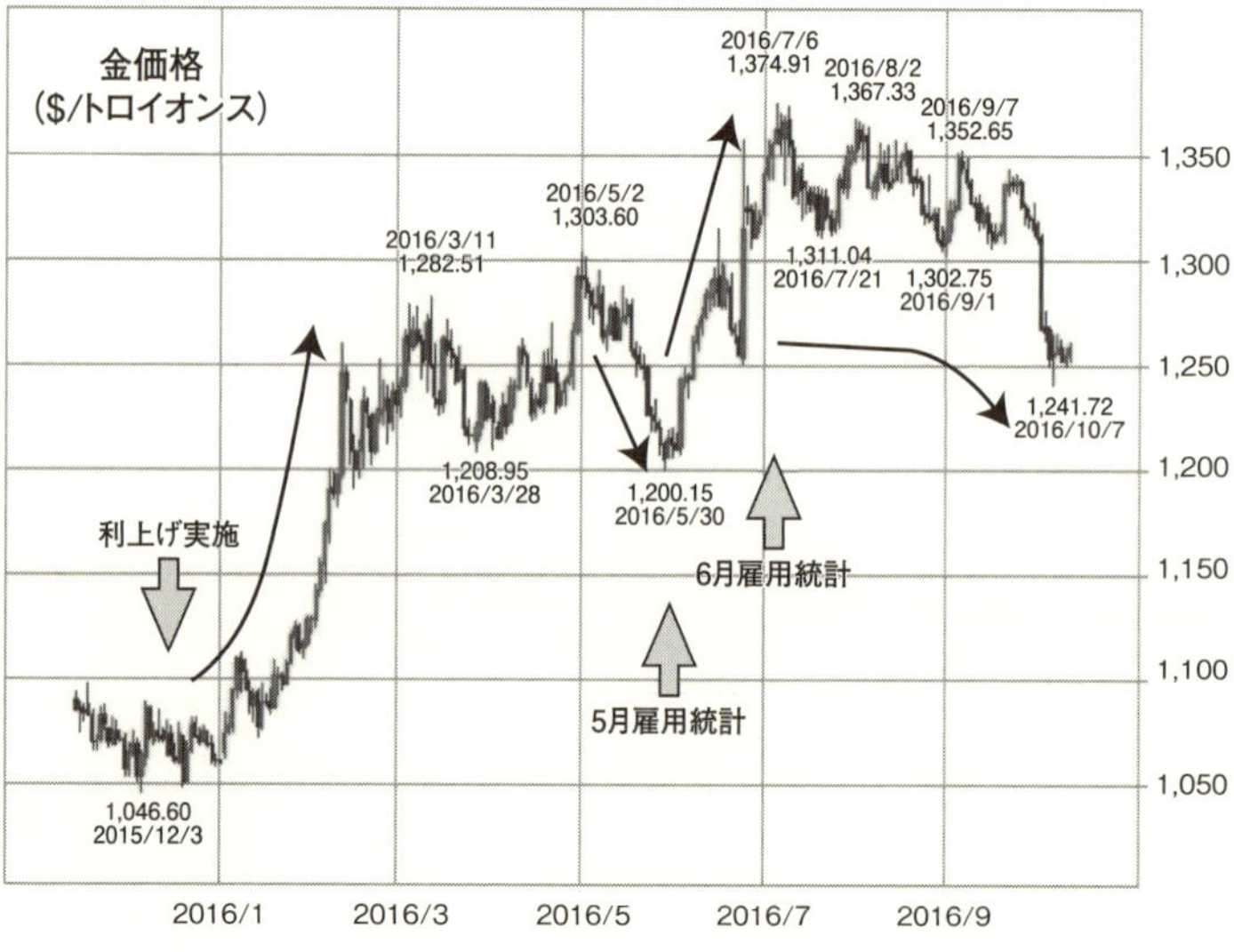

た。その理由は、この期間を通して米国の利上げ観測が残存し続けたことにある。利上げ観測という重しが金価格を押し下げたのである。

その重しが外されたのが2015年12月。利上げ実施で金利先高観の材料が出尽くし、金価格が反転上昇した。

2014年初以降の2年間にわたり、長期金利低下の下で金価格が下落し続けた。その反動が2015年12月以降に示現したのである。しかし、この反転は2016年7月8日で終了した。強い雇用統計で、米利上げ第2弾実施観測が再浮上したためである。

直近1年間の米長期金利と金価格の推移は第3章で触れたが、2015年12月の利上げ実施と2016年7月8日の雇用統計が転換点になったことを再確認いただきたい（図表P166）。

第7章

日銀の完全敗北

日銀金融調節新スキームの正体

２０１６年9月21日の日銀政策決定会合で日銀は新しい金融政策スキームを打ち出した。「長短金利操作付き量的・質的金融緩和」と「オーバーシュート型コミットメント」という、聞きなれない用語が提示された。

日銀の金融政策運営は、残念ながら失敗に終わっている。２０１３年3月に発足した新しい日銀の体制下で、黒田日銀総裁と岩田規久男日銀副総裁は、２年以内にインフレ率を２％にまで引き上げることを公約として明示した。そして岩田規久男副総裁は、その公約を実現できない場合には、辞職して責任を明らかにすることが最もわかりやすい対応であることを国会で明言した。

しかし日本のインフレ率はいま、再びマイナスに転じている。デフレとインフレという用語の定義は明確である。物価が上昇するのがインフレ、物価が下落するのがデフレである。現在、消費者物価上昇率は前年比マイナス０・５％に低下しており、デフレに回帰しているというのが現実である。

黒田東彦日銀総裁は、「物価が持続的に下落するという意味でのデフレではなくなってきている」と発言した。しかし、デフレは物価が下がることであって、持続的に下がることではない。インフレ率がマイナスに転じたこと自体がデフレへの回帰であり、そのデフレが長期間持続するかどうかはデフレの判定に関係がない。さらに言えば、2016年1月以降、消費者物価上昇率が前年比でプラスを示したのは2月のみである。7月以降は3カ月連続で前年同月比0・5%の大幅マイナスを維持している。だから、「物価が持続的に下落するという意味でのデフレ」にも回帰しているのが現状だ。

日銀は2014年10月31日の政策決定会合以降、国債を年間で80兆円買い入れる方針を示してきた。すでに日銀が保有する国債・財投債残高は345兆円に達しており、GDPの70%という世界でも類例を見ない巨大な国債残高を保持するに至っている。国が発行する新規財源国債は、年間40兆円以下であり、日銀が80兆円国債を買い入れるということは、政府の財政赤字を日銀が全額引き受けて、さらに市場から国債を40兆円も買うという事態を示している。

しかも国債の利回りはマイナスに転じており、債券価格は史上空前の高値推移を示してきた。今後金利が上昇すると、債券価格は下落し、日銀は巨大な債券評価損を抱えることになる。日銀財務の不健全化は日本円に対する信任を揺るがせる原因になる。

そしてついに、その悪夢は現実のものになり始めている。2016年7月29日の政策決定会合で、日銀はETFの買い入れ額増加などの追加金融緩和政策を決めた。しかし、これを契機に日本の長期金利が急上昇した。インフレ誘導はすでに失敗に終わっており、その上で今度は、追加金融緩和政策が長期金利を押し上げてしまったのである。このことが日銀に与えた衝撃は計り知れない。

2016年9月21日に決定された新しい金融調節スキームである「長短金利操作付量的・質的金融緩和」と「オーバーシュート型コミットメント」は言葉がわかりにくいが、これは日銀が政策の本質を簡単に見抜かれないように、あえて複雑な名称にしたものであると考えられる。「長短金利操作付量的・質的金融緩和」政策の核心は「量的緩和の数値目標を廃して長期金利を直接統制する」ことであり、「オーバーシュート型コミットメント」政策の核心は「金融緩和を長期間維持する」ことである。

量的金融緩和の数値目標を撤廃して長期金利水準を操作目標にする。物価上昇率が2%に到達しても金融緩和政策を維持する。

と発表すれば分かり易かった。しかし、そうは言えない事情があった。なぜなら、この2つの表明が、取りも直さず、これまでの金融政策運営が失敗であったことを正式に認めることを含意するからである。

長期金利急騰の衝撃

長期金利を直接統制するとの新たな方針は、これまでの金融政策運営の基本を改変するものであるが、その妥当性と実効性の両面に大いなる疑義が生じている。

日銀が最大の衝撃を受けたのは、7月末に決定した追加金融緩和政策を契機に日本の長期金利が急騰したことにある。これが、今回の奇妙な政策決定をもたらした最大の背景である。

『金利・為替・株価特報』2016年7月25日号（7月21日執筆）に次のように記述した。

7.【金利】債券の売り局面

直ちにという局面ではないが、内外長期金利の上昇可能性について、警戒を始める局面が近付いている。一番重要なことは世界経済の潮流である。

世界経済が緩やかに底入れし、改善の方向に向かうならば、資源価格全体が底入れして反転上昇することになる。その場合には、世界的に長期金利が方向を転換する可能性が生じる。

主要国の中央銀行は過剰な流動性を供給しており、中央銀行は異例の超緩和金融政策の修正を念頭に入れている。「出口戦略」と呼ばれるものである。

日本銀行も常軌を逸した流動性供給を行っており、流れが転換する場合には、対応が極めて難しくなる。

債券投資家は、世界経済の情勢を睨みつつ、「売り上がり」の方針に戦略を転換するべき局面にあると思われる。個人投資家も債券先物の「売り」による利益獲得の機会が近付いている可能性を考察するべきである。


債券の「売り」を提唱した。この直後の7月29日政策決定会合で日銀は追加金融緩和政策を決定したが、長期金利は急騰した。日本の長期金利と逆相関の推移を示してきた東証ＲＥＩＴ指数は、すでに4月末の政策決定会合で追加金融緩和政策が見送られた時点を起点に下落トレンドに転換していた（図表Ｐ１７５）。

債券価格は急落した。長期金利が跳ね上がったのである。債券先物取引はレバレッジが極めて大きな取引市場である。したがって、極めて大きなリスクを伴うが、相場の転換点で仕掛けると極めて大きな投資成果をもたらし得る市場である。その債券価格の下落可能性が高まったとの判断から、前記の記事を執筆した。

また、日本の金融機関、機関投資家は、資金運用難から、大量の資金を国内債券市場に流入

日本10年国債利回り（直近1年）

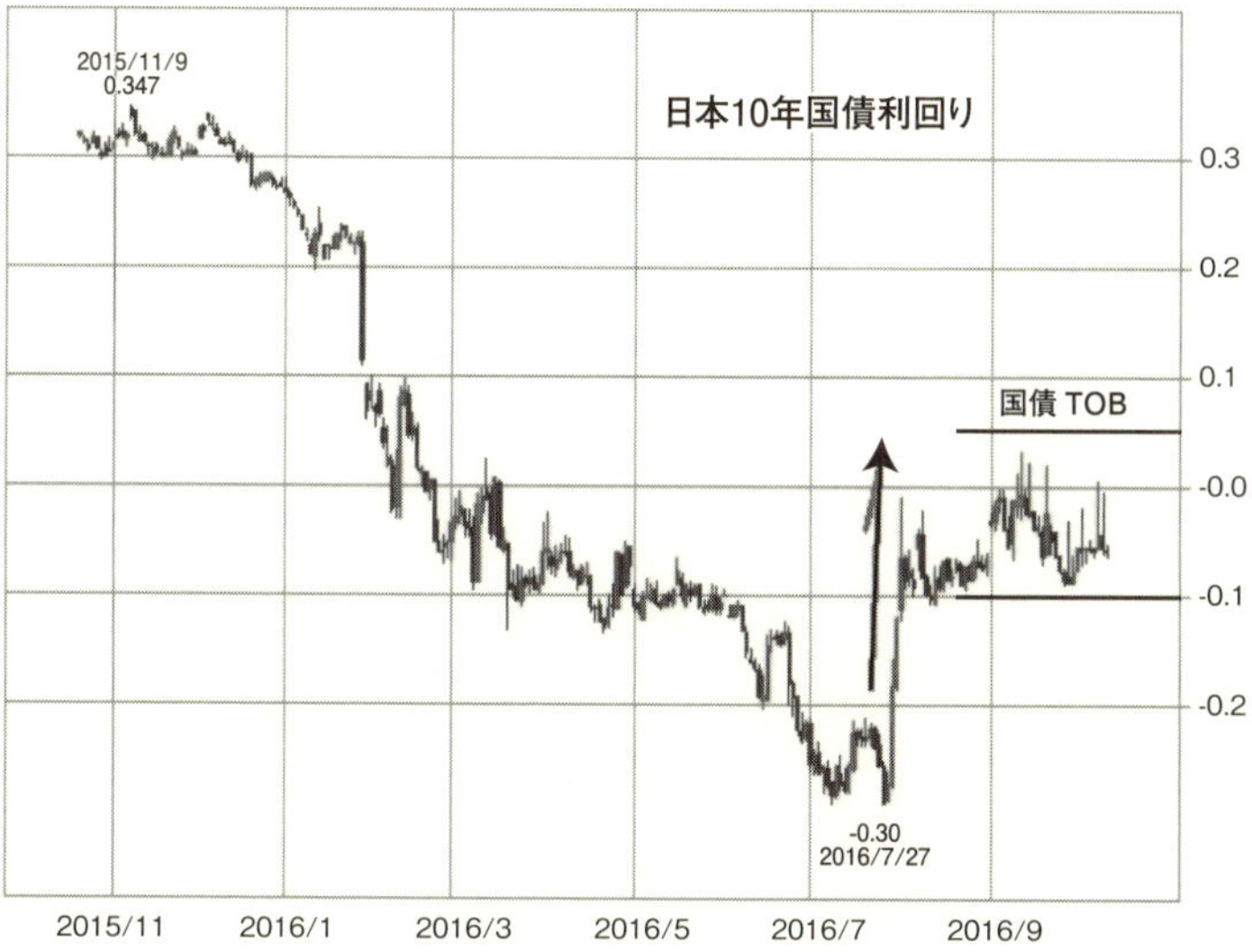

東証REIT指数（直近1年）

させている。金利低下局面では保有国債の時価が上昇して含み益が拡大するが、逆に金利が上昇すると、債券価格が下落。巨大な評価損を抱え込むことになる。

この点を踏まえて、巨額の債券を保有する機関投資家に対して、国債売却の検討を提唱したものでもある。

現時点で長期金利が大幅上昇に転じれば、日銀の政策失敗は確定してしまう。そして2013年3月以降の日銀金融政策が名実ともに失敗に終わるという結末が確定してしまう。

この事態を回避するために、日銀は9月21日の政策決定会合で、長期金利水準をゼロに張り付ける意思を示したのである。

これは、日銀が利回りゼロで国債を全額買い取ることを宣言したことに等しい。つまり、利回りゼロでの日本国債公開買い付け（＝TOB）を宣言したことになる。

金利上昇局面では、機関投資家による債券の「売り」が殺到する。「売り」が「売り」を呼び、価格は真空地帯を一気に暴落する。過去の金利転換局面で、この修羅場が繰り返されてきた。

その恐れが生まれ始めている局面で、日銀が利回りゼロでの国債公開買い付けを宣言したのであるから、これを利用しない手はない。巨額の債券を保有する銀行、保険会社等の機関投資家は、利回りゼロの高価格水準で、保有している債券を全額日銀に買い取ってもらう保証を得たに等しい。

しかし、この「保証」を鵜呑みにすることはできない。

『金利・為替・株価特報』2016年11月14日号に次のように記述した。

「債券の大量保有者は、日銀から、利回りゼロで国債を無制限買い取りの保証を得たことになるが、この保証が履行される保証はない。この保証が破棄される前に、保有国債を全額利回りゼロで売却することを検討するべきだ。

国債利回りをゼロに固定することは極めて困難である。とりわけ、米国長期金利が上昇する場合、日本の長期金利も強い上昇圧力を受ける。債券高値売却の最後のチャンスを逃がしてはならない」

日銀は国債買い入れ額を年間80兆円と定めているが、仮に債券保有者が一気に利回りゼロで日銀への買い取りを求めるならば、日銀の買い取り額は年間200兆円にも300兆円にもなり得る。そのような事態に日銀が耐えられるのかどうか疑わしい。まさに、これまでの日銀の金融政策運営の行き詰まりを象徴した政策決定であったと言える。

これまでの金融政策運営においては、長期金利は市場が決定するものとされてきた。経済環境や政策動向を踏まえて、市場が先行きの予想を形成する。その先行きの予想を反映するのが長期金利であり、政策当局は、この長期金利変動を観察することによって、政策当局の意図が、現実の金融変動に反映されているかをウォッチする。

ところが今回の日銀の決定は、その長期金利をも日銀が直接コントロールすることを示したもので、これでは人為的金利体系に移行するということになる。

日銀の巨額損失が現実のものに

2番目のオーバーシュート型コミットメントというのは、インフレ率が安定的に2%を越えることを確認できるまで、現在の金融緩和を続けるという意思を表明したものであるが、その含意は、現在の金融超緩和スタンスを長期間維持することの宣言である。

これもまた、長期金利急騰に対する恐怖心から表出されたものであると理解できる。同時に、2年間で必ず実現するとしたインフレ率の目標達成が不可能になり、その実現可能性さえ消滅したことを背景にした政策決定である。

日銀は、これまでの政策運営の失敗を認め、際限のない国債買い入れ方針を是正すべきだったが、長期金利急騰という悪夢が垣間見えているために、これを選択できず、長期金利の人為的コントロール、日本国債の全額公開買い付け宣言という邪道に足を踏み入れた。そして、その悪夢はすでに現実のものになり始めている。

国債で含み損　日銀10兆円に

日銀が金融緩和のために大量に買っている国債の含み損が年内に10兆円を超す見通しになった。長期金利の低下（価格の上昇）を背景に、額面を大幅に上回る高値で国債を買っているためだ。政府機関の決算や会計を検査する会計検査院も「日銀は財務健全性の確保に努めることが重要」と懸念を示している。

日銀は年80兆円程度の国債を買う。債券市場では国がマイナスの利回りで発行した国債を買った金融機関が、それよりも低い利回り（高い価格）で日銀に売る取引が広がる。国の利払い負担が減り、金融機関が値ざやを得る分だけ、日銀の損失が膨らむ構図だ。

日銀による国債の購入額と額面の差が日銀の含み損になる。異次元緩和を導入直後の2013年4月末の損失額は約1兆4000億円だったが、今年10月末時点では約9兆3200億円に拡大。法政大学の小黒一正教授は「年末にも10兆円を超す」と試算する。

日銀は損失を国債の満期までの期間で分割して計上する。国債からは利息収入が得られるため、実際の損失はその分だけ減るが、含み損は緩和が長引けば膨らむ。損失から利息収入を除いた収支は「18年度にも赤字になる可能性が高い」（日本経済研究センター）。

会計検査院は日銀の財務状況を分析。4～6月に日銀が買った国債全体の利回りがマイナス水準になったと指摘した。日銀の財務内容が悪化すれば、国への納付金が減り国の財政に響く。将来的に財務健全化のために国の支援を受けることになれば、金融政策の独立性や通貨の信認が揺らぐ事態も招きかねない。
（2016年11月13日　日経新聞）

安倍色に染まる日本銀行

日銀政策委員会のメンバーは総裁1名、副総裁2名、審議委員6名の合計9名である。各メンバーの任期は5年。任命権は内閣にある。安倍首相は日銀人事を私物化してきた。自分の考えに合う人物を総裁、副総裁、審議委員に任命してきた。

2016年1月の政策決定会合で、日銀はマイナス金利導入を決めた。このときの議決は5対4となったが安倍首相が登用したメンバーだけが賛成、安倍政権発足前に就任したメンバーが全員反対という特異な決定になった。

しかし、時間の経過に従い、安倍政権発足前に就任した委員の任期が満了となり、そのたびに、安倍首相の意向に合う人物が登用されている。2016年11月時点での旧メンバーは2名だけになった。日銀政策委員会は安倍色に染め抜かれている。

新たに審議委員に登用された櫻井眞氏は、私が大蔵省財政金融研究所に勤務していた時代から大蔵省に出入りしていた人物である。その関係で審議委員に登用されたものと推察されるが、財務省による日銀支配が一段と強化されている。黒田東彦氏も財務省出身者である。

日銀の独立性が叫ばれてきたが、その真意は、財政当局からの独立である。財政当局が中央銀行を支配し、財政資金を際限なく中央銀行に拠出させ、結局は通貨価値を暴落させてきた歴史がある。第二次大戦後、この教訓を踏まえて中央銀行の独立性が重要視され、制度的に中央銀行の独立性を確保する仕組みが構築されてきたが、日本は、安倍政権の下で、なしくずしでこの原則を破壊してしまった。憲法を破壊し、日銀を、NHKを、そして、裁判所を私物化しているのが現在の安倍政権である。

その財務省に支配される日銀が、政策運営で完全に行き詰まっているのは必然の結果であると言える。米国経済の回復基調が強まる場合には、米国長短金利の上昇傾向がより鮮明になるだろう。そのとき、日本の長期金利をゼロに固定することは不可能であると考えられる。

国債価格の下落、すなわち日本の長期金利が上昇すれば、日銀の国債評価損は拡大し、日本円に対する信認が急低下することも考えられる。長期金利上昇は株価下落要因になりやすい。円安、株安、債券安のトリプル安が現実化してしまうリスクもある。

唯我独尊の財務省

直近5年間の日本国債利回りと東証ＲＥＩＴ指数推移をご覧いただきたい（図表Ｐ１８３）。日本国債の利回りは２０１６年7月末にマイナス０・30％にまで低下した。マイナス金利導入後に長期金利も大幅低下したのである。

しかし、7月末の日銀政策決定で金融緩和政策の出尽くし感が強まり、長期金利が反転した。これがトレンド転換点になるのかを現段階で断定できないが、長期金利が最低値を記録した可能性は高いと思われる。

他方、東証ＲＥＩＴ指数は既述のとおり、4月末の追加金融緩和見送り決定の段階で、すでにピークを記録してしまっている。中国株価の底入れで東証ＲＥＩＴ指数も反発を演じたが、２０１５年1月のピークを更新することなくピークアウトする様相を強めている。

東証ＲＥＩＴ指数の市場、そして、国債市場は、一歩先んじて、日銀金融緩和政策の限界を鋭く読み抜いている。このなかで、日銀は悪夢の長期金利上昇を防ぐため、長期金利の直接コントロールという、金融政策の基本から逸脱する強引な政策路線を打ち出さざるを得なくなったのだ。

日本10年国債利回り（直近5年）

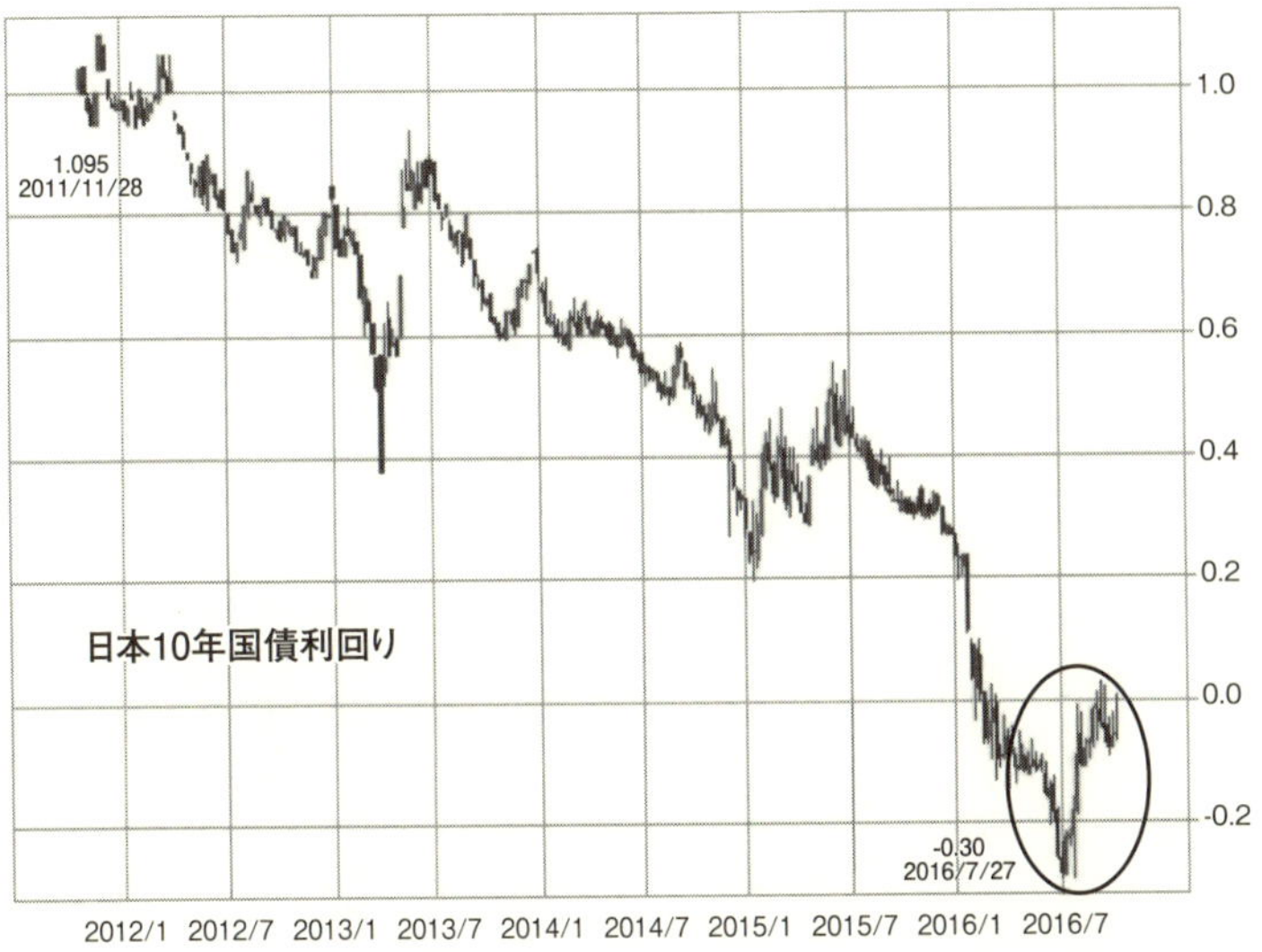

東証REIT指数（直近5年）

「世の中は自分たちが支配する」と考える財務省ならではの発想の具現化である。しかし、日銀が長期金利を支配できると考えるのは日銀の驕りである。中央銀行は政策目標を実現するために、日銀が操作し得る操作目標に働きかけるのが本来の姿である。

そして、長期金利はその日銀の政策が、金融市場でどのように受け止められているのかを示す、また、経済実体の姿を示す、いわば経済の体温のようなもので、これを日銀が直接コントロールすることになると、経済の実態を示す客観的データが失われるということになる。

結局、日銀は長期金利を支配し切れない。日銀の抵抗を押し切って、長期金利が上昇してしまう局面で、日銀は市場の信認を完全に失ってしまうことになる。その局面が近付いていることを認識しておく必要がある。

デフレと世界経済の回復

日本のインフレ率は元のデフレに回帰した。「値上げ戦略」を実行した小売企業の業績が軒並み悪化。こうした小売業は再び「値下げ戦略」に回帰した。マクドナルド、ユニクロが戦略転換した。低価格を提供するドン・キホーテやヤングファッションのしまむらなどの売上がチャイナショックを吸収しつつある。

経済全体の足取りが極めて重いなかで、労働者の所得はまったく増えていない。懐が温かくならない以上、消費を増やすわけにはいかない。大多数の消費者がこう考えている。

インフレ誘導は失敗してデフレに回帰してしまった。消費者の低価格指向、あるいは価値訴求は極めて強くなっている。良い品物を、より安い価格で提供できる企業だけが業績を伸ばすことができる。本当に厳しい競争の時代に移行している。

インフレ率がマイナスに回帰した以上、金利が底入れして上昇するとしても、その上昇には限度があるだろう。相対的な低金利は持続する可能性が高い。

ただし、2017年に向けて考慮しておかねばならないことは、米国経済、そして世界経済が緩やかな離陸をする可能性を高めつつあることだ。

トランプ政権が具体的にどのような経済対策を打ち出すのかはまだはっきりしていない。しかし、2020年の大統領再選を狙うトランプ大統領が米国経済の成長を促す政策パッケージを提示する可能性は極めて高く、公約で提示された法人税減税、インフラ投資、設備投資優遇などの施策の具体化が想定される。

米国経済が浮上すれば世界経済浮上の確率も上昇する。日本金利の先行きを展望する際には、こうした世界経済動向をも考慮に入れる必要がある。

第8章

アベノミクスの黄昏

ナチスの手口に学ぶ

「アベノミクス、この道しかない」は、ヒトラーの「この道以外ない」から援用したものである。アベノミクスは、金融緩和、財政出動、成長戦略の3つを指す言葉だったが、金融緩和は実行したけれどもインフレ誘導は実現せず、財政出動は2013年に実行したが、2014年以降は財政緊縮に転じた。成長戦略は聞こえはいいが、貧富の格差拡大推進の政策のことだ。

日本経済の平均成長率は0・8%で、民主党政権時代の2・0%の半分以下。労働者の実質賃金は減少し続けている（第1章参照）。

アベノミクスはまったく成果を上げていない。アベノミクスがもてはやされたのは、2012年11月から2015年6月にかけて、ドル円が78円から125円に、日経平均株価が8600円から2万8000円に上昇したからだが、株価が示すのは上場企業1900社の姿だけである。

日本の法人数は約400万社。1900社はその0・05%にも及ばない。日本経済の上澄みの、そのまた上澄み部分の企業収益が増えて、その上澄み企業の株価が上がっただけのことだ。

2012年11月からのドル高＝円安は、米国金利上昇が基本背景だった。米国発のドル高によって円安が生じ、これに連動して株価が上昇しただけのことだったのだ。

金融政策は失敗に終わり、財政政策は超緊縮に回帰して2014年の日本経済を撃墜した。成長戦略は悪名高い格差拡大推進政策のことなのである。

こんなアベノミクスについて「この道しかない」とされれば、日本国民は地獄に引きずり込まれる。安倍政権は、地獄につながる道を進むバスに国民を押し込めて、「この道しかない」と言い続けているのである。

ヒトラーは「この道以外にない」と発言した。麻生太郎氏が述べたように「ナチスの手口に学び」安倍政権は政策運営を行っている。

ヒトラーは「独裁」を「決断のできる政治」、「戦争の準備」を「国民の平和と安全の確保」と表現していた。さらに「強いドイツを取り戻す」と訴えた。

安倍政権は衆参ねじれ解消で独裁的政治手法を多用することを「決められる政治」と表現し、集団的自衛権行使容認の安保法制＝戦争法制を「平和安全法制」と表現した。さらに、選挙では「日本を取り戻す」と訴えた。

比較すれば一目瞭然。安倍政権のスローガンは、基本的にすべてがナチスドイツの「パクリ」である。リオデジャネイロ五輪閉会式にマリオに扮装して登場した安倍首相に口ひげを付ける案があったが、ヒトラーに酷似することから取りやめになったという。本人もはっきりとヒトラーを意識しているのだと思われる。

世界で一番貧しい大統領として知られるウルグアイ元大統領のホセ・ムヒカ氏が2016年4月7日に東京外国語大学で講演して次のように語った。

「極めて少数の者に、世界の富が集中している。生産性が高まったけれども、分配の仕方が悪いので、社会的な弱者に恩恵が及ばないのだ。

『政治に関心がない』『政治は重要じゃない』と言う人がいるが、政治を放棄することは少数者による支配を許すことにつながる。民主主義には限界がある。それでも社会をよくするために闘わなければならない。

政治とは、すべての人の幸福を求める闘いである」

1%のための政治と99%のための政治。両者の経済政策は真逆になる。安倍政権の経済政策は、明確に1%の利益拡大を目指すものである。これに対するアンチテーゼは99%の利益を極大化する経済政策ということになる。この本質をしっかりと把握しておかねばならない。

ムヒカ氏は、「分配の仕方が悪いので、社会的な弱者に恩恵が及ばない」ことを政治の最重要問題であると指摘しているが、「アベノミクス」と呼ばれる安倍政権の政策運営がもたらしてきたものが、「社会的な弱者には恩恵が及ばない」という現実である。

国政選挙に際して安倍政権は「アベノミクスの是非を問う」と言うが、アベノミクスが何をめざしているのかを安倍政権ははっきり言わない。そして、まるでアベノミクスが成功してきたかのように安倍首相は発言するが、すでに確認いただいたように、日本経済はアベノミクスの下で明確に悪化し続けてきたのである。

資本の利益のためのアベノミクス

安倍首相は大企業の利益が史上最高を更新したこと、株価が上がったこと、失業率が下がったこと、有効求人倍率が上がったことを「アベノミクス」成功の証しだと言う。

しかし、これだけをもって日本経済が良くなったとはまったく言えない。経済の良し悪しを測る最も基本的な尺度は経済成長率だが、経済成長率は安倍政権下で大幅に低下してしまった。アベノミクス下で状況が改善したのは、1%にも満たない日本経済の上澄みの、さらにその上澄みの部分だけなのである。失業率の低下、有効求人倍率の上昇は、就業者が増えたことを意味するが、全体のパイが小さくなり、大企業の分け前だけが大幅に増大し、残りの部分を分け合う人数が増えたということだから、一人あたりの取り分は大幅に減ったということになる。

ムヒカ氏が述べた、「分配の仕方が悪いので、社会的な弱者に恩恵が及ばない」現実が広がっている。

アベノミクスを金融緩和、財政出動、成長戦略で語られると本質を見落としてしまいがちだが、アベノミクスの究極の狙いは、資本の論理の貫徹である。資本の利益を極大化させるための政策を成長戦略と呼んでおり、これがアベノミクスの核心を形成している。財政金融政策は循環的なもので、お飾りである。

「一億総活躍」の正体は「一億低賃金総強制労働」であり、「働き方改革」の狙いは「残業代ゼロ制度」と「外国人労働力の活用」である。日本企業の労働コストの削減のために、手を替え、品を替えてさまざまなメニューが提示されているが、目的は統一されている。すべては、ワシントン・コンセンサスの流れのなかにある。

最重要経済政策課題は分配の是正

何よりも重要なことは、生産の果実を適正に労働者に分配することだ。第1章で記述したように生産の果実の分配に際して、高所得者への分配を多くして、低所得者への分配を減らすと、消費が全体として停滞する。2012年11月以降の「アベノミクス」の時代に家計消費が低迷しているのは当然のことである。安倍政権はインフレ亢進を目指し、労働諸規制を改変し、企業の利益を増やし、労働者の所得を圧縮してきた。労働者は所得が減っただけでなく、身分も著しく不安定になった。

零細な事業者は消費税増税を価格に転嫁できず、自腹を切っての消費税納税を強制されている。これで日本経済が浮上するはずがない。税制においても、低所得者と超高所得者の税率が同一の消費税だけが増税され、法人税減税が拡大の一途をたどってきた。ここにも、99％のための政治ではなく、1％のための政治の実相がくっきりと表れている。

日本を訪れる外国人の「爆買い」も中国株価急落と円の上昇、人民元下落により急速にしぼんでしまった。個人消費の低迷は続き、日本経済が浮上する道筋がまったく見えなくなっている。

唯一の光明は、日銀のインフレ誘導が完全なる失敗に終わったことだ。インフレはデフレに回帰した。これが光明であるのは、物価下落が実質ベースの家計所得を増大させる要因になるからだ。

そもそも、インフレ誘導は企業の労働コストを削減するためのものであった。家計所得が減少すれば、当然の結果として家計消費が冷え込む。GDPの6割を占める家計消費の冷え込みが経済の構造的な停滞の主因になっている。この構造を是正するには、分配の是正が必要不可欠なのである。実質ベースの家計所得を増大させ、家計消費の持続的な増加を促す政策が必要不可欠なのだ。

経済が永続的な安定成長を実現するには、生産、所得、支出の拡大循環を成立させることが必要だ。アベノミクスが掲げたインフレ誘導は正式にその誤りを認めたうえで、撤回することが求められる。

そして、資本の利益の追求、1%の利益極大化を目指す安倍政権の「成長戦略」と表裏一体の関係にあるのがTPPである。TPPが日本国民に利益をもたらすというのは、完全なデマゴギーである。TPPは強欲巨大資本＝多国籍企業＝ハゲタカの利益極大化を実現させる最終兵器である。

資本優遇の経済政策は短期では資本のリターン、企業利益を増大させ、株価上昇をもたらす。しかし、中長期では、経済と社会を支える一般大衆を疲弊させる。出生率は低下し、労働供給は減少し、社会の活力が失われる。中長期のマイナスは計り知れない。

グローバルな強欲巨大資本が、ハゲタカの大群となって日本市場を襲い、日本の主権者を食い尽くそうとしている。ハゲタカの大群は日本市場を食い尽くしたら、次の収奪地に移動してゆくことになるだろう。しかし、そのときこの国は「国破れて山河あり」どころか、「国破れて山河もなし」の状況に陥っているだろう。安倍政権は日本収奪のハゲタカの側に立っている。

安倍政権の経済政策運営は、目先の資本の利益だけを追求し、国民生活の安定と繁栄を一切考えていない点に特徴がある。

繰り返された「政策逆噴射」

財政政策の軌道修正について解説する。P196の数表をご覧いただきたい。国の財政である一般会計収支の推移を示している。この数表の右側から5番目に「前年差」という数列がある。この数字が財政政策のスタンスを表示している。この「前年差」とは、そのすぐ左側の「歳出マイナス税収」の前年差である。「歳出マイナス税収」は財政赤字のことだ。財政支出の規模と税収の差額であり、これが実質的な財政赤字である。

財政赤字の前年差であるから、財政赤字が増えた場合、この数値がプラス表記される。財政赤字が減った場合、この数値がマイナス表記される。そして、財政赤字を増やすこと、あるいは財政赤字が増えたことが「積極財政」、財政赤字を減らしたこと、あるいは財政赤字が減ったことが「緊縮財政」なのである。これがマクロのベースでの財政政策のスタンスということになる。

年度の計数処理が難しいのは、年度末に補正予算が組まれることが多いためだ。年度末に大型補正予算が組まれた場合、予算の年度区分では3月が属する年度として扱われるが、そのお

財政収支が経済に与える影響（一般会計決算計数）の推移

（単位：兆円、億円、%）

	歳出規模（A）	税収（B）	歳出－税収（A－B）	前年差	国債発行額	GDP比	公債依存度	GDP
1995年	75.9	51.9	24.0	1.4	21.2	4.2	27.9	504,594
1996年	78.8	52.1	26.7	2.7	21.7	4.2	27.5	515,944
1997年（当）	77.4	57.8	19.6	▲7.1	16.7	3.2	21.6	521,295
1997年	78.5	53.9	24.6	▲2.1	18.5	3.5	23.6	521,295
1998年	84.4	49.4	35.0	10.4	34.0	6.7	40.3	510,919
1999年	89.0	47.2	41.8	6.8	37.5	7.4	42.1	506,599
2000年	89.3	50.7	38.6	▲3.2	33.0	6.5	37.0	510,835
2001年（当）	82.7	50.7	32.0	▲6.6	28.3	5.6	34.2	501,711
2001年	84.8	47.9	36.9	▲1.7	30.0	6.0	35.4	501,711
2002年	83.7	43.8	39.9	3.0	35.0	7.0	41.8	498,009
2003年	82.4	43.3	39.1	▲0.8	35.3	7.0	42.8	501,889
2004年	84.9	45.6	39.3	0.2	35.5	7.1	41.8	502,761
2005年	85.5	49.1	36.4	▲2.9	32.3	6.4	37.8	505,349
2006年	81.4	49.1	32.3	▲4.1	27.5	5.4	33.8	509,106
2007年	81.8	51.0	30.8	▲1.5	25.4	5.0	31.1	513,023
2008年	84.7	44.3	40.4	9.6	33.2	6.8	39.2	489,520
2009年	101.0	38.7	62.3	▲21.9	52.0	11.0	51.5	473,996
2010年	95.3	41.5	53.8	▲8.5	42.3	8.8	44.4	480,528
2011年	100.7	42.8	57.9	4.1	54.0	11.4	53.6	474,171
2012年	97.1	43.9	53.2	▲4.7	50.0	10.5	51.5	474,404
2013年	100.2	47.0	53.2	0.0	43.5	9.0	43.4	482,401
2014年	98.8	54.0	44.8	▲8.4	38.5	7.9	39.0	489,558
2015年	98.2	56.3	41.9	▲2.9	34.9	7.0	35.5	500,547
2016年（補）	100.0	57.6	42.4	0.5	38.1	7.3	38.1	518,800

計数は決算値。ただし（当）は当初、（補）は補正後。

金が世の中に出回るのは4月以降、つまり翌年度になる。したがって、この部分の補正が必要なのだが、そうすると、データの入り繰りが非常に複雑になり、財政統計との照合も困難になる。

そこで、数表では過去にさかのぼって、掲載する数値列を会計年度区分に統一した。年度末の補正予算計数も当該年度の数字として取り扱っている。

この前年差の計数を棒グラフに表記したのがP198のグラフである。

これを見ると、1997年度と2001年度の緊縮財政が突出していることがわかる。この計数は当初予算ベースのものだが、橋本龍太郎政権が消費税増税を強行実施した年度、小泉純一郎政権が「改革政策」として超緊縮財政政策を強行した年度である。

そして、2012年度には野田佳彦政権が超緊縮財政政策を強行した。東日本大震災で経済復興が最優先課題であったにもかかわらず、野田政権は財務省路線に乗り、超緊縮財政を実行したのである。

さらに時間を下ると、2014年度の安倍政権の下での消費税大増税政策が、史上最大級の緊縮財政になったことがくっきりと浮かび上がっている。

この財政政策スタンスと日経平均株価推移を比較すると、日本株価が財政政策の振れに連動して変動してきたことがわかる（図表P198）。

財政政策スタンスの推移（直近22年）

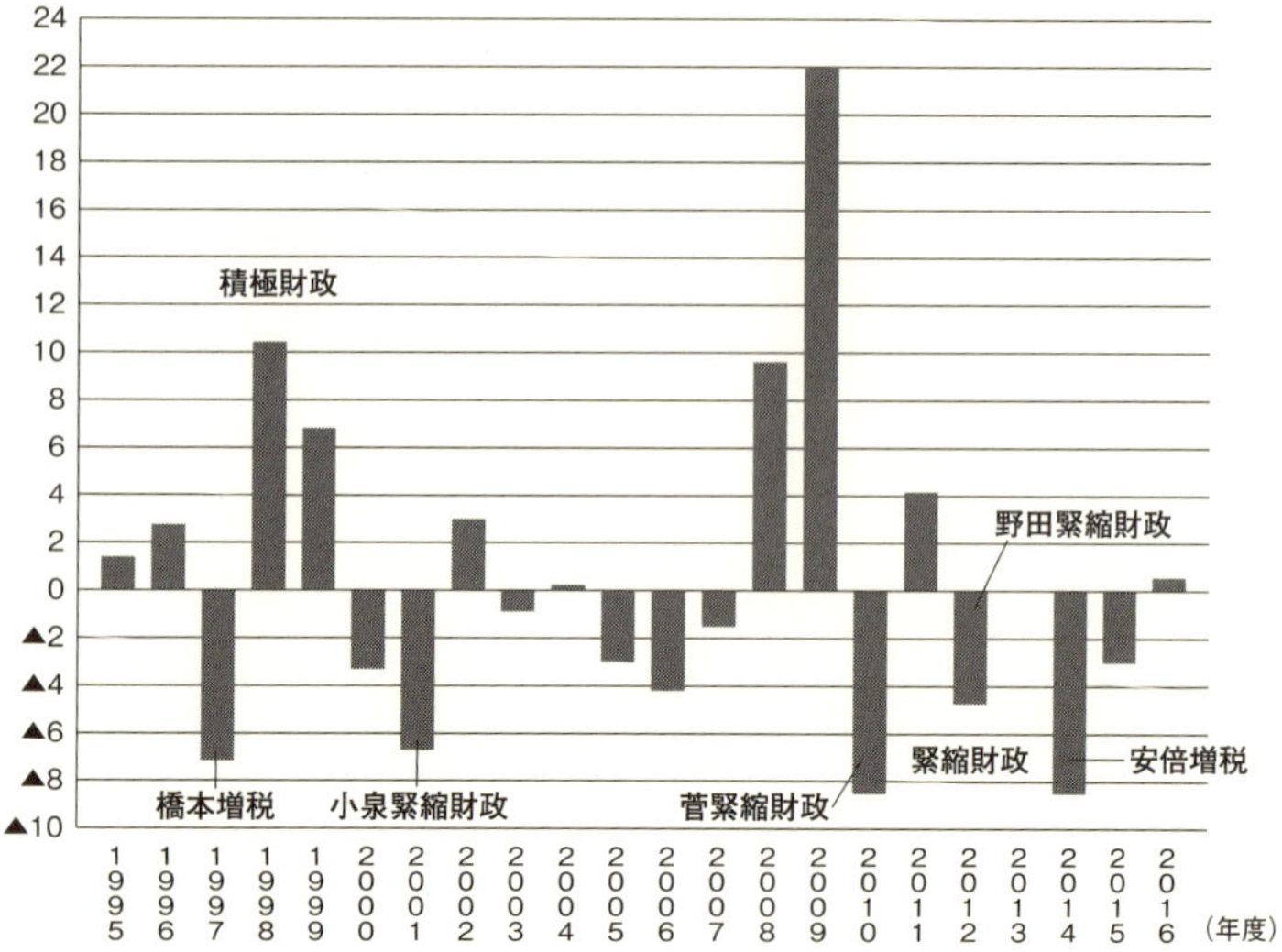

日経平均株価（直近22年）

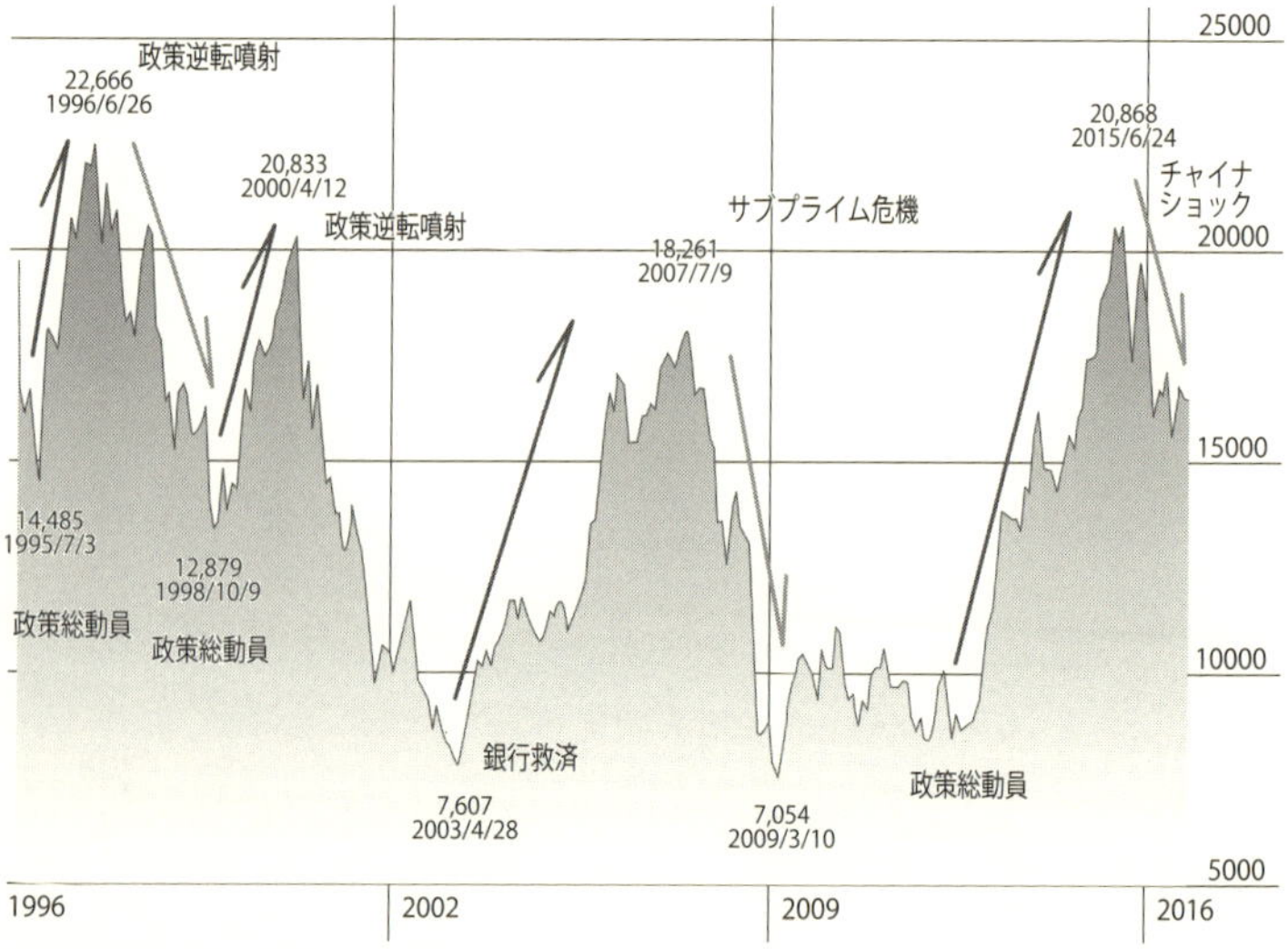

超緊縮財政で日本経済を撃墜してしまう。連動して株価も急落する。事態を打開するために、積極財政が求められる。積極財政で対応すると経済は回復し、株価も上昇する。財政政策におけるブレーキとアクセルの踏み込みによって、日本経済の浮沈が人為的に創作されてきた。

筆者の提言を「積極財政の主張」だと誤解して理解する者が後を絶たないが、これは本質をまったく理解していない評価である。筆者は、財政政策運営は「中立」を基本とするべきだと主張してきた。

ところが、財務省は、経済が少しでも浮上し始めると、直ちに「超緊縮財政」を強行する。これが日本経済の浮上を妨げてきた。「病み上がりに寒中水泳」だの「病み上がりに校庭100周」などの対応がすぐに取られる。筆者は、この近視眼的な政策対応を批判してきた。病み上がりは慎重に経済の回復を見守ることが必要で、そのためには中立の政策運営が求められる。これを主張してきたのだ。しかし、財務省が病み上がりの超緊縮財政を強行して経済を再悪化させるので、結果として大型経済対策が必要になってきたという経緯が存在する。

2008年度と2009年度に超積極財政が実行されているが、これはサブプライム危機に伴う不況圧力がすさまじかったことを物語っている。これだけの積極財政を実行して、何とか経済の崩落を回避したのである。したがって、この局面では積極財政だが株価は本格上昇していない。

2つの為替と株価連動関係

このなかで、安倍政権は2012年の第2次安倍政権発足当初の政策対応を含めて、3度、財政政策の軌道修正を実行してきた。

1度目は2012年12月の第2次安倍政権発足時である。野田佳彦政権が超緊縮財政を実行して日本経済を超低迷させていた。この路線を大幅軌道修正したのである。

2度目は2014年11月。2014年12月総選挙に向けて、2015年10月に予定されていた消費税率10%への引き上げを18ヵ月延期する方針を発表した。

そして、3度目が2016年6月1日の消費税増税再延期決定である。7月10日の参院選に向けて、2017年4月に延期していた消費税率10%への引き上げを、今度は2019年10月まで、さらに2年半延期した。公約違反そのものだったが、増税をしない方向への公約違反だったから、激しい批判に晒されずにすんだ。

このすべてが、筆者の政策提言に沿うものだった。安倍政権が延命してしまうことに忸怩たる思いを拭えないが、誤った政策で経済が崩落すれば日本の主権者に被害が及ぶ。この意味で、どの政権でも修正すべき政策は修正するのが望ましい。

2016年度に財政政策の軌道修正が不可欠であると提言したのは、2015年6月以降、ドル円レート変動が円安＝ドル高基調からドル安＝円高基調に転換したことが背景である。

P202の図表をご覧いただきたい。ドル円レートと日経平均株価の推移を対比させて表示している。これを見ると1996年10月から2004年4月までのドル円レートと日経平均株価の連動関係と、2004年4月以降の関係が180度転換していることがわかる。

2004年4月までは円安局面で株価が下落し、円高局面で株価が上昇している。ところが2004年4月以降は、円安局面で株価が上昇し、円高局面で株価が下落している。

96年から04年の期間においては、96年の6月25日に橋本政権が消費税率を3％から5％に引き上げる方針を閣議決定した。筆者は消費税増税強行が金融危機を到来させる原因になると訴え、増税圧縮を主張したが、橋本政権はこの提言を受け入れず、6月25日、増税方針を閣議決定した。この閣議決定を境に日本株価が下落に転じた。

為替は95年春の日米構造協議決着以降、円安傾向をたどっており、96年6月までは株価も上昇していた。ところが、96年6月25日に橋本政権が増税方針を決定した瞬間から、株価は下落に転じた。為替はなお円安傾向を持続した。この96年6月が両者の連動関係の変節点になった。

その株価が上昇に転じたのは、1998年10月である。小渕政権が誕生して、財政政策の方向が転換された。金融緩和策、金融危機対応策も併用された。株価は反発に転じて、為替レー

為替と株価の連動関係の転換

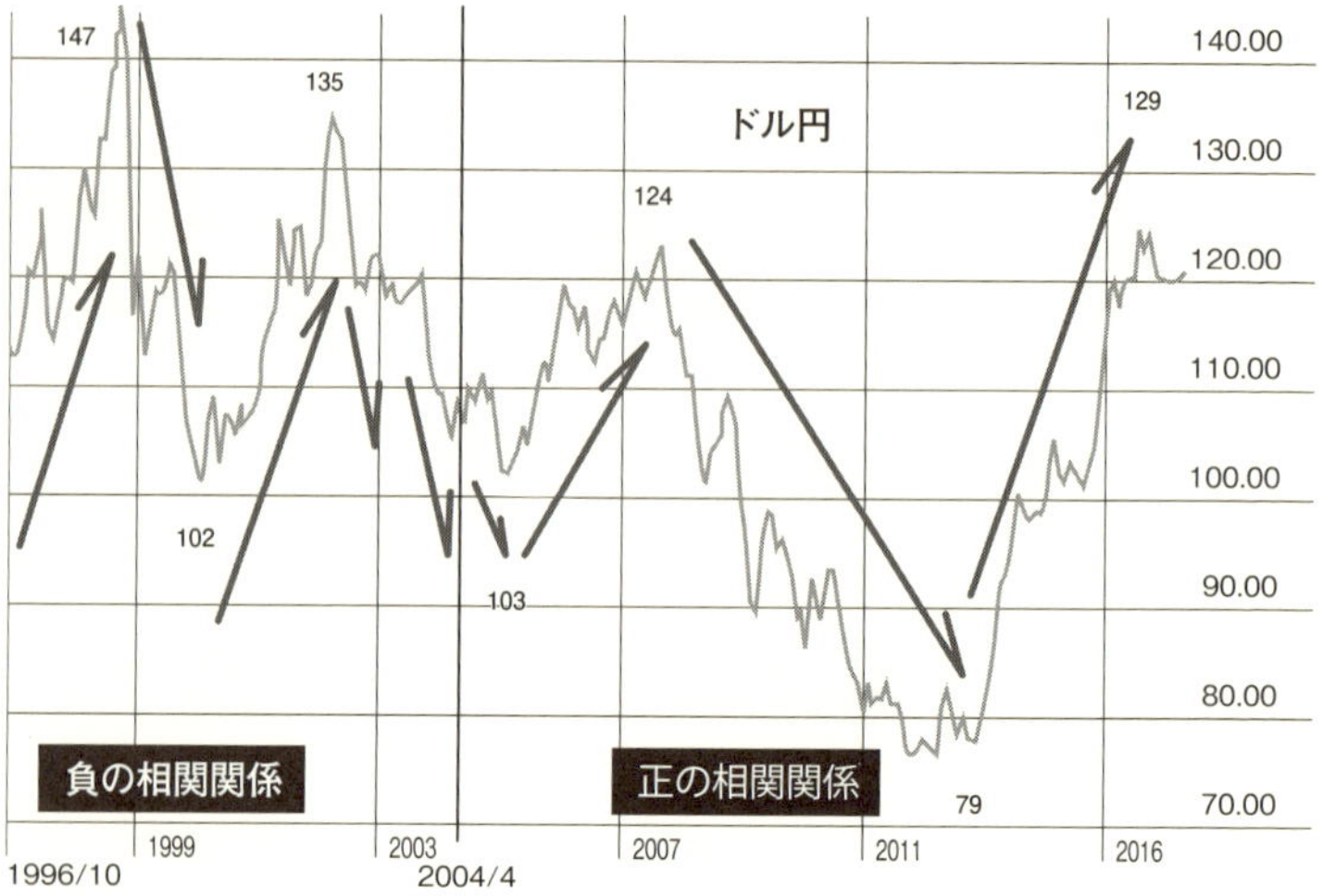

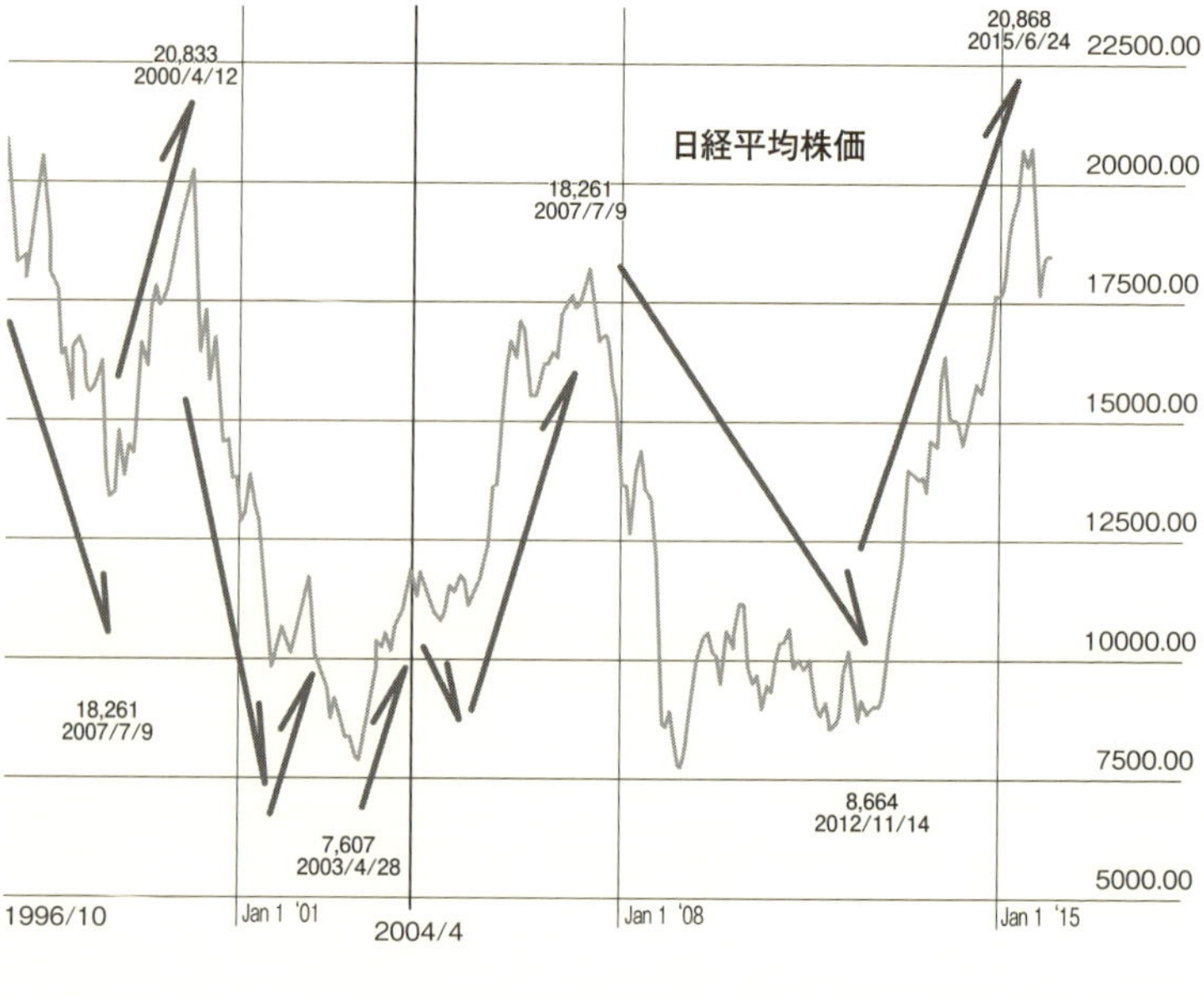

トは円高に回帰した。

次の転換点は2000年4月だった。小渕首相が脳梗塞で倒れ、森政権が発足した瞬間に流れが転換した。森政権は財務省主導の超緊縮路線に乗った。為替は円安に転換し、株価が反落した。

緊縮財政の修正

為替と株価の連動関係が1996年6月から2004年4月の期間と2004年以降の期間で、完全に逆転している理由についての筆者の見解は、前著『日本経済復活の条件』にも記述した。

96年から04年の期間の株価変動をもたらした主因は財政政策の変化だった。この期間の財政政策スタンスの変化が大きかったことが影響していると考えられる。2004年以降の期間では財政政策スタンスの変化が大きくなかった。

96年から04年の期間においては、いわゆるマンデルフレミング理論に沿う為替変動が生じたと言える。96年から98年の緊縮財政が円安をもたらし、98年から2000年にかけての積極財政が円高をもたらした。2000年4月以降は再度の緊縮財政が再度の円安をもたらした。マンデルフレミング理論と合わないのは、株価が積極財政の局面で上昇し、緊縮財政の局面で下落したことだ。

2002年以降に円高回帰が観察されるのは、小泉政権が結果として大型補正予算編成に追い込まれたからである。

これに対して2004年以降の期間では、何らかの要因で、まず為替レートが変動し、この為替レート変動に連動して企業収益が変化し、これが株価変動の主因になった。

2015年6月以降、為替レート変動のトレンドが円安から円高に転換した。これに連動して日本株価が下落波動に転じた。この株価下落波動を止めるには、96年から04年の「円高下での株高」の図式を構築すればよいことになる。96年から04年の期間に、円高下で株高が生じたのは、変動の出発点に財政政策発動があった場合である。

したがって、円高下での株価下落に歯止めをかけるには、財政政策の軌道修正が必要である。この見解を示したのである。この提言に沿うように、安倍政権は2016年6月1日に消費税再増税の再延期を発表したのち、8月に入って28兆円規模の総合経済対策を策定。これに基づいて、3・3兆円規模の2016年度第2次補正予算を編成して2016年9月に召集した臨時国会で成立させた。

この結果、財政政策スタンスを示す棒グラフの計数が、2016年度に+0・8兆円に転じたのである。緊縮財政が中立財政に修正された。これも株価下落収束の一因になった。

ミクロ財政政策の重要性

しかし、財政政策において、本質的に重要なことは、マクロベースの政策スタンスではなく、財政資金を何にどのように使うのかというミクロの政策スタンスである。

このミクロの次元で安倍政権の政策運営は完全に間違っている。本来は、利権支出を全面的に排除して、社会保障プログラムの充実を図るべきである。ところが、安倍政権は社会保障プログラムを徹底的に排除して、政治屋と各省庁の利権支出だけを積極拡大している。

日本経済を回復軌道に誘導することを重視するなら、マクロベースでの緊縮財政政策を強行するべきでない。そして、景気支援政策は、利権バラマキによらず、中低所得者の所得と社会保障の拡充だけに充当するべきである。これが、マクロとミクロの双方において適正と言える政策になる。

格差拡大推進の税制改定

日本財政について2点補足しておこう。税制と財政赤字の問題だ。1990年度前後と2015年度と比較すると、消費税が6倍になった一方で、所得税と法人税が約2分の1に減少した。

所得税と消費税の最大の相違は、所得の多寡による税率の差にある。所得税の場合、たとえば片働きの夫婦で子が2人（高校生・大学生）の給与所得者の場合、年収354・5万円までの個人は所得税がゼロである。無税なのだ。一方で、所得が多くなると税率が上がり、最高税率は所得税と住民税を合わせると55％になる。所得の多い人の税率は55％。所得の少ない人の税率はゼロ。これが所得税・住民税である。

他方、消費税の場合、所得がゼロの人も税率は8％。所得が1000億円ある人の税率も8％である。つまり、所得税制度は貧富の格差を是正する機能を有しているが、消費税制度は税引き後の貧富の格差を拡大させる効果を有している。

格差拡大が深刻化している現況を踏まえれば、税制改正の方向は、消費税率を下げて、所得税の累進度を強めるというのが正しいと言える。安倍政権の基本方向は、ここでも正反対であ

主要税目税収推移

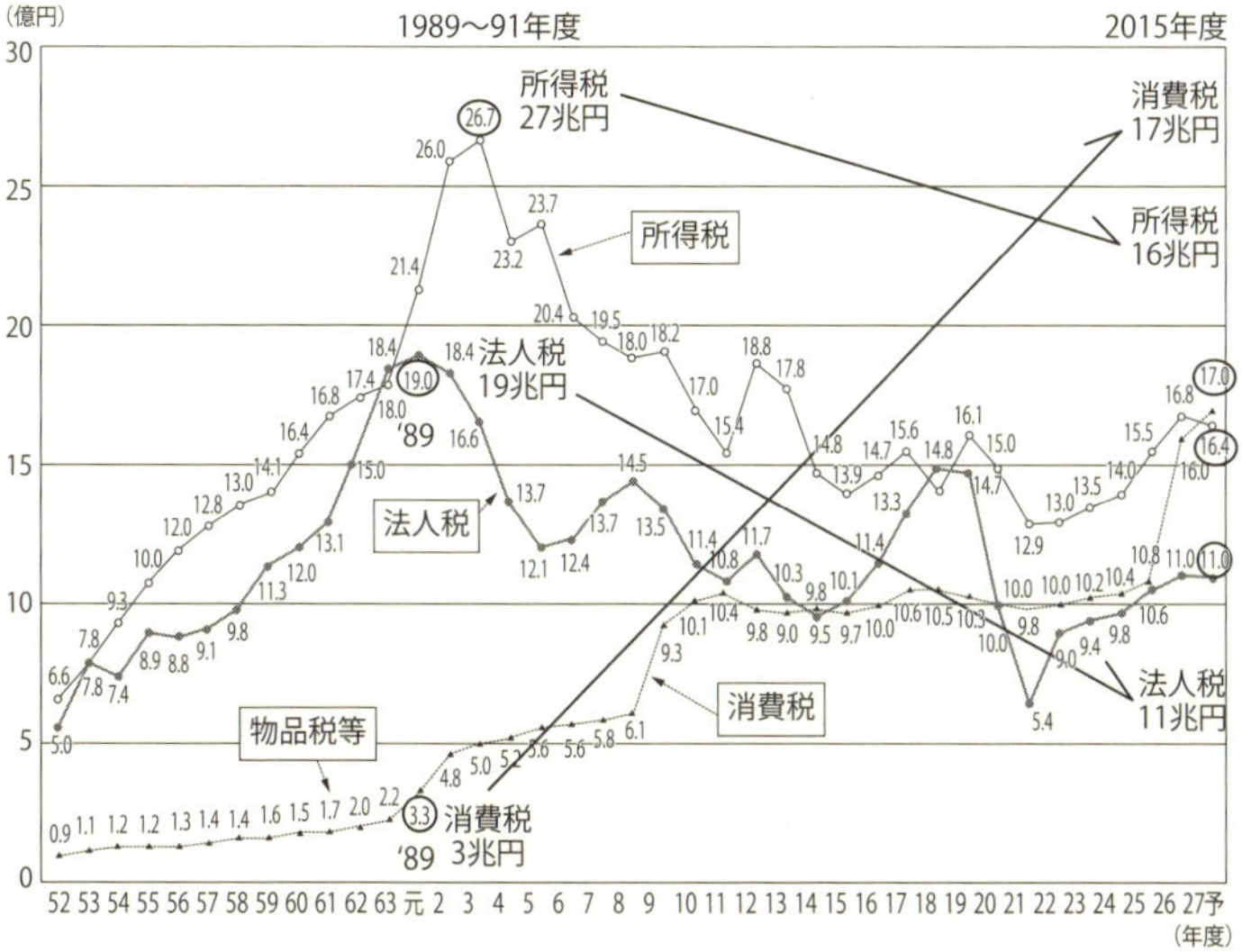

法人税については減税に次ぐ減税を実施

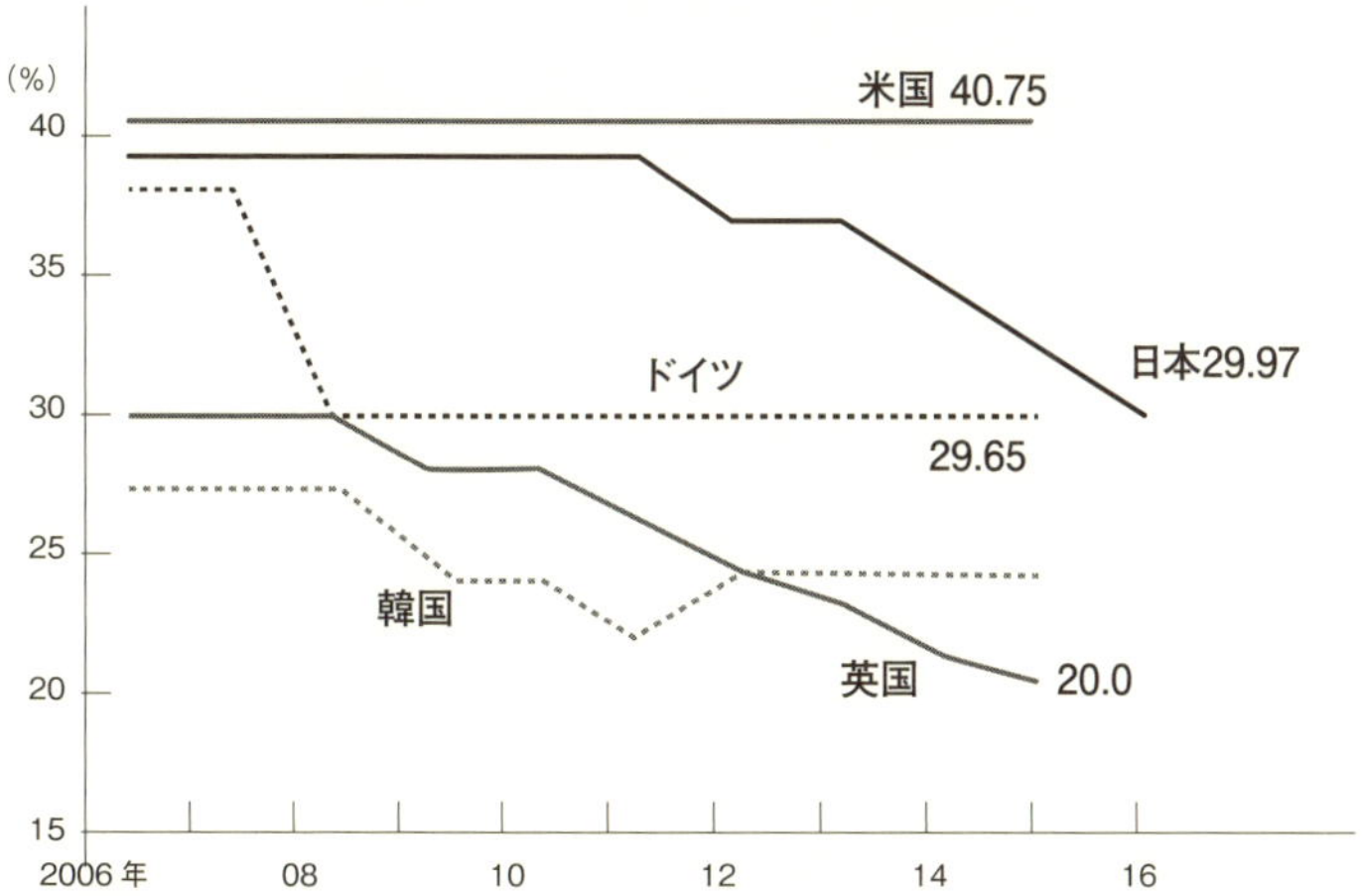

(注) 財務省と KPMG インターナショナルの資料をもとに作成

る。

そして、もうひとつの問題が、法人税減税である。2012年度以降、法人税率が大幅に引き下げられてきた。日本の法人実効税率は2011年度の39・54%から4度にわたって引き下げられ、2016年度にはついに29・97%にまで引き下げられた（図表P207）。

この法人税について日本政府は、2007年11月の政府税制調査会報告において、「日本の法人の税及び社会保険料負担は、国際比較上、必ずしも高いとは言えない」との判断を示した。国際比較上、高くない法人負担を、安倍政権は引き下げ続ける一方で、庶民虐待の消費税大増税に突き進んでいる。

政府が「必要がない」とした法人税減税が強行されてきた理由は、消費税増税の応援団を作るためだった。さらに、減税の対象はいわゆる経団連企業であり、こうした大企業は民間メディアのスポンサーでもある。民間メディアの論調を消費税増税推進に仕向けるためにも、経団連企業の優遇が重要なのだ。

安倍政権は資本の利益だけを追求する政策を遂行している。「資本栄えて民亡ぶ」状況が誘導されているように見えるが、その先にある暗闇に思いが至らないのではないか。

その先にある暗闇とは「民亡びて資本も亡ぶ」というものだ。

政策の基本の転換が必要である。家計の所得を温めること。家計の所得が温まれば、家計消費が伸びる。家計消費が伸びれば経済成長が実現する。経済全体が成長して、初めて資本の存続も可能になる。

格差拡大推進から格差是正へ、弱肉強食追求から共生追求へ。発想の転換、思想の転換、哲学の転換が求められている。

財政危機という真っ赤なウソ

政府が増税の理由に掲げる日本財政の危機というウソについて、主権者は真実を知っておかねばならない。政府は日本の政府債務が1000兆円を超えていること、GDP比200%を超えていることを強調する。あのギリシャでさえ政府債務のGDP比は170%だった。日本は世界最悪で、いつギリシャのような事態に陥ってしまうかわからないという。

こんなデタラメ話で庶民に酷税を押し付けている。

日本の一般政府の資産と負債は、国民経済計算統計に明記されている。2014年末の計数を見ると負債は1212兆円で、たしかに1000兆円を超えている。

しかし、財務省と政府は、日本政府の資産残高の計数を絶対に公言しない。公言はしないが、政府統計にはしっかり記載されている。2014年末の計数は1199兆円である。債務より少し少ないが、債務から資産を差し引いた「純債務」は14兆円に過ぎない。米国連邦政府の債務超過額が2000兆円を超えていることと比較しても、日本政府のバランスシートはすこぶる健全である。

企業と比べれば純資産が少ないと述べる者がいるが、政府と企業を同列に論じることはおかしい。政府は徴税権力という強制権力を有している。したがって、純債務がほぼゼロという状態は、極めて健全な財務状況であると言って差し支えない。

日本政府の純債務がゼロだと言っても、政府資産の半分が換金性の低い非金融資産だと主張する者もいる。これもまた軽薄な論議である。換金性を割り引いたとしても、基本的に財務の健全性は資産規模と債務規模の比較によって判断されるべきものである。

日本財政が「危機」というのは真っ赤なウソである。財務省は国民を騙して庶民に重税を押し付け、社会保障を切り捨て、その一方で、官僚利権と政治屋利権になる財政支出だけを限りなく膨張させている。官僚利権と政治屋利権の財政支出を一掃すれば、社会保障を充実しながら、財政赤字を削減することも可能になる。

第9章

TPP対反グローバリズム

メディアリテラシー

2016年の世界政治三大ミステリーについて述べた。英国国民投票でのEU離脱判断に対するメディアのヒステリックな対応、米国大統領選でのメディアのヒステリックなトランプ氏叩き。そして、安倍政権のヒステリックなTPP批准強行のスタンスだ。これらは、世界中で強まりつつある、「反グローバリズムのうねり」の裏返しの現象である。

反グローバリズムのうねりが強まり、TPPが危機的状況に追い詰められたから、強欲巨大資本が安倍首相に日本のTPP拙速批准を命令し、日本のメディアにはTPPポジティブキャンペーンを展開させているのである。

日本の主権者が早急に身につけなければならない能力は、メディアリテラシーである。メディアが流す情報の「本当」と「ウソ」を見分ける能力のことだ。米国の主権者が高いメディアリテラシーを保持していることが米大統領選で確認された。日本の主権者がこの能力を身に付け、次の衆議院総選挙で、安倍政治を許さない勢力が候補者を一本化できれば、政権交代を実現できるだろう。

日本経済にとっても、こちらの道を選ぶほうがはるかに好ましい。民の繁栄なくして経済の繁栄はない。グローバリズムの最大の欠陥は、「民亡びて資本も亡ぶ」結果に思いを致せない点にある。

とんでもないペテンのプロジェクト

TPP（環太平洋経済連携協定）は日本及び日本国民にとって最重要事項だが、日本の主権者は十分な情報を知らされていない。安倍政権は、国民がTPPについて、できるだけ理解しない間にTPPを批准してしまおうとの姿勢を示している。

メディアはTPPのポジティブキャンペーンしか展開せず、主権者が知らなければならない重要情報がほとんど主権者に伝えられていない。「TPPは一般国民に恩恵を与えるもので、反対しているのは、これまで保護されてきた農業関係者だけである」との、事実と異なるゆがんだ情報だけが流布されている。

TPPをわかりやすく表現すると、「とんでもない　ペテンの　プロジェクト」ということになる。この頭文字を取ったのがTPPである。そして、このTPPを一言で表現すると「ハゲタカの、ハゲタカによる、ハゲタカのための条約」ということになる。

TPPがターゲットとしているのは、他ならぬ日本である。ハゲタカとは強欲巨大資本、多国籍企業、いわゆる「1％」の勢力のことだ。

このハゲタカは、1980年代以降、日本を経済植民地にするために、さまざまな工作活動を行ってきた。そのなかの1つが「年次改革要望書」で、随分有名になった。

ハゲタカは「年次改革要望書」などを活用して、りそな銀行の乗っ取りや郵政民営化などを実現してきた。しかし、「年次改革要望書」には強制権限がなかった。そこで浮上したのがTPPである。

TPPは、ハゲタカによる日本経済植民地化戦略の最終兵器である。このTPPによって、一体何がもたらされるのか。それが一番重要だ。

TPPはグローバルに活動する巨大資本が日本を収奪するための枠組みであり、ISD条項が存在するために、日本がTPPに入れば、日本国民は主権を喪失する。世界を支配する巨大資本が定める諸制度、諸規制に日本の主権者は服従せざるを得ない状況が生まれる。安倍政権が、このTPPを推進している現実は、安倍政権が主権者、国民の利益ではなく、世界を支配する巨大な資本の利益のために行動していることを物語っている。

日本が蹂躙される

ＴＰＰには３つの重大な問題がある。第１は、ＴＰＰによって何がもたらされるのかが、ＴＰＰ発効初期の段階で明確でないことだ。ＴＰＰの正体が見えない。レーダーに写らないステルス爆撃機のような危険性を持つのがＴＰＰである。

第２は、ＴＰＰに関する情報が隠蔽されていることだ。ＴＰＰ交渉について４年間の守秘義務が課せられており、交渉経緯が明らかにされない。ＴＰＰは国民の「知る権利」を侵害するものであり、この点でも憲法違反の疑いが濃厚である。

そして、第３がＩＳＤ条項である。この条項が存在するために、日本と日本の主権者が主権を失う。ＩＳＤ条項とは、投資家が投資を行った国の政府に対して、政府の規制等により損害を被ったとして国際仲裁裁判所に提訴できる制度のことである。この場合、紛争事案の仲裁は日本の裁判所によらず、国際仲裁裁判所に委ねられ、しかも、この仲裁裁判所の判断に対して日本国も日本国民もいかなる抵抗もできないこととされている。

そもそも、ＩＳＤ条項は途上国の司法制度の不備を理由として、途上国の司法を排除することを目的とする制度であり、日本や米国のような法制度が確立している国に適用することが問違いなのだ。米国でもこれがＴＰＰ反対論の最重要の論拠になっている。

ＩＳＤ条項を盛り込んだＴＰＰは司法主権を定めた日本国憲法第76条1項にも明らかに違反している。このＩＳＤ条項により、今後20年、30年、あるいは40年の時間の中で、日本の諸制度、諸規制がほぼ全面的に改変されていくことになるだろう。

このＩＳＤ条項を通じる日本の諸制度、諸規制の改変というプロセスが予想されるために、ＴＰＰ発効当初においては、ＴＰＰの全体像、そして詳細な姿が明らかにならないのである。また、ＴＰＰ協定文書の記述が膨大かつあいまいで、協定書を読んでも全貌と詳細が明らかにならないことも深刻な問題だ。

ＴＰＰという「ステルス爆撃機」の恐ろしさは「ＩＳＤ条項」という「核弾頭」を搭載していることにあると表現してもよいだろう。この核弾頭で日本の諸制度、諸規制は、強制的に改変させられることになる。

かつて沖縄は、サンフランシスコ講和条約で日本から切り捨てられ、「銃剣とブルドーザー」によって蹂躙されたが、これからの日本は「安倍政権とＩＳＤ条項」によって蹂躙されてしまうことになる。

TPPで日本はこう変わる

TPPによってどのような変化が生じるかを現段階で確定することはできないが、各種情報からある程度正確に予測することはできる。その予測内容を正しく主権者に知らせることが重要だ。

TPPによってもたらされる重要な変化は次の6つだ。

1. 日本農業が「農家の農業」から「ハゲタカの農業」に改変させられる。
2. 日本の医療が一握りの富裕層のための医療に改変させられる。つまり、一般市民は病気になっても十分な医療を受けられない病苦地獄に突き落とされることになる。
3. 労働規制撤廃で「一億総非正規化」に転換させられる。安倍政権が唱える「一億総活躍」の正体は「一億総非正規化」、「一億低賃金総強制労働」である。
4. 食の安全・安心が崩壊させられる。
5. 各種共済事業、農協、生協、労働組合が解体させられる。
6. 郵政マネー、年金マネー、企業内部留保資金、政府外貨準備の約1000兆円がハゲタカによって収奪される。

このような重大な変化が予測される。

稲田朋美防衛相は以前、産経新聞で「TPPは日本文明の墓場行きのバス」だと述べた。かなり正しいが、認識がやや甘い。正しくは、「TPPは灼熱地獄、無間地獄行きのバス」である。国民を無理やり無間地獄行きのバスに乗り込ませ、行き先も告げずに発車させることは許されない。

安倍自民党は野党時代の2012年12月総選挙に際して、TPPに関する6項目の公約を明示した。そして、「TPP断固反対!」「TPP交渉への参加に反対!」と大書きしたポスターを貼り巡らせた。6項目の公約とは、

1. 聖域なき関税撤廃を前提とする限り、TPP交渉には参加しない。
2. 数値目標を受け入れない。
3. 国民皆保険制度を守る。
4. 食の安全・安心を守る。
5. 国の主権を損なうようなISD条項に合意しない。

6．金融サービス、政府調達においては、日本の特性を踏まえる。

であるが、最終合意を踏まえると、このすべてが破棄されることになると判断される。選挙に際し、主権者の大多数は、自民党はTPPに反対であると理解して投票に臨んだと推察される。ところが、その安倍自民党が総選挙から3カ月も経たない2013年3月15日にTPP交渉への参加を決定した。

その後、TPPに慎重なスタンスで臨んでいたはずの日本が、日本の国益を放棄し、日本にとって不利な譲歩を重ねて、TPPの合意形成に向けて突出した先導役を務め、TPP最終合意成立を誘導した。

トランプ新大統領の契約

米大統領選で勝利したトランプ氏はTPPからの離脱を公約に掲げている。トランプ氏は10月22日にリンカーンの演説で有名なペンシルベニア州ゲティスバーグで演説し、大統領就任100日間の行動計画を発表。このなかでTPP離脱を明示した（図表P221）。

Donald Trump's Contract with the American Voter
（ドナルド・トランプのアメリカの有権者との契約）
On the first day of my term of office, my administration will immediately pursue the following.
（私の任期初日に、私の政府は直ちに以下の事項の実現を追求する。）
Seven Actions to protect American workers
（アメリカの労働者を守るための７つの行動）
SECOND, I will announce our withdrawal from the Trance-Pacific Partnership.
（第２に、私はＴＰＰからの離脱を宣言する。）

と掲げたのである。

契約書にはトランプ氏のサインがプリントされており、有権者が署名することで契約書が完成する形態になっている。

ここに明記した事項を覆すことはトランプ氏に対する信認を失わせることになる。トランプ氏が今後どのような変化を示すかを警戒感を持って注視する必要があるが、ＴＰＰが廃棄されることは、日本の主権者にとっては最大の吉報になる。

トランプ新大統領の契約書

★ ★ ★ ★ ★

Donald Trump's Contract with the American Voter

What follows is my **100-day action plan to Make America Great Again.**
It is a contract between myself and the American voter — and begins with restoring honesty and accountability, and bringing change to Washington.
On the first day of my term of office, my administration will immediately pursue the following:

Six measures to clean up the corruption and special interest collusion in Washington, DC:

★ **FIRST**, propose a constitutional amendment to impose term limits on all members of Congress.

★ **SECOND**, a hiring freeze on all federal employees to reduce the federal workforce through attrition (exempting military, public safety, and public health).

★ **THIRD**, a requirement that for every new federal regulation, two existing regulations must be eliminated.

★ **FOURTH**, a five-year ban on White House and Congressional officials becoming lobbyists after they leave government service.

★ **FIFTH**, a lifetime ban on White House officials lobbying on behalf of a foreign government.

★ **SIXTH**, a complete ban on foreign lobbyists raising money for American elections.

Seven actions to protect American workers:

★ **FIRST**, I will announce my intention to renegotiate NAFTA or withdraw from the deal under Article 2205.

★ **SECOND**, I will announce our withdrawal from the Trans-Pacific Partnership.

★ **THIRD**, I will direct the Secretary of the Treasury to label China a currency manipulator.

★ **FOURTH**, I will direct the Secretary of Commerce and U.S. Trade Representative to identify all foreign trading abuses that unfairly impact American workers and direct them to use every tool under American and international law to end those abuses immediately.

★ **FIFTH**, I will lift the restrictions on the production of $50 trillion dollars' worth of job-producing American energy reserves, including shale, oil, natural gas and clean coal.

★ **SIXTH**, lift the Obama-Clinton roadblocks and allow vital energy infrastructure projects, like the Keystone Pipeline, to move forward.

★ **SEVENTH**, cancel billions in payments to U.N. climate change programs and use the money to fix America's water and environmental infrastructure.

Five actions to restore security and the constitutional rule of law:

★ **FIRST**, cancel every unconstitutional executive action, memorandum and order issued by President Obama.

★ **SECOND**, begin the process of selecting a replacement for Justice Scalia from one of the 20 judges on my list, who will uphold and defend the U.S. Constitution.

★ **THIRD**, cancel all federal funding to sanctuary cities.

★ **FOURTH**, begin removing the more than two million criminal illegal immigrants from the country and cancel visas to foreign countries that won't take them back.

★ **FIFTH**, suspend immigration from terror-prone regions where vetting cannot safely occur. All vetting of people coming into our country will be considered "extreme vetting."

continued on the back

Donald J. Trump

Your signature

LEARN MORE AT
donaldjtrump.com/contract

TPPは交渉参加国12カ国の6カ国以上、かつ、交渉参加国のGDP合計の85%以上を占める国の承認がなければ発効しない。交渉12カ国のGDP合計額に占める比率は米国が60・4%、日本が17・7%である。したがって、日本と米国のいずれか1カ国がTPPを批准しなければ発効条件の85%を満たさない。

米国が批准しなければTPPを発効することはできないのである。

大統領選と同時に実施された議会選挙で、共和党は上下両院で過半数議席を維持した。そして、共和党の議会責任者はオバマ政権の残された任期中にTPPを議会で批准しないことを表明した。米国のTPP早期承認の可能性が事実上消滅した。

この情勢下で安倍政権は、2016年秋の臨時国会でのTPP拙速批准に突き進んでいる。真正の政治ミステリーだ。ハゲタカ勢力の焦燥感、そして狼狽ぶりの表れであると言える。

反グローバリズムのうねり

2016年6月23日の国民投票での英国民のEU離脱判断は、反グローバリズムを象徴する意思決定であった。筆者は直ちにこう論評した。

強欲巨大資本はいかなる手段を用いてでも、これを潰さねばならなかった。しかし、それに失敗した。だからこそ、その後、英国民の判断を徹底的にこき下ろしたのである。

しかし、その後の英国はどうであろうか。英ポンドが大幅に下落したが、このおかげで英国には外国人旅行客が殺到している。英国は輸出価格競争力を回復して、欧州で最高水準の経済成長率を実現している。そして、英国のFT株価指数は史上最高値を更新した。

英国民のEU離脱決断が「世紀の誤判断」であるとの指摘は現実に適合していない。

2016年7月10日の参院選で安倍首相は前回選挙を上回る自公勢力の圧勝を目論んだに違いないが、その目論見よりは遥かに厳しい戦いを強いられた。32の1人区において、11選挙区で自公推薦候補が敗北した。さらに2016年10月16日に実施された新潟県知事選においては、告示当初、圧勝と見られていた原発推進候補である森民夫氏が、告示直前に出馬を表明した原発再稼働阻止候補となった米山隆一氏によもやの敗北を演じた。市場原理を中軸に据え、格差を際限なく拡大させる新自由主義経済政策の激しい潮流に対して、いま、明確な抵抗の芽が生まれ始めている。

米国においては、オキュパイ・ウォールストリートと呼ばれる99%運動が拡大した。1%の少数勢力が所得と富の大半を占有し、99%の国民が下流に押し流される現実に対する主権者の抵抗が始まり、拡大している。

アベノミクスの中核は成長戦略にある。その柱は、1. 農業自由化、2. 医療自由化、3.

労働規制撤廃、4．経済特区創設、5．法人税減税である。

農業の自由化とは既存の日本農業を廃棄して、巨大資本が支配する新しい農業を構築しようとするものである。

医療の自由化とは、公的保険医療の外側に公的保険外医療のフィールドを構築し、これを拡大させようというものだ。財政による医療支出を抑制する一方で、医療費支出全体の急拡大を目指す。つまり、公的保険でカバーされない医療を突出して拡大させるもので、医療の分野に激しい貧富の格差が持ち込まれる。

労働規制の撤廃で、解雇が自由化され、正規社員が消滅させられることによって、正規、非正規の壁が取り除かれることになる可能性が高い。

そして、こうした制度変更をなしくずしで実行してしまうのが、経済特区と呼ばれる制度であり、他方で、巨大資本の利益極大化を促進するための法人税減税が際限なく実行される。とりわけ大資本企業の法人実効税率は、実態上、大幅に低下している。巨大企業ほど所得に対する納税額の比率で計算した実効税率が圧倒的に低いという事実が確認されている。

この成長戦略と表裏一体の条約がＴＰＰである。

市場原理の過度の強制は、際限のない格差を生み、結果として需要不足経済、供給力過剰経済という構造的なインバランス、不均衡を生み出す原因になる。格差の際限のない拡大は、総需要の絶対的不足を通じて、恐慌を生み出す原因にもなる。

反グローバリズム、「弱肉強食」から「共生」への転換こそ、世界経済を救う唯一の道である。

第10章

政府の失敗と最強・常勝投資の極意

ＧＰＩＦの巨額損失

ＧＰＩＦ（年金積立金管理運用独立行政法人）の巨額損失が表面化した。ＧＰＩＦは公的年金の積立金を一括運用する公的機関である。１３０兆ないし１５０兆円の運用資金を保持している。このＧＰＩＦが２０１４年10月31日に基本ポートフォリオを大幅に変更した。国民の老後資金である年金支払いが円滑に行われるべく、ＧＰＩＦ資金は有利運用を実現しなければならない。しかしながら有利な運用を目指すということは大きなリスクを背負うことでもある。ハイリターンの裏側にはハイリスクの奈落が控えており、ローリスク・ハイリターンはありえない。

２０１４年10月31日の新運用方針でＧＰＩＦ資金の資産別運用構成比率が大幅に変更された。従来の基本ポートフォリオでは国内債券が60％、国内株式が12％、外国株式12％、外国債券11％だった。これが、国内債券35％、国内株式25％、外国株式25％、外国債券15％に変更された（図表Ｐ２２９）。国内債券は満期まで保持すれば額面全額が償還されるから、対象債券の債務不履行＝デフォルトがない限り、運用利回りが確定する安全資産である。これに対し、株式を保有する場合、株価が上昇すれば利益になるが、株価が下落すれば損失になる。ハイリスク・ハイリターンである。

GPIFポートフォリオ変更（2014/10/31）

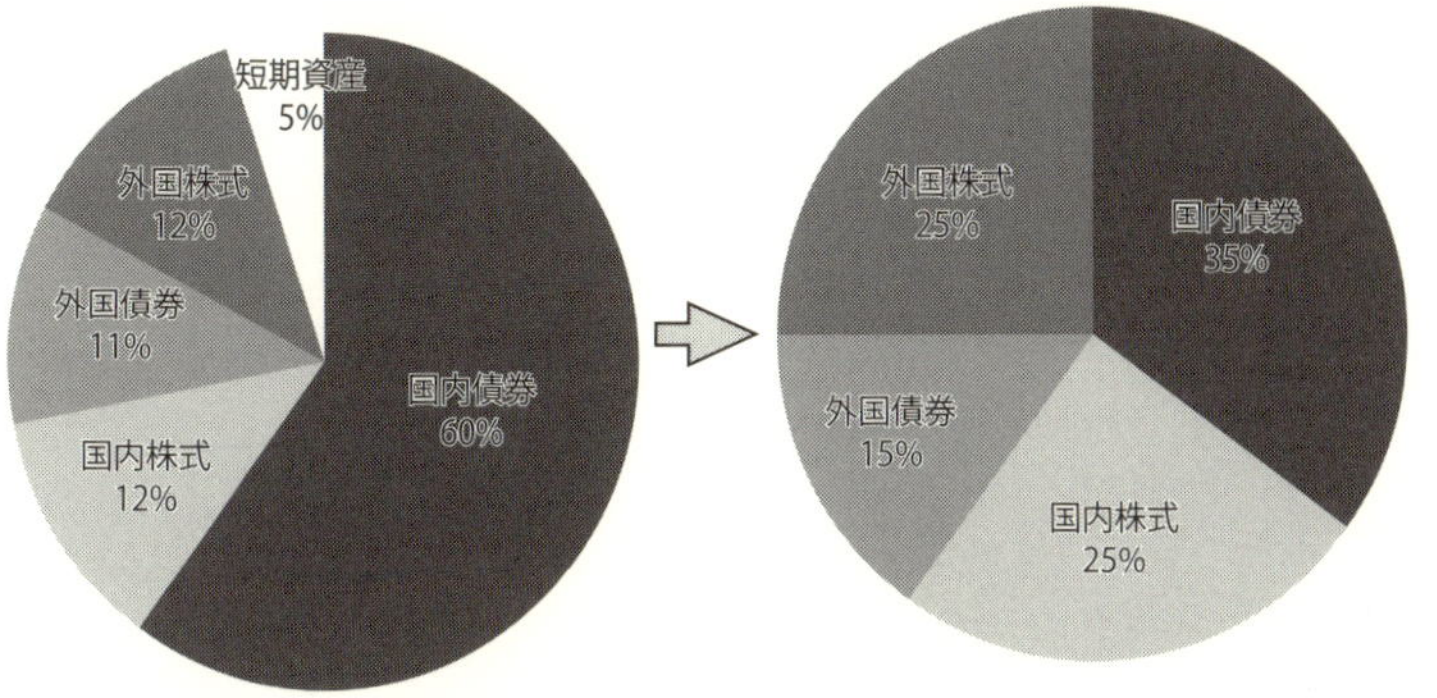

さらに、外国株式や外国債券は、為替レート変動がある限りリスク資産である。国内債券の比率を60％から35％に引き下げ、リスク資産である株式の比率を50％に、外国債券を加えるとリスク資産の比率を、65％に引き上げた。

その結果として、2014年10月から2016年6月末までの1年9カ月の総運用損益が1兆962億円の損失になった。GPIFが鳴り物入りで打ち出した新しい資産配分比率の下での運用がトータルでマイナスに陥った。

直近1年を見ると、2015年7月から2016年6月までの損益は、11兆4197億円の損失になった。

GPIFが基本ポートフォリオを正式に変更した2014年10月末、日経平均株価が1万6400円の水準で株式運用比率が大幅に引き上げられた。その後、2015年6月までは株価が上昇したが、それ以後反落し、２０１６年前半にスタート地点を下回った。

ドル円レートが１ドル＝１１２円の時点で外貨資産での運用比率が引き上げられた。その後１ドル＝１２５円までドル高になったが反落し、２０１６年６月には１００円を割り込んでしまった。他方、債券利回りは日米ともに２０１４年10月から２０１６年半ばにかけて大幅に低下した。債券利回りの低下は債券価格上昇のことである。

したがって、２０１４年10月に正式決定した基本ポートフォリオの変更を実行していなければ巨大の利益を確保できていた。

結果ではなくプロセスに重大な欠陥

ＧＰＩＦが支払った資金管理手数料は２０１５年度だけでも３８３億円。ＧＰＩＦ理事長の高橋則広氏の年俸は３１３０万円。国会でＧＰＩＦの巨額損失問題を追及された安倍首相は、年金運用のパフォーマンスは長期で評価するべきであり、短期の損失が出たことを大きく取り上げて、国民の不安心理を煽るのはよくないとの開き直り答弁を示した。

資金運用に絶対はないから、「高い利回りを絶対に確保する」ことは不可能だ。問題は、国民の貴重な資金の運用が適正に行われたのかどうかである。結論を言えば、ＧＰＩＦの行動は

ドル円相場（直近５年）

日経平均株価（直近５年）

日本国債先物価格（直近５年）

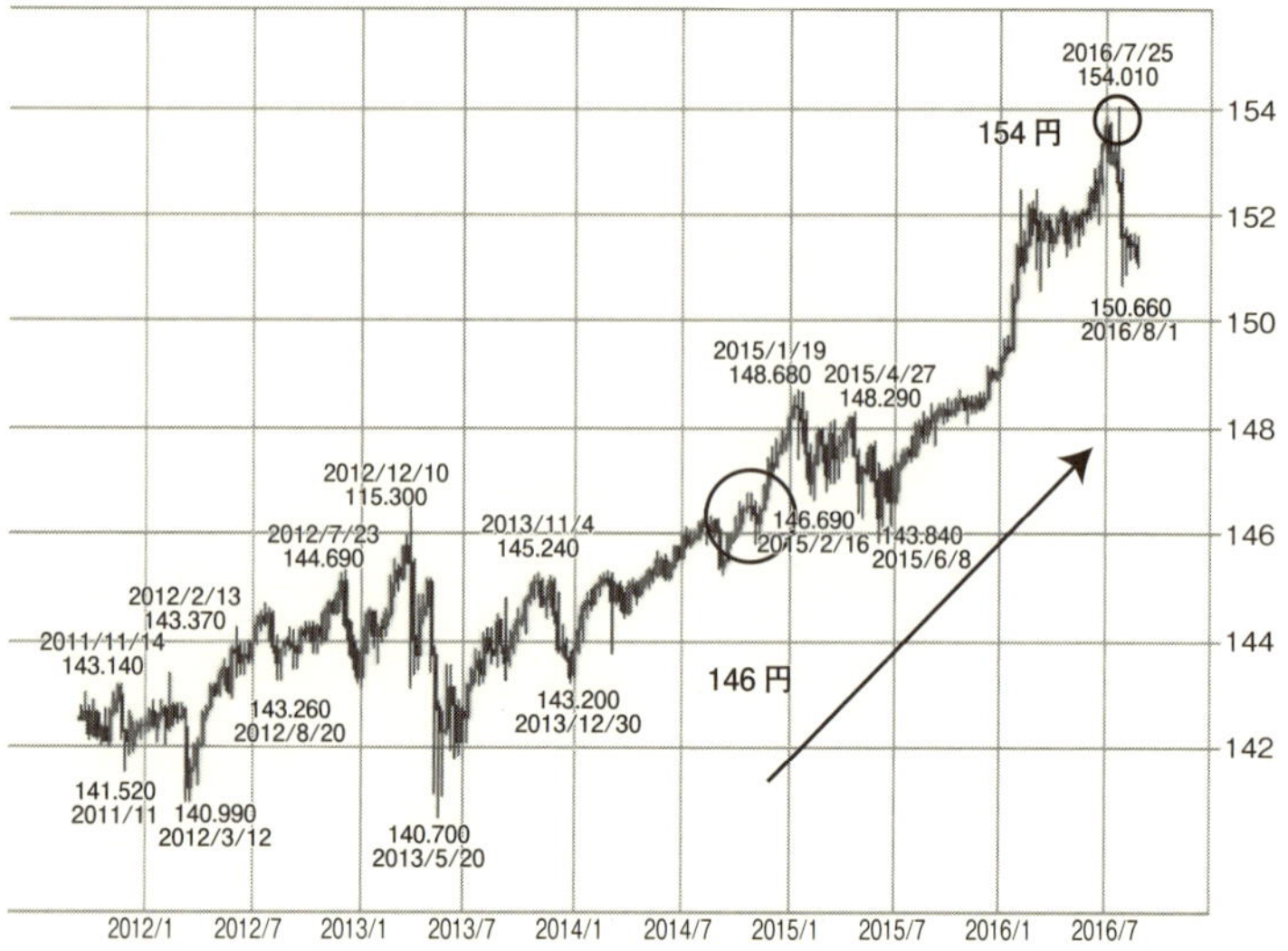

ＮＹダウ（直近５年）

最悪のものだった。結果論で言っているのではない。そのプロセスにおいて、初歩的、そして致命的な過ちを犯している。

たしかに超低金利の時代だから、債券利回りだけでは十分なリターンを獲得できない。リスクを取ってリターンを高めることを目指すこと自体を否定するつもりはない。しかし、リスクを取る以上は、最適、最善の手法を取らなければならない。この点でGPIFは過ちを犯しており、その責任は厳しく問われなければならない。

チャートを見ていただければ一目瞭然だが、株価が2倍に上昇した局面で株式の運用比率を大幅に引き上げていること、1ドル＝78円が1ドル＝112円に上昇した局面で外貨運用比率を大幅に引き上げていることが問題なのだ（図表P231）。

他方、比率を大幅に引き下げた日本国債は大幅値上がりしており、比率引き下げは完全に裏目に出た。ニューヨークダウが最高値圏での外国株式比率引き下げも首をかしげる決定だった（図表P232）。

まさに、成績が最悪の素人の運用そのものである。『金利・為替・株価特報』は2012年10月の時点で円安・株高への転換の見通しを示した。このような局面で株式比率や外貨資産比率を引き上げるなら、運用は成功する可能性が高い。それでも、金融市場では何が起こるかわからないから、予断を持つべきではなく、想定とは異なる事態が発生した場合の、緊急対応を常に用意しておかねばならない。

しかし、GPIFの対応はあまりにもお粗末なものである。この事実が存在するなら、運用失敗を国会で厳しく追及することは、「国民の不安を煽る」ことではなく、「存在する巨大不安を国民に正しく認識してもらう」ことになる。このようなGPIFが放置されるなら、日本国民の将来は真っ暗闇だ。

リスクを取って積極的な運用をするなら、経済変動、金融変動を精密に分析し、金融変動の転換点を狙い撃ちにして運用比率の変更を決定するべきである。そのような能力がないなら、リスクを取る運用を選択するべきでない。

また、長期投資の視点で、リスク資産の比率をある程度高める運用を長期にわたって維持するのなら、運用比率の変更を行うタイミングを徹底的に精査するべきである。今回のGPIFの運用比率変更のタイミングは、これ以上拙《つたな》くしようがないと言えるほどに最悪のものだった。なぜこのような最悪の決定が行なわれたのかを厳しく検証しなければ、また同じ過ちを繰り返すはずである。

GPIFは2015年度の運用実績の発表を7月10日の参院選後に先送りした。良い成績であれば率先して選挙前に発表したはずである。巨額損失だったから選挙後に発表を先送りした。こうした政治的な行動も許されない。

外貨準備という名の米国への上納金

問題はこれだけでない。さらに大きな巨額損失問題が存在する。政府による外貨準備資金の損失だ。政府は2016年10月末時点で1兆2428億ドルの外貨準備を保有している。

外貨準備とは政府が日銀からお金を借りて外貨資産を購入した残高のことだ。円高が進行するときに、「政府によるドル買い介入」と報道される。この蓄積が外貨準備である。日本政府が購入してきた外貨資産の太宗が米国国債である。

外貨準備資金の円評価額は為替レート変動で変化する。円高＝ドル安になると円換算金額が減少する。損をするわけだ。1ドル＝100円で買ったのに1ドル＝80円になれば2割も損することになる。

最近10年ほどの動きを見ると、2007年6月末の日本の外貨準備は9136億ドルだった。当時のドル円レートは1ドル＝124円。円換算で113兆円の米国国債を保有していた。その後の4年半の間に日本政府は米国国債を3931億ドル買い増した。平均すると1ドル＝100円でこれを買った。アメリカ国債を39兆円買い増したわけだ。

2007年6月の113兆円に39兆円を足すと152兆円。元手は152兆円ということになる。ところが、2012年1月に1ドル75円までドル安＝円高が進行した。この結果、外貨準備の円評価額が98兆円になってしまった。4年半で54兆円の損失が生まれたのである。史上空前の巨額損失だ（図表P237）。

しかし、2015年6月にドル円レートが125円までドル高になったため、時価総額が155兆円になった。つまり54兆円の損失がすべて消滅したのである。だから、筆者は日本政府に対して、この段階で保有ドル資産を全額売却するべきだと主張した。ところが日本政府は1ドルたりとも政府保有米国債を売却しなかった。

そうこうするうちに、2016年6月に1ドル＝100円のドル安＝円高が生じた。政府保有米国債の時価評価額が125兆円に減ってしまった。債券価格上昇による評価益をカウントしていないが、為替の評価損だけで計算すれば、1年間で30兆円の巨大損失を生み出したのだ。

この1年間のGPIFの運用損が11兆円、外貨準備の評価損が30兆円、合わせて41兆円の損失が生み出された。日本政府が米国国債を持ち続ける合理的根拠はない。米国に貸したお金なのだから、債券の満期が来たら返してもらうべきなのに、1ドルも返してもらおうとしない。満期が来た金額は全額、新しい国債に乗り換えさせられている。

日本の外貨準備が激増したのは2002年から2004年にかけてだった。2002年9月に4607億ドルだったのが、2004年3月までの1年半に3659億ドル増加して

外貨準備高と巨額損失（2000年4月～2016年7月）

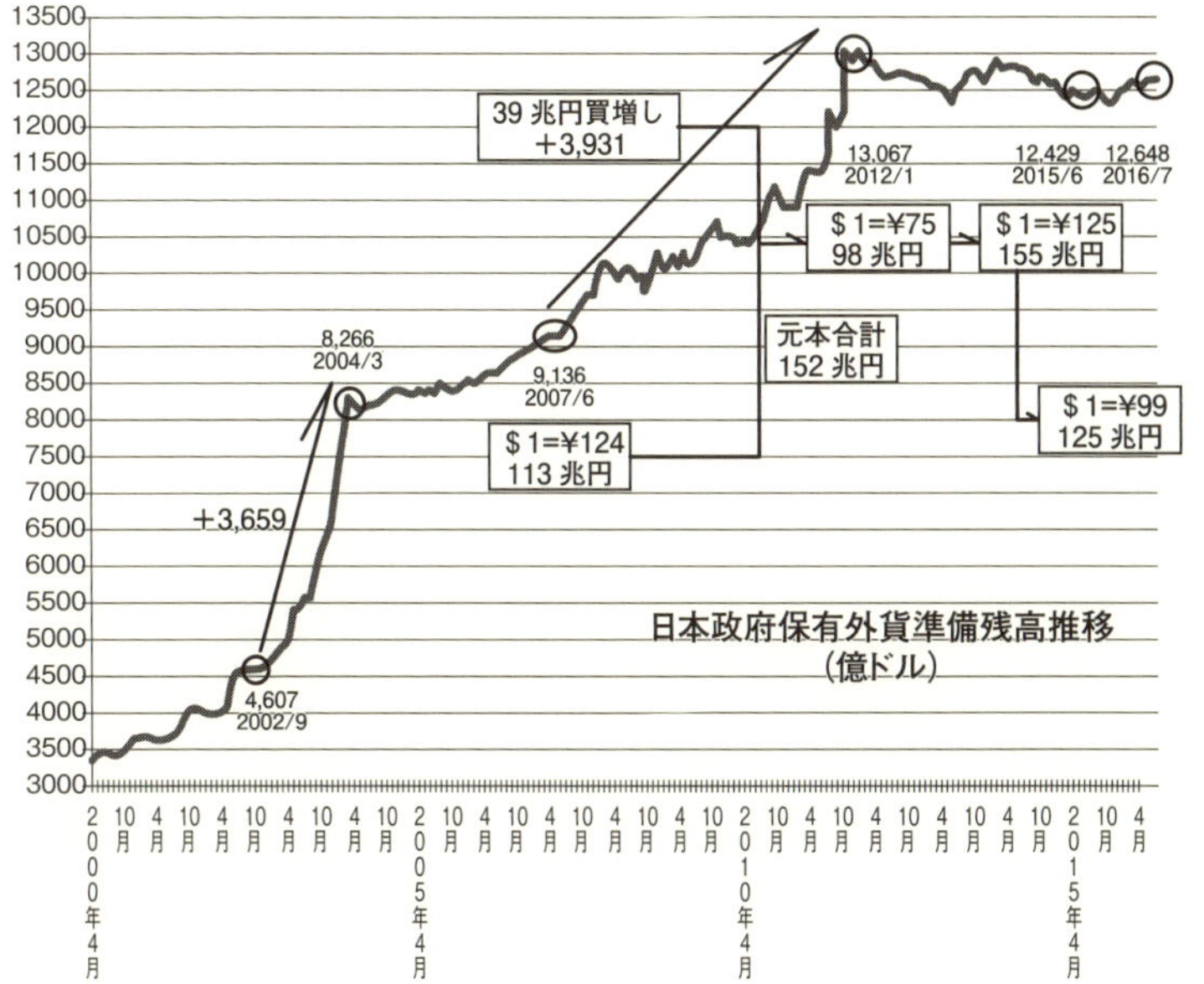

8266億ドルになった。日本政府から米国政府に40兆円の資金が流れたことになるが、このとき、米国がイラク戦争を行った。日本はイラク戦争の費用を拠出したことになる。

さらに1つ付け加えるなら、日銀が保有している345兆円の日本国債は、そのほとんどすべてが高値購入の国債だ。金利上昇とは債券価格下落のことで、日本の長期金利が上昇すると、今度は日銀が巨額損失を計上する。この損失も、予算のなかの日銀納付金を通じて、日本国民につけ回しされる。年金資金損失は少し報道されたが、外貨準備と日銀保有国債の損失については、ほとんど報道されない。しかし、恐るべき損失が生まれている。

最強・常勝5カ条の極意

国民は低迷する経済のなかで自分の資産を守らねばならない。そのために、投資環境分析と投資戦略構築が必要になる。本書では、資産を減らさず、確実に、ある程度の高利回りを獲得するための極意を提供する。本シリーズで公開してきた「最強・常勝5ヵ条の極意」を改めて提示する。確実にマスターして、確実に実行していただきたいと思う。

「最強・常勝5カ条の極意」は以下の5つである。

1. 損切り　2. 逆張り　3. 利食い　4. 潮流　5. 波動

「損切り」

投資で勝利を獲得するための第1の極意は「負けないこと」。損失の膨張を絶対に避ける。これが負けないことの意味だ。損失の膨張を絶対にさせない。そのための手法が「損切り」である。

損切りルールをあらかじめ厳格に定めておく。その基準を超えたなら、いかなる理由があろうとも損切りを実行する。これによって、傷を最小限で食い止めるのだ。英語では〝Stop loss〟と表現する。損失を確実に止めるのである。

大きなリターンを得る最大のチャンスは相場の転換点だ。妙味が極めて大きい。しかし、タイミングの選定は極めて難しい。1、2カ月ずれてしまっても、損切りを実行しなければ、損失が際限なく拡大することもある。したがって、絶好のチャンスであると判断しても、絶対に「損切りルール」を確実に守る。この鉄則が第1の極意である。

大底に近付いたと判断しても、安易に手を出さない。十分に状況を見極めて大底と判断してから買いに回る。それでも、その見立てが間違うことは多い。何よりも大事なことは、そのときの行動である。設定した基準値を超えて下落したときには、直ちに厳格な損切りルールによって損切りを実行する。その上で仕切り直しをする。大底の判断自体が間違ったのか。それとも、タイミングを早まったのかを十分に吟味して再出発を図るのだ。

「逆張り」

第2の極意は「逆張り」である。上がった日に買うのではなく、下がった日に買う。上がりきったところを買うのではなく、下がりきったところを買う。「売り」の場合はこの逆だ。簡単そうに見えるが、この極意の実行も容易ではない。通常の人間行動の逆を実行しなければならないからだ。GPIFの失敗が典型例である。
安いときには買う気が後退し、高い日には買い気を煽られる。その一般的な感覚の逆に妙味がある。「人の行く裏に道あり花の山」である。

「利食い」

第3の極意は「利食い」。初めは「利食い」の基準ラインを小さく設定する。小さな利益でも、積み上げれば大きな利益になる。「利食い」がなければ利益は実現しない。
利益が積み上がったら、時と場合によっては「利食い」の基準ラインを大きく設定することも検討に値する。とりわけ、経済の基本環境が大きく変化する場合には、大型相場が出現する可能性が高まるからだ。2012年11月の衆院解散発言後の局面が典型事例だった。2016年11月の米大統領選後も1つの可能性を秘める局面である。

「潮流」

第4の極意「潮流」は経済金融市場全体の流れの把握である。とりわけ重要になるのが、4～5年に一度のペースで出現する「大相場」の始動局面捕捉である。『金利・為替・株価特報』

は1カ月から半年の金融変動分析を主たるターゲットとしているが、数年に一度のペースで出現する、重要な転換点の分析に特段の関心と注意を払っている。

個人のレベルですべてを洞察することは困難であると考えられ、傾聴に値するアナリスト、エコノミスト、ストラテジストが誰であるのかを各投資家が保持することが重要になる。『金利・為替・株価特報』は、そのための信頼のおける羅針盤になることを目標に刊行しているものだ。


「波動」


第5の極意が「波動」である。個別銘柄の株価、金利、為替の変動、金、WTIなどの商品価格の変動。このすべてに「波動」がある。すべては「循環変動」するものである。

そのリズムを捉えることが、現実の投資パフォーマンスを大きく左右する。

経済分析を的確に行い、銘柄選定も適正に実行できた。しかし、最終的な「買い」と「売り」のタイミング選定を誤ると投資パフォーマンスを引き上げることができない。その「タイミング」選定のための極意が「波動」である。

ネットトレードを提供する企業が、一般個人向けに高度な情報提供を行っている。移動平均、RSI、ストキャスティクスなどの画像情報が提供されている。短期、中期、長期の「波動」分析を実現するツールが提供されており、これを最大活用することが必要である。

9年で資産倍増投資戦略

5つの極意を確実に実行することにより、年間8%のリターンを確保すること。これが「金利・為替・株価特報」が目指す目標であり、本書の目標である。年間利回り8%を9年間持続すると保有資産は2倍になる。ゼロ金利の時代の資産倍増の価値は限りなく大きい。

短期倍増、短期2割、3割獲得を目指す投資は「バクチ」の側面を必ず有する。虎の子の資金が倍増どころか消滅という悲劇が隣り合わせであることを見落としてはならない。「堅実」な投資でなければ、資産を守ることはできないのである。

金融市場変動は「大相場」の局面と「小相場」、「なぎ」の局面を繰り返す。経済環境の把握、分析が基礎になる。

大潮の海では、潮の流れが速く、大物狙いの釣りを楽しめる。しかし、潮の流れの遅い小潮の海では、大物狙いの釣りを演じても、肩すかしを食らうだけだ。

米国の変化と世界経済の底入れは「大相場」の到来を予感させるものがある。しかし、「一瞬先は闇」というのは政治の世界だけでなく、経済の世界も同じである。あらゆる変化が発生し得る。とりわけ、世界を駆け巡る巨大資本の規模は膨張し、新しい金融工学商品も組成され続けている。金融機関が抱え込むリスクと潜在的な損失は際限なく拡大している。

基本観を持ちながらも、常に、あらゆる変化に即応できる「心の準備」を備えておかねばならない。資源国、新興国、そして素材の分野に回復が広がってゆくのかどうか。

他方で、分野を問わず力のある企業、技術力、先見力のある企業が光を放つ。ミクロの情報も重要になる。日ロ関係の変化も日本にとっては大きな意味を持つ。TPPの帰趨を見定めることも重要だ。

もちろん、本書を通じてその重要性を説いた米国の金融政策の判断は、引き続き世界経済の要になる。リスク要因を把握しつつ、大いなる期待を抱きつつ、細心の注意を払って2017年の経済金融動向を読み抜いていただきたい。

会員制レポート『金利・為替・株価特報』
掲載参考銘柄の掲載後約３カ月内の株価上昇率一覧

掲載号	銘柄コード	銘柄	掲載時株価	３カ月内高値	高値日付	上昇率
1/18/16	4755	楽天	1,234.0	1,330	4/22/16	7.8
	5713	住友鉱	1,221.0	1,358.0	3/7/16	11.2
	8802	三菱地所	2,328.0	2,503.0	2/1/16	7.5
2/1/16	3003	ヒューリック	939	1,177	4/28/16	25.3
	4755	楽天	1,195.0	1,330.0	4/22/16	11.3
	9843	ニトリＨＤ	9,480	10,740	4/20/16	13.3
2/15/16	1803	清水建	824	1,034	5/11/16	25.5
	2502	アサヒGHD	3,317	3,784	5/31/16	14.1
	9843	ニトリＨＤ	7,750	11,470	5/26/16	48.0
2/29/16	1605	国際帝石	832.7	985.8	3/7/16	18.4
	1803	清水建	872	1,034	5/11/16	18.6
	8306	三菱ＵＦＪ	487.4	593.0	4/25/16	21.7
3/14/16	8179	ロイヤルＨＤ	2,123	2,358	3/14/16	11.1
	8306	三菱ＵＦＪ	535.6	593.0	4/25/16	10.7
	9024	西武ＨＤ	2,326	2,487	4/22/16	6.9
3/28/16	1605	国際帝石	875.7	945.0	4/25/16	7.9
	5411	ＪＦＥ	1,491.5	1,892.0	4/25/16	26.9
	5713	住友鉱	1,183.0	1,321.0	4/25/16	11.7
4/11/16	1605	国際帝石	794.0	945.0	4/25/16	19.0
	4755	楽天	1,183.0	1,331.5	4/25/16	12.6
	6301	コマツ	1,742.5	2,045.0	4/22/16	17.4
4/25/16	1605	国際帝石	918.2	945.0	4/25/16	2.9
	5713	住友鉱	1,291.5	1,321.0	4/25/16	2.3
	6301	コマツ	2,033.5	2,120.0	7/22/16	4.3
5/16/16	1803	清水建	1,011	1,061	7/27/16	4.9
	2181	テンプＨＤ	1,611	1,841	7/14/16	14.3
	8306	三菱ＵＦＪ	510.1	555.7	6/1/16	8.9
5/30/16	1605	国際帝石	852.8	939.2	8/19/16	10.1
	8058	三菱商事	1,902.5	2,187.0	8/19/16	15.0
	8306	三菱ＵＦＪ	535.1	592.0	9/5/16	10.6
6/13/16	1896	大林道	722	733	6/9/16	1.5
	2181	テンプＨＤ	1,801	1,841	7/14/16	2.2
	6301	コマツ	1,937.5	2,395.0	9/23/16	23.6

掲載号	銘柄コード	銘柄	掲載時株価	3カ月内高値	高値日付	上昇率
6/27/16	1926	ライト工	1,007	1,215	7/27/16	20.7
	2705	大戸屋ＨＤ	1,819	1,943	7/4/16	6.8
	8227	しまむら	13,580	16,450	6/28/16	21.1
7/11/16	1926	ライト工	1,047	1,291	10/28/16	23.3
	8179	ロイヤルＨＤ	1,845	1,956	7/25/16	6.0
	9983	ファーストリテ	25,600	38,250	8/9/16	49.4
7/25/16	1926	ライト工	1,156	1,297	11/1/16	12.2
	5411	ＪＦＥ	1,442.5	1,687.0	9/5/16	16.9
	8876	リログループ	16,850	18,010	10/20/16	6.9
8/15/16	2152	幼児活動研究会	1,015	1,126	10/20/16	10.9
	7532	ドンキホーテHD	3,820	4,175	11/7/16	9.3
	9843	ニトリＨＤ	11,950	12,830	10/27/16	7.4
8/29/16	1605	国際帝石	871.2	1,062.5	8/29/16	22.0
	2181	テンプＨＤ	1,705	1,830	10/27/16	7.3
	4666	パーク２４	3,145	3,425	9/28/16	8.9
9/12/16	2705	大戸屋ＨＤ	1,893	1,942	11/7/16	2.6
	5411	ＪＦＥ	1,555.0	1,648.0	11/15/16	6.0
	5802	住友電工	1,507.0	1,568.0	10/28/16	4.0
9/26/16	1963	日揮	1,792	1,920	11/15/16	7.1
	8031	三井物産	1,358.5	1,540.0	11/15/16	13.4
	9843	ニトリＨＤ	11,330	12,830	10/27/16	13.2
10/17/16	1301	極洋	2,728	2,785	10/17/16	2.1
	4541	日医工	1,983	1,985	10/14/16	0.1
	8227	しまむら	12,780	13,660	10/26/16	6.9
10/31/16	4689	ヤフー	410	429	11/2/16	4.6
	7270	富士重	4,040	4,380	11/16/16	8.4
	8306	三菱ＵＦＪ	534.7	687.3	11/16/16	28.5
11/14/16	1605	国際帝石	975.1	1,062.5	11/16/16	9.0
	5411	ＪＦＥ	1,498.5	1,648.0	11/17/16	10.0
	8306	三菱ＵＦＪ	557.5	687.3	11/16/16	23.3

注目すべき株式銘柄〈2017〉

株価は2016年11月9日終値

■1605 国際石油開発帝石

現在 **899.4円**
(2016/11/9)

原油・ガス開発生産の国内最大手。2008年に国際石油開発と帝国石油が経営統合して発足。原油価格下落に伴う販価下落で業績が大幅悪化。減損一巡。原油価格底入れで減益幅縮小へ。株価反発始動か。押し目狙いで。

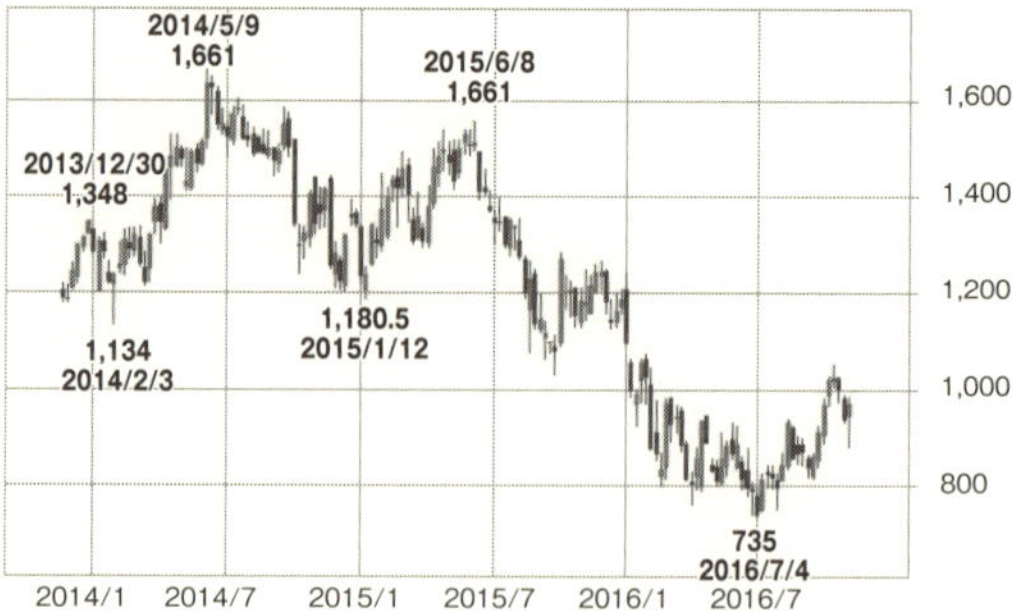

■5713 住友鉱

現在 **1,333.5円**
(2016/11/9)

非鉄金属と電子材料が主力。資源開発、製錬に重点投資している。銅、ニッケル製錬は市況回復鈍く営業益続落。しかし、新興国、資源国の底入れ観測浮上し、株価底固め始動か。米国経済成長期待高まれば環境好転。

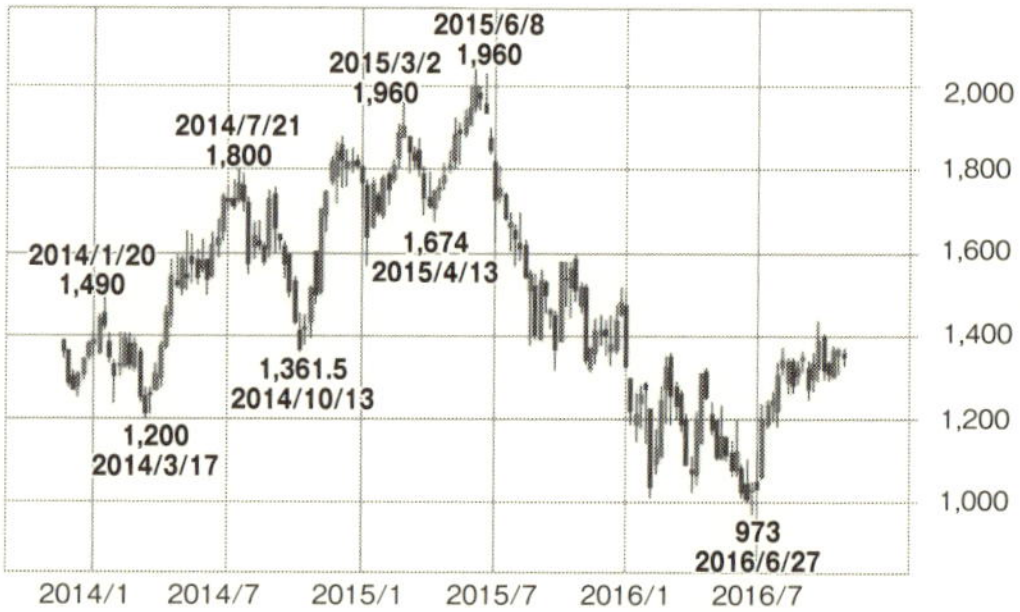

■8058 三菱商事

現在 **2,229.5円**
(2016/11/9)

総合商社大手。原油安の影響でエネルギーが苦戦。航空機や不動産売却益も減少だが、減損一巡し、最終黒字が拡大。世界経済回復、新興国、資源国回復すれば環境好転。日ロの経済協力拡大も大きな商機。株価反発始動で押し目狙い。

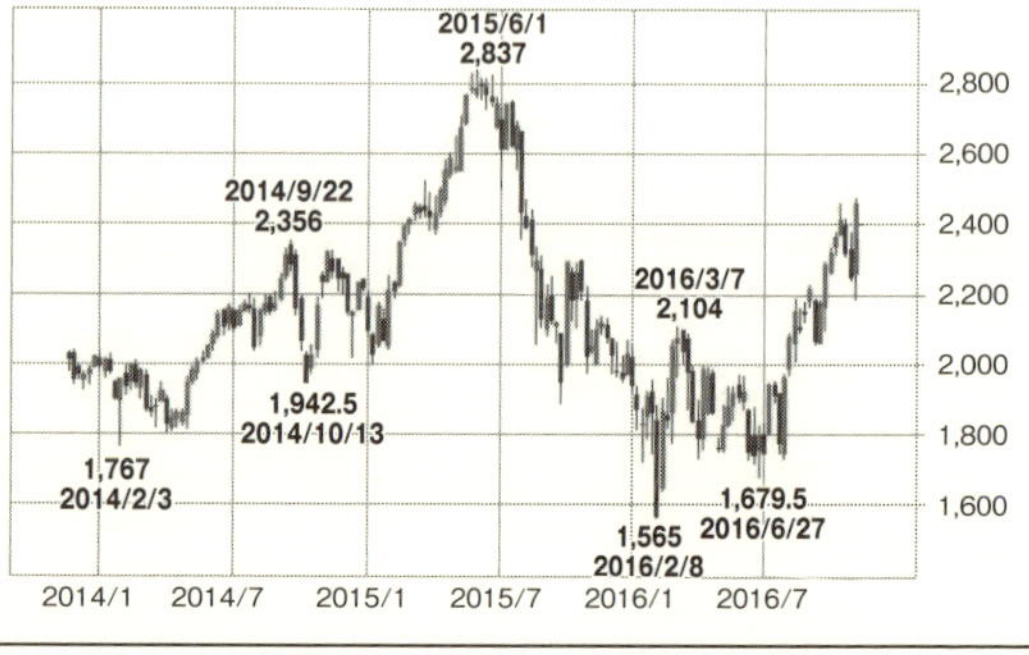

■5108 ブリヂストン

現在 3,728円
(2016/11/9)

タイヤで世界首位。鉱山用タイヤの低迷が長引き、想定超す円高も業績を下押し。原料安で補い切れず営業減益に転落。17年12月期は業績回復へ。新興国、資源国経済の底入れあれば環境好転。株価は先行して切り返しの傾向。

■8001 伊藤忠

現在 1,330.0円
(2016/11/9)

総合商社大手。資源安で金属・エネルギー低調だが、減損一巡で最高純益。中国ビジネスに強み。米国空売り投資ファンドが不適切会計処理指摘したが本社は全面否定。問題の存在は認知しておく必要。資源国、新興国回復に転じれば事業環境好転

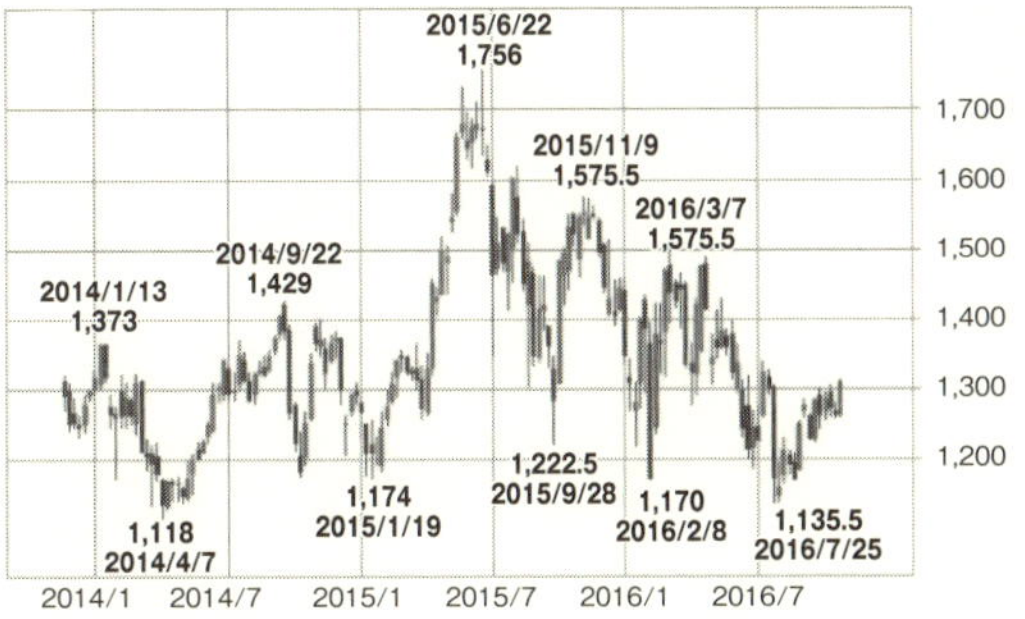

■5711 三菱マテリアル

現在 2,884円
(2016/11/9)

セメント、銅、加工、電子材料の4セクターに特化した経営。セメントは米国好調で増勢を保ち、銅市況底打ちで製錬も堅調だが超硬工具苦戦。円高進行で減益幅拡大だが、円安回帰あれば収益環境は好転。株価反発の気配。

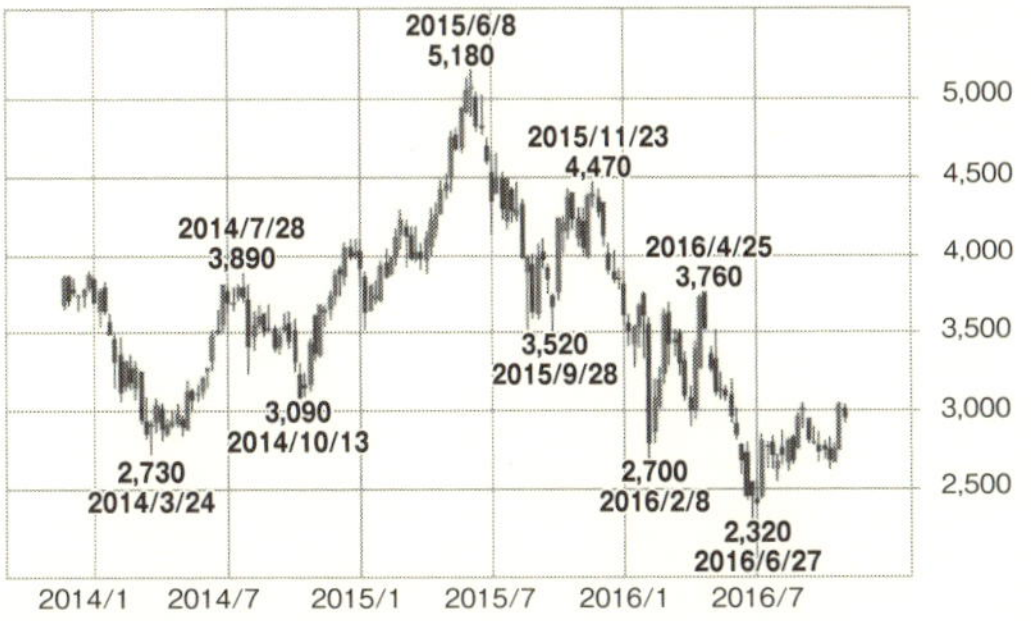

■5411 JFE

現在 1,377.0円
(2016/11/9)

粗鋼生産世界9位。JFEスチール軸に商事やエンジニアリングを展開。韓国、中国等に提携先あり。鉄鋼は販価下落により輸出採算が悪化。会社想定超す円高で減益幅拡大。世界経済回復、円高収束あれば環境好転。

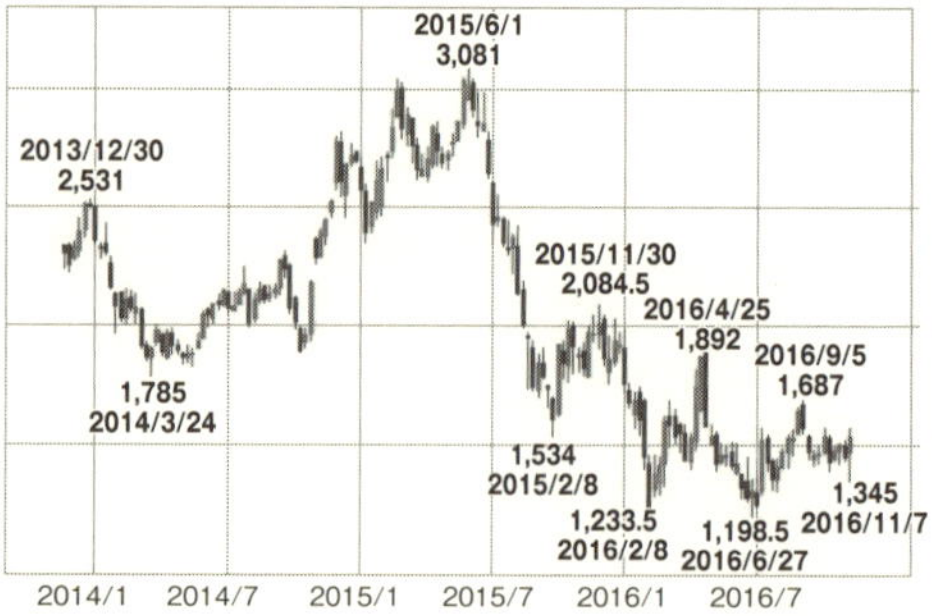

■8306 三菱UFJ

現在 501.4円
(2016/11/9)

国内最大民間金融グループ。主力の貸出・有価証券運用利回り低下響く。日銀新金融調節スキーム、トランプ大統領登場で長期金利低下懸念後退。金融規制強化懸念後退もフォローの風。株価水準修正の可能性。

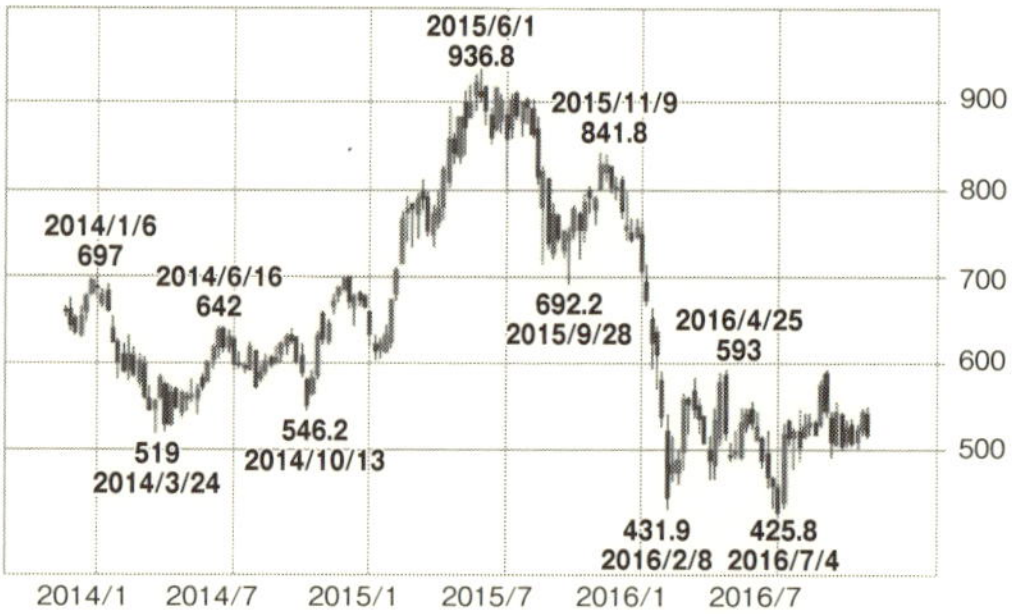

■8473 SBI

現在 1,172円
(2016/11/9)

国内外ベンチャー企業投資、ネット証券、保険、銀行など総合金融業を志向。前期貢献大だった保有株式の評価益は減少。株価は株式市況動向の影響大きい。世界経済、株式市場環境好転なら素直に連動の可能性大。

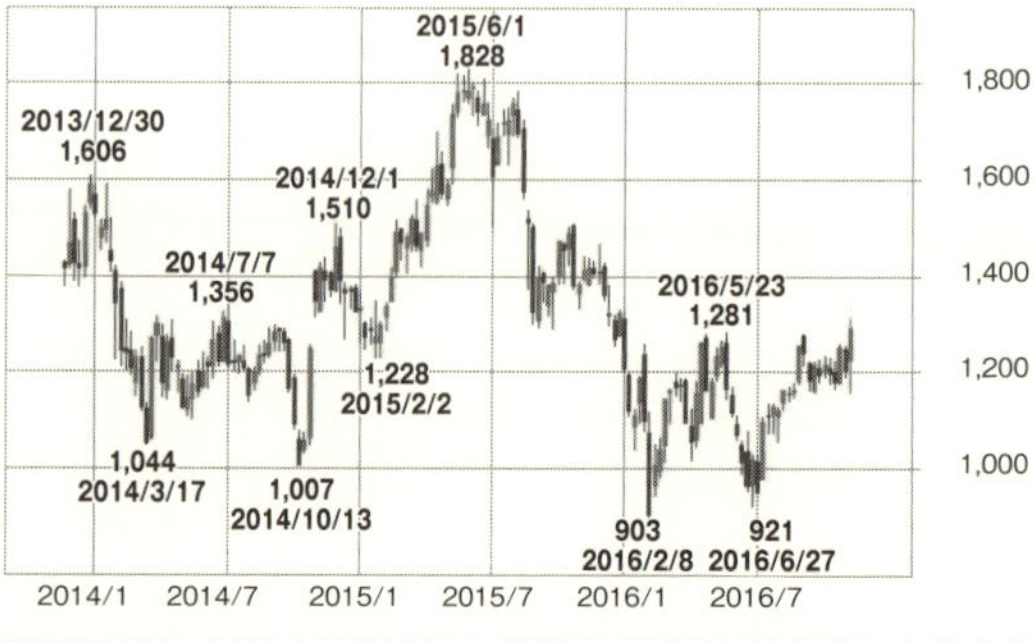

優良株

■4543 テルモ

現在 3,820円 (2016/11/9)

医療機器大手。カテーテルなど心臓血管領域に強みを持つ。米国、中国などで生産拡大。赤字の米国社買収、円高進行、血液関連販価下落で営業益反落。株価は3ヵ月の調整局面を通過。円高収束なら押し目買い好機接近か。

■7270 富士重工業

現在 3,583円 (2016/11/9)

車名ブランド『スバル』。4駆車や安全技術に強み。輸出比率高い。航空機も手がける。筆頭株主はトヨタ。北米で主力『レガシィ』、『アウトバック』好調。世界販売過去最高更新だがタカタ関連費用拡大。押し目狙い。

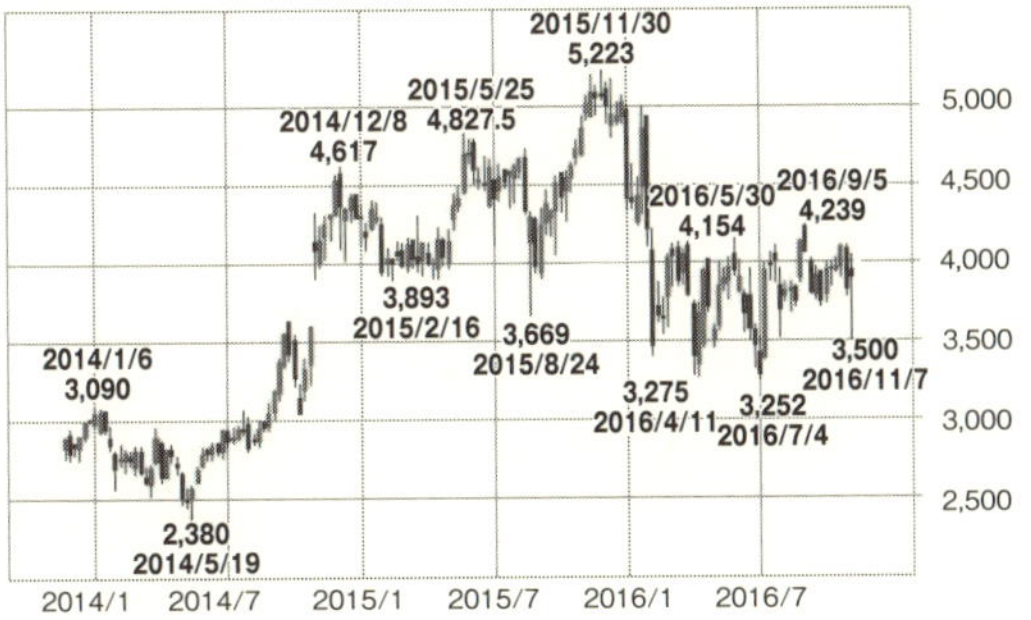

ロシア

■1963 日揮

現在 1,683円 (2016/11/9)

総合エンジニアリング首位。海外各地で石油、化学、天然ガス関連のプラント建設。円高進行で海外案件の収益縮小が拡大。日ロ経済協力拡大、資源開発案件進展すれば恩恵は大きい。思惑を含めて注目度高まる。

■1662 石油資源開発

現在 2,036円
(2016/11/9)

原油・ガス開発専業。国内の天然ガス田操業が基盤。海外開発にシフトしつつある。経産大臣が株式の34%を保有する国策企業。円高による単価下落で営業赤字に転落。株価は1年半にわたる調整を経過。狙い目か。

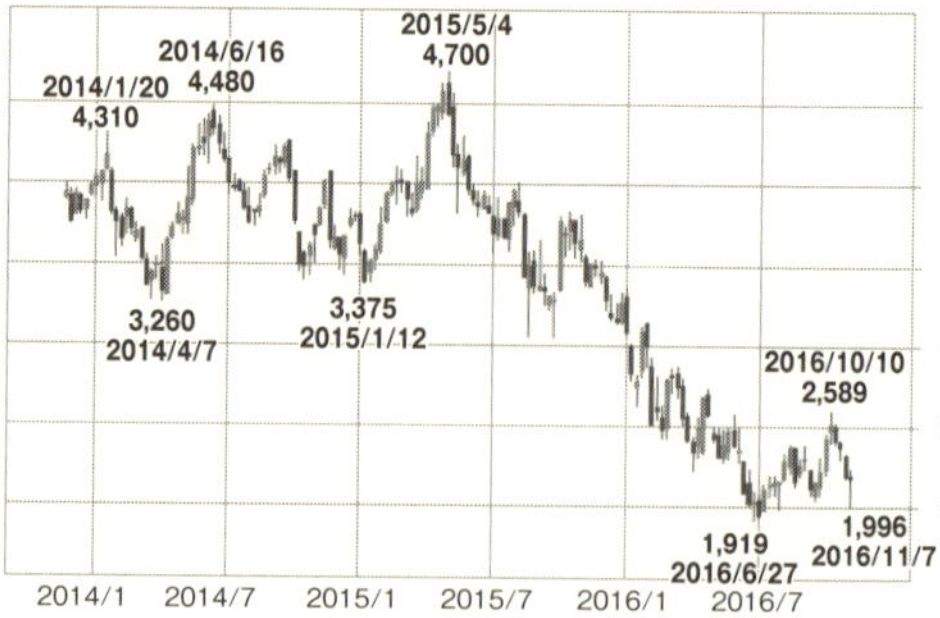

■7532 ドンキホーテHD

現在 3,955円
(2016/11/9)

深夜まで営業の総合ディスカウント店を首都圏中心に全国展開。インバウンド消費は高額帯大幅後退だが、低価格帯の客数増加でカバー。消費者の低価格指向の強まりがフォローの風。株価は一進一退だが底堅い推移。

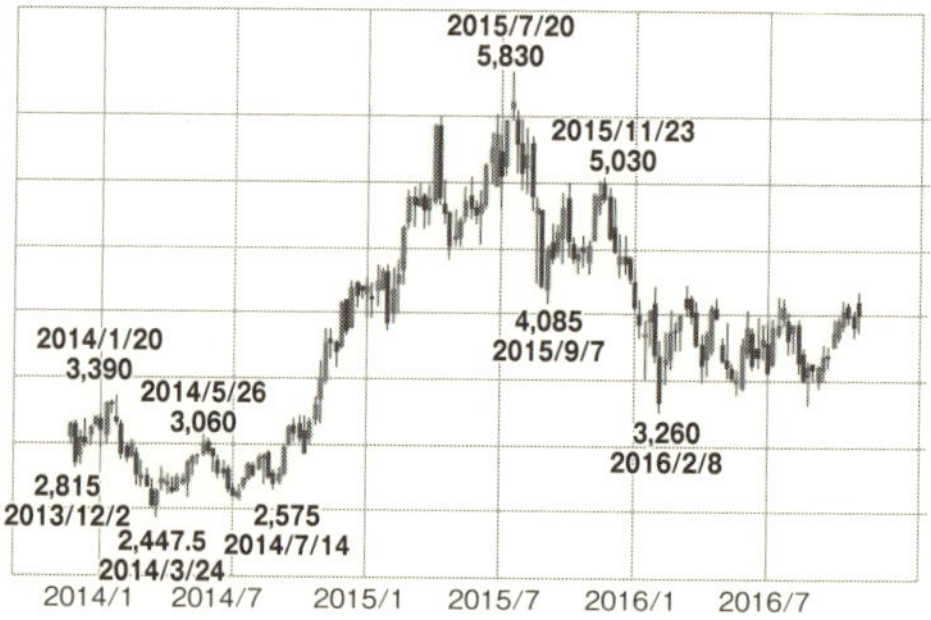

■8227 しまむら

現在 12,920円
(2016/11/9)

低価格の実用・ファッション衣料。PBも展開。売れ筋PB商品の大量発注による原価率低減が想定超える。商品発注から値下げまでの自動判断システムを導入。仕入れ期間短縮で在庫圧縮。ビジネスモデル転換で収益環境好転。

おわりに

新大統領に選出されたドナルド・トランプ氏は人種差別・女性蔑視の発言で批判を受けてきた。マイノリティ尊重、人権尊重の思想は現代社会において普遍的な価値を有しており、トランプ新政権が米国社会や世界政治にどのようなハレイションを引き起こすのか懸念されている。

しかし、政治の選択は常に「ベスト」ではなく「ベター」の選択でしかないのも一面の真理である。強欲巨大資本の支配下にあると見られるクリントン氏が大統領に就任したなら、陰鬱な空気が米国を覆い続けた可能性が高い。TPPについてもクリントン氏の本音は推進にあると見られており、合意文書を修正してTPP発効に米国が進む可能性が高かったと思われる。

TPPからの離脱を明言したトランプ氏が勝利してTPP消滅の可能性が高まっているが、TPPを推進してきた巨大資本はトランプ氏の翻意に向けて猛烈な攻勢をかけることが予想される。まだまだ予断を持つことは許されない。

だが、その一方で、トランプ氏が米国経済を浮上させるための大型経済政策を策定する可能性が取り沙汰されている。中国政府は2015～2016年の中国経済金融市場の混乱をソフトランディングさせることに大きな成果を示してきている。新興国の通貨、株価も大底圏を脱する兆候を示している。すべての歯車がうまくかみ合うなら、世界経済の浮上、躍動を確保できる可能性も垣間見れる状況が生まれている。これが新たな光の部分である。

日本政治は「安倍一強体制」の下で原発、集団的自衛権、TPP推進の行動を強めてきたが、日本においても「反グローバリズム旋風」が巻き起こり、反安倍陣営の共闘体制が確立されると、政治情勢の激変が生じる可能性がある。そのためには、日本の主権者がメディア情報に押し流されないためのメディアリテラシーを涵養する必要がある。

情勢は日々刻々と変化するから、必要に応じて会員制レポート『金利・為替・株価特報』による情報更新を活用賜りたく思う。真実の情報、的確な情勢分析を基に2017年を読み抜き、日々の暮らし、ビジネス、そして投資活動で優良な成果を収められることを念願する。

本書の読者各位、ならびにビジネス社岩谷健一編集長に深く感謝の意を表したい。

2016年11月17日

植草一秀

ビジネス社の本

泥沼ニッポンの再生

国難に打ち克つ10の対話

伊藤 真　植草一秀……著

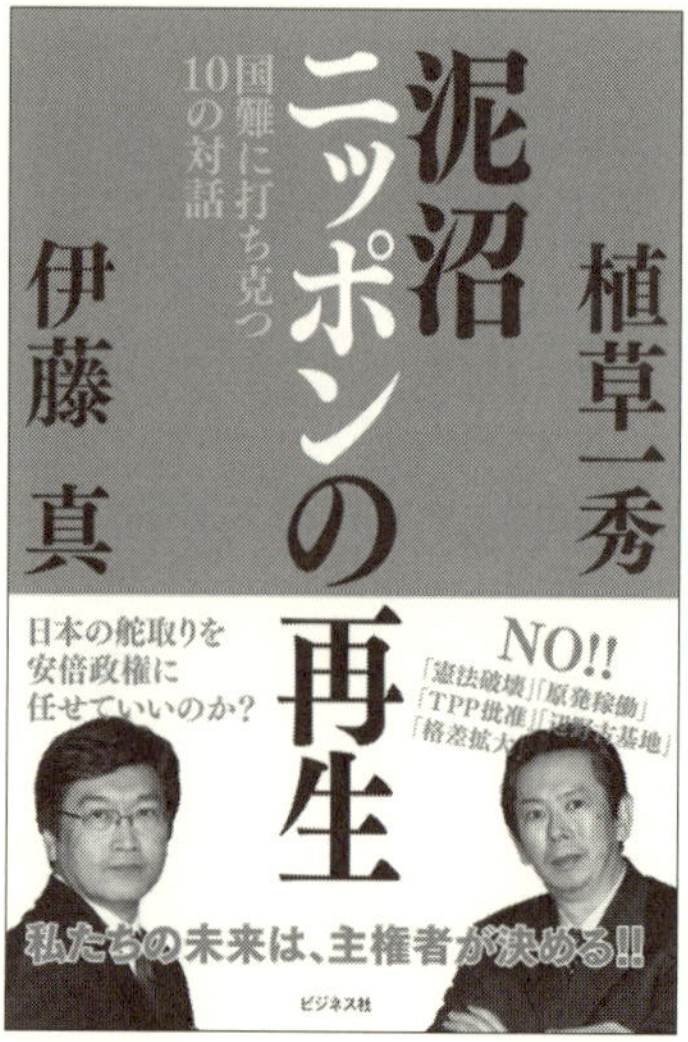

定価　本体1400円+税
ISBN978-4-8284-1893-3

日本の舵取りを安倍政権に任せていいのか?《NO!!》

「憲法改正」「原発再稼働」「TPP批准」「格差拡大」

私たちの未来は、私たちが決める。「誰かが変えてくれる」

から「自分たちで変える」へ。

本書の内容

著者略歴
植草一秀（うえくさ・かずひで）
1960年、東京都生まれ。東京大学経済学部卒。大蔵事務官、京都大学助教授、米スタンフォード大学フーバー研究所客員フェロー、早稲田大学大学院教授などを経て、現在、スリーネーションズリサーチ株式会社＝TRI代表取締役。金融市場の最前線でエコノミストとして活躍後、金融論・経済政策論および政治経済学の研究に移行。現在は会員制のTRIレポート『金利・為替・株価特報』を発行し、内外政治経済金融市場分析を提示。政治情勢および金融市場予測の精度の高さで高い評価を得ている。また、政治ブログおよびメルマガ「植草一秀の『知られざる真実』」で多数の読者を獲得している。
1998年日本経済新聞社アナリストランキング・エコノミスト部門第1位。2002年度第23回石橋湛山賞（『現代日本経済政策論』岩波書店）受賞。『金利・為替・株価の政治経済学』（岩波書店）、『日本の総決算』（講談社）、『ウエクサレポート』（市井出版）、『知られざる真実－勾留地にて－』（明月堂書店）、『日本の独立』『消費増税亡国論』（飛鳥新社）、『日本の再生』（青志社）、『国家は有罪（えんざい）をこうして創る』（祥伝社）、『消費税増税「乱」は終わらない』（同時代社）、『アベノリスク』（講談社）、『日本の真実』（飛鳥新社）、『日本の奈落』『日本経済復活の条件』（ビジネス社）ほか著書多数。TRIレポートについては下記URLを参照のこと。
スリーネーションズリサーチ株式会社
HP　http://www.uekusa-tri.co.jp/index.html
E-mail　info@uekusa-tri.co.jp
メルマガ版「植草一秀の『知られざる真実』」
http://foomii.com/00050

反グローバリズム旋風で世界はこうなる

2016年12月23日　第1刷発行

著　者　植草一秀
発行者　唐津　隆
発行所　株式会社ビジネス社
〒162-0805　東京都新宿区矢来町114番地 神楽坂高橋ビル5階
電話　03（5227）1602　FAX　03（5227）1603
http://www.business-sha.co.jp

〈カバーデザイン〉尾形　忍（Sparrow Design）〈本文組版〉エムアンドケイ
〈印刷・製本〉大日本印刷株式会社
〈編集担当〉岩谷健一〈営業担当〉山口健志

ISBN978-4-8284-1927-5